中国校本教研与校本课程数字出版平台
中国校本教研网 www.schooledu.com.cn
◎特别推荐◎

# 活力课堂

## 让课堂焕发生命活力的教学艺术

HUOLIKETANG

RANG KETANG HUANFA SHENGMING HUOLI DE JIAOXUE YISHU

▶ 林伟民 侯建成◎编著 ◀

江苏教育出版社

**图书在版编目（CIP）数据**

活力课堂：让课堂焕发生命活力的教学艺术/林伟民，侯建成编著．—南京：江苏教育出版社，2012．10

ISBN 978-7-5499-2054-9

Ⅰ．①活… Ⅱ．①林…②侯… Ⅲ．①课堂教学—教学研究 Ⅳ．①G424．21

中国版本图书馆 CIP 数据核字（2012）第 138720 号

| | |
|---|---|
| **书　　名** | 活力课堂——让课堂焕发生命活力的教学艺术 |
| **作　　者** | 林伟民　侯建成 |
| **责任编辑** | 严明瑗　陈冬梅 |
| **出版发行** | 凤凰出版传媒集团<br>凤凰出版传媒股份有限公司<br>江苏教育出版社（南京市湖南路 1 号 A 楼　邮编 210009） |
| **苏教网址** | http：//www．1088．com．cn |
| **集团网址** | http：//www．ppm．cn |
| **照　　排** | 润星之源文化有限公司 |
| **印　　刷** | 三河市华润印刷有限公司 |
| **厂　　址** | 河北省三河市杨庄镇杨庄村 |
| **开　　本** | 787 毫米×1092 毫米　1/16 |
| **印　　张** | 15 |
| **字　　数** | 230 千字 |
| **版　　次** | 2012 年 10 月第 1 版　2012 年 10 月第 1 次印刷 |
| **书　　号** | ISBN 978-7-5499-2054-9 |
| **定　　价** | 30．00 元 |
| **邮购电话** | 025-85406265，85400774　短信　02585420909 |
| E - mail | jsep@vip．163．com |
| **盗版举报** | 025-83658837 |

# 前　言

这是一本从新课程实施的角度出发，讨论教师教学应当确立什么样的教学理念的培训教材、自学读本。本书从课程实施这一课程改革的关键环节切入，分析了作为新课程实施基本途径的教学改革的诸方面：活力课堂的理论研究与探索；活力课堂的实施案例；活力课堂课程实施与教学改革的关系；活力课堂教学对课程建设与开发的作用；活力课堂中建立互动的师生关系的有效途径；活力课堂中促进直接经验与间接经验交融的策略；活力课堂以知识技能学习促进学生发展的策略；活力课堂充满生命活力的运行机制等。

“教育不是灌满一桶水，而是点燃一把火。”教师的行为效力决定着整个学校的教学效果，教师的工作对于学校里的每个学生都很关键。作为一名教师，你的任务是让校园弥漫着积极、鼓舞人心的气氛。如果你成功了，你的工作会成为一种乐趣。

“亲其师，信其道。”作为一名教师，怎样才能让学生对你亲近有加？怎样才能让学生信你所传之“道”？怎样可以活跃课堂教学氛围？怎样取得优异的教学成绩？怎样让学生乐学？怎样才能征服每一个或善感或叛逆或懵懂莽撞或桀骜不驯的学生的心？怎样才能使学生真正佩服、信服、折服、心服口服？

如果你是一名普通教师，本书会帮助你了解活力课堂的基本特征、掌握活力课堂的基本策略，从而使你提高课堂效率和教学质量；如果你是一位教学管理者，本书会帮助你建立一支积极高效、乐观向上的教师团队，使你的学校充满活力和勃勃生机。

本书中诸多调动和激励教师的策略简单、可行，读者可以应用到学校的日常教学与管理中；书中附有大量关于活力课堂的鲜活案例，可供读者参考。本书可供幼儿园、中小学教师和教科研人员参考，也可以作为教师培训的教材。

体验课堂活力，使教育焕发生机，让我们享受工作中的每一分钟吧！

# 序

“活力课堂”不囿于一家一派的理论，也不拘泥于一家一派的教学模式，而是对前人理论财富、实践成果的吸收、消化和创新。叶澜说“让课堂焕发生命活力”，活力课堂建设需要把教育教学目标指向“活力”；同时还要关注全员参与，关注个性发展，关注生命价值，关注动态生成，关注特色教学，关注生态发展，关注思维创新。只有这样，活力课堂才能够真正促进学生知识的增长、能力的提升和情感的升华；才能够使师生真切地感受到课堂教学的意义，享受到课堂教学的快乐。

课堂教学源于生活，生活是课堂教学的源头活水。回归生活，让课堂与生活紧密相连，是充满活力的课堂教学的基本特征。教学实践告诉我们，课程由科学世界回归到生活世界是课程理念的一大飞跃。课程只有回归到生活世界，才能真正改变学生的学习方式、生存状态和生命理念，才能提升他们的生活质量。现代课堂教学只有以生活为背景，注重引领学生利用科学知识解决生活中的问题，并积极地回归到学生的生活与经验，课堂才能焕发出生命活力。

随着新课改的积极推进，课堂教学悄然发生了本质性的变化。“学生们都喜欢上了新课堂，而且有了成就意识，喜欢有人欣赏，喜欢与他人合作，喜欢与他人交流，喜欢与他人一起分享学习成果。”教师都深有感触地说。这就是新课改的力量，这就是新教育教学理念的力量。

活力课堂建设要坚持行政干预、课题引领、专家指导，坚持理念引路、实践探路、案例指路。活力课堂要真正围绕如何激发师生生命活力的核心问题，着眼于“学科德育”“科研备课”“情趣上课”“科学管理”诸方面的改革，要真正地研究课堂、研究学生、研究教师、研究课标、研究社会需求，积极探索创新。原来“活力课堂”只是一个口号、一种做法，到今天它已经有了比较丰富的内涵和外延，已经成为了教师的生态课堂的一种追求、一种教育教学的生命享受、一种积极的人生态度和价值观、一种把个人命运与民族振兴紧紧联系在一起的新兴教育理念和价值观名片。

活力课堂的研究与可持续发展提升教师对学科的理解能力，夯实教师教育教学的基础，挖掘学科独特的育人价值，引领教师科研备课的集体智慧，培养学生自主学习的能力，强化师生学习的咨询、诊断意识，提升师生课堂的满意指数，改进学校的教学管理机制，营造学校人本关怀的和谐氛围，体现了教育的大智慧。

本书从活力课堂理论、活力课堂策略、活力课堂建设三个视角着眼，结合教学实践，分八章 22 节撰写。撰写过程中笔者参考了国内外教育界在活力课堂方面的成功经验，并从一些具体案例入手，进行了较为深入的分析和解剖。我们试图从案例的解剖和分析中发掘活力课堂的新思想、新理念、新做法、新共识，以求与教育同仁共同探讨。

活力课堂诠释和体现了这样的教学思想和理念：面向全体学生，关注人的全面发展；主体地位至上，师生共进共赢；不怕学生问倒，就怕学生不问；教学便是服务，创新才是目的；预设仅为铺垫，动态生成为要；突出科学素养，注重人文发展；尊重个性差异，实现活力教育；评价标准多元，坚信人人成才；辅导因人而异，考试适可而止；教学模式多样，不拘一格培育人才；学情决定一切，反思稳操胜券；学校文化先进，师生全面发展。

活力课堂理论实际上产生于“教学是艺术”与“教学是科学”两种不同观点的相互争论与碰撞。课堂教学是一门高尚的提升人生修养、学养的艺术，这是近几个世纪以来中西方教育家在教育理论方面占主导地位的课堂教学观。这种课堂教学观认为课堂教学是一种凭良心做事的“约定俗成”的行为，结论是教书即“良心活”，难以用科学的方法进行研究，其课堂教学效果也难以用科学手段、评价标准来进行衡量和评估。但是，随着 20 世纪以来科学思潮的兴起以及心理学、现代教育学特别是现代行为科学的发展，加上西方的教学科学化运动的推进，大家普遍认为，教学不仅是艺术，更是科学。这就告诉我们，课堂教学不仅有科学的基础，还可以用科学方法来研究、衡量、评价。于是，我们开始学习、实践、借鉴国内外有识之士有关课堂教学的哲学、心理学、教育学、社会学理论，就如何用观察、实验、行动研究的方法来研究课堂教学大胆提出我们的课堂教育教学理论。我们认为，活力课堂思潮的核心问题就是课堂教学是否具有效益，也就是课堂教学是否具有积极性、可行性、有效性的问题。活力课堂教学就是想在由教师的爱教、乐教、想教同步转化为学生的爱学、乐学、想学的过程中实现师生共赢。

优质、品牌的活力课堂教学是当代教育的核心问题，它牵动着、引领着学校、家庭敏感的神经。面对新情况、新问题、新挑战，我们要做活力课堂教学的实践者和推进者，积极探索活力课堂教学的新思路、新途径、新方法、新举措，完善管理机制，加强师资队伍建设，开展科学教研，优化课堂教学行为，坚持减负不减质；在减负的同时追求高质量的活力课堂教学目标、高水准的活力课堂教学效益，不断培养学生的创新精神，提高学生的综合实践能力，全力办好优质教育，促进教育事业又好又快发展。

林伟民

# 目录
# Contents

## 第1篇
## 活力课堂理论探索

本篇从活力课堂理论的形成、发展、应用等方面详细阐述了活力课堂系统理论，为活力课堂实践提供了理论支持。

## 第2篇

# 活力课堂实施策略

本篇从活力课堂教学实际出发，分为教师、学生两部分，介绍了活力课堂实施的相关策略和让课堂焕发生命活力的教学艺术。

# 第3篇

## 活力课堂建设

本篇从活力课堂校本课程开发、课堂管理平台建设、学校文化建设三个方面出发，针对活力课堂建设中的具体问题提出了一系列的建议和解决方案。

第 1 篇

# 活力课堂理论探索

*Rang Ke Tang Huan Fa Sheng Ming Huo Li de Jiao Xue Yi Shu*

本篇从活力课堂理论的形成、发展、应用等方面详细阐述了活力课堂系统理论，为活力课堂实践提供了理论支持。

# 第一章　活力课堂的理论渊源

“活力”来自于课堂教学的细节。变革课堂细节，逐步解决课堂问题，才能让“活力”贯穿于教学全过程之中，才能让课堂焕发生命活力。

那么，生命活力究竟是什么？生命活力就是指师生思维的活力和情感的活力。无论是过去、现在，还是未来，一切好课都是这两种活力的“交集”。活力课堂就是要最大限度地激发、放大、扩张这两种活力。因此，活力课堂的研究、建设在把教学目标指向教学活力的同时，也要关注全员参与，关注个性发展，关注暂差生进步，关注中等生提高，关注优绩生提升，关注动态生成，关注思维创新，关注生命成长，关注新知识的可持续发展。只有这样，才能够促进学生知识的增长、能力的提高、情感的升华；才能够使师生真切地感受到课堂教学的意义和真谛，享受到课堂教学的快乐。

所谓“活力”，原指生机蓬勃的力量，在课堂上就是指师生生命交融的熔点、燃点，是师生生命的创造力。活力课堂是师生互动、心灵对话的课堂，不再是充满专制的课堂；是师生灵性舒展、思维碰撞的课堂，不再是被动压抑的课堂；是师生共同创造奇迹、探索世界的课堂，不再是填鸭式的课堂；是点燃学生智慧、激活脑动力的课堂，不再是牵着学生走的课堂；是学生轻松自由、愉悦成长的课堂，不再是紧张得令人窒息的课堂；是激情四射、思绪飞扬的课堂，不再是死记硬背的课堂；是充满快乐的课堂，不再是令学生讨厌生畏的课堂……

营造活力课堂就要营造科学、高效的人本课堂。教师要目中有人，尊重学生的主体地位，真正发挥主导作用，以妙语开启学生心智，以激情唤醒学生激情，以巧招激活学生思维；同时紧密结合学生的认知规律，将他们引入知识的殿堂，让他们自己理解、同化、建构新知，在自我监控、自我反思中积累知识、升华情感、加深体验，体验到学习新知的愉悦。

营造活力课堂就要营造自主探究的课堂。教师要呵护学生的探究精神，巧设情境，铺路搭桥，于探究新知的最大障碍处点一下、扶一把、送一程，让学生自己去感受新知，通过观察、分析、思考问题，探索规律，从而掌握新知，真正体验到“山重水复疑无路，柳暗花明又一村”的乐趣。

营造活力课堂就要营造合作分享的课堂。教师要为学生营造轻松愉悦的学习氛围，既使学生在安全、愉快的情境中获得个性的体验，又使学生的个性得以张扬，从而快乐地分享彼此的经验与智慧，实现资源共享，提升合作学习的能力。

营造活力课堂就要营造自由开放的课堂。教师首先要摒弃传统教学中那种封闭灌输式的教学模式，摒弃一切围绕课本转的做法，为学生营造自由开放的空间，放飞师生的灵性，使学生张开想象的翅膀；点燃学生思维的火花，使学生的思维从书本知识向生活辐射；打破“求同”，敢于“求异”，使学生大胆地、多角度地、多方位地去思考、解决问题。

营造活力课堂就要营造智慧生成的课堂。教师就要通过富有智慧的设计和画龙点睛的启发点燃学生的智慧之火，使课堂成为奏响学生智慧灵动旋律和释放七彩光芒的知识殿堂。

营造活力课堂就要营造充满激情的课堂。教师要全身心地、充满激情地投入课堂教学，让课堂激情荡漾，使学生活力四射、跃跃欲试，在知识的海洋里欢愉地采撷智慧的珠贝。

## 第一节　活力课堂理论的提出

### 一、“活力”“课堂”“活力课堂”概念的界定

#### （一）“活力”概念的界定

“活力”在生物学上一般指生态系统的能量输入和营养循环容量，具体指标是生态系统的初级生产力和物质循环等。在一定范围内，能量输入

越多，物质循环越快，活力就越高。

1686年，著名的德国数学家莱布尼兹提出，力应该用它产生的效果来量度。按照他的说法，把1千克物体举高4米和把4千克物体举高1米，需要同样大小的“力”；反过来，由4米高处落下的1千克的物体与1米高处落下的4千克的物体，它们获得的“力”也是相同的。莱布尼兹这里所说的“力”，指的是重力与高度的乘积Gh，实际上是力所做的功。他进一步根据伽利略的落体定律计算出Gh与mv·v（m是受力物体质量，v是其速率）成正比。因此，莱布尼兹认为应该用mv·v来量度力，并给它取名“活力”。在此后100多年的时间里，“活力”成为学术界广为流行的用语。这是物理学对“活力”的定义。

那么，本书中的“活力”是什么意思呢？在这里，“活”是指课堂活动，即师生在教学中的行为的、情感的、思维的多向交互活动；“力”是指有效力。“活力”就是要求在课堂教学中有师生的活动，这种活动自始至终伴随着师生情感和思维的发展，追求教学效益的最大值。生命是有活力的，课堂只有充分激发师生的生命活力，才能够使他们的积极性、主动性和创造性得到极大发挥。

在这里，“活力”涉及课堂教学全面促进人生命发展的问题，也涉及课堂教学中的师生教与学的理念、教与学的内容、教与学的方式方法、教与学的管理、教与学的情趣、教与学的评价等诸多方面的问题，同时也涉及师资队伍的建设与可持续发展等问题。

### （二）“课堂”概念的界定

“课堂”的英文单词lesson来自拉丁语lectio，代表阅读和说。课堂泛指进行各种教学活动的场所。课堂是学生学习的场所，是育人的主渠道。

课堂是学生学习的场所。在教学中，教师要根据教学实际，创设必要的情境，给学生提供课内实践的机会，让学生在特定的环境中进行实践，使他们在活动中感悟道理、体验情感、规范行为。学生是学习的主体，是学习的主人。教师应该运用自己的智慧和创造力，挖掘课堂的无限生机和活力，把课堂营造成生动活泼的学习乐园，让学生在愉快的学习环境中自然、有序地学习和操练，不断提高能力。

在本书中，课堂主要是指中小学的课堂教学，即中小学传统意义上的每节课的教学和由教师按照国家教学计划组织的室内外学习实践活动、作业批改以及通过作业对教学的反思、诊断。本书中的“课堂”研究涉及生命特点、生命价值、生命发展规律等问题，也涉及师生的生活态度、生活意义、生活质量等内容。

### （三）“活力课堂”概念的界定

在本书中，“活力课堂”是一种理念，也是一种追求。历史上有许多教育家对课堂教学提出了深刻的见解，当代教师在前人理论指导下也对活力课堂进行了有益的尝试。许多教师在教学的某一个或几个环节中呈现了活力课堂的因素，对它们加以整理、整合并用于课堂实践，逐渐形成系统的活力课堂理念和技术支持系统。“活力课堂”的理论基础是新基础教育理论，其内涵又不局限于新基础教育理论，还有对古今中外教育理论研究成果的继承、整合和发展，也包括广大教师对构建“活力课堂”的经验总结和概括。从教学实践来看，活力课堂就是师生互动、情感交流、思维碰撞的有情趣、高效率的课堂，是通过学生主动学习、教师专业发展来实现师生生命“增值”的课堂，是师生生命活力在民主、平等、和谐的氛围中得到有效发挥和可持续发展的课堂教学形式。

## 二、活力课堂理论产生的背景

活力课堂理论的提出，绝不是偶然的，它的产生有其特殊的教育背景。

尊重自然生命差异需要活力课堂。在教育目标上，教学要因人而异，根据每个学生的潜能制订目标；校本课程可作为“自助餐”，让学生根据成长的需要自由选择。在教育评价上，教师要适当引导学生不去横向和同学比成绩，而是纵向和自己比成长。活力课堂应以让人的生命成长为目标，不只是关注知识与技能、过程与方法、情感态度与价值观，还要以人的生命成长为宗旨，以“原生命体”的身心、情感、智慧和道德为基点，在此基础上引发他们依靠自己内部的潜力主动“生长”。活力课堂发展生命自然的灵性，通过顺应天性的方式发展自然赋予人的一切才能，从而培养人全面发展的且不受任何外部因素限制的个性。在教育教学实践中，教育工作者通过发展健康与健美、生活与生命、脑科学与心理学等学生自主成长需要的课程文化，让学生处处展现灵性；通过建构自由的对话文化、自主的思维文化、自然的和谐文化、自觉的实践文化等适于学生成长的课堂文化，让学生时时生发灵性。

课程改革需要活力课堂。随着中国第八次基础教育课程改革的进一步深入，教师的现代教育理念有所增强，教育理论水平也有了明显提高。但是，教育理念和实际工作脱节的现象依然十分严重，长期以来形成的不良教学习惯、教学行为依然存在。有些课堂活起来了，但是却没有令人满意的效果；有些课堂教学提高了效率，但是沉闷、压抑的教学氛围严重影响了师生个性的发展与成长。同时，随着新课程的发展出现了大量的新教材，而许多教师在处理和使用时不懂得重组和改进，导致时间上的投入和教学成果的产出失衡。

师生个性化成长需要活力课堂。学生个性化成长的关键是个性化的教育发展，而个性化教育需要个性化的教师。培养个性化的教师可从两个层面理解，一是充分张扬每个教师的个性，让其个性得到发展；二是围绕个性教育挖掘每个教师的特长，让其特长得到发展。要做到这一步，关键是要“尊重教师成长需要，建构教师成长机制，搭建教师成长平台”。“尊重教师成长需要”，就是按教师个体成长需求为他们提供必需的“营养”，即满足他们学习、实践、表现的需要，促进其更好地发展。“建构教师成长机制”，就是建立引领教师个性化成长的制度，通过制度文化引领他们自主成长。另一方面，教育要培养个性化的学生。学生的个性化源于个性化的潜能和个性化的学校教育。个性化的潜能虽然受遗传因素影响，但关键需要教师发现和挖掘，需要学校个性化教育方式的培植。个性化学生培养的主要策略是：尊重生命自然的差异，依托生命自然的潜能，发展生命自然的灵性。

校本课程人本化需要活力课堂。校本课程的选择主要根据学校的教育追求和学生的成长需要来确定，凸现课程为人的发展服务的宗旨。人的成长需要传统文化和地方文化熏陶，学校可开设“传统经典”和本土文化相关课程；人的成长需要开阔的视野，学校可开设世界历史、地理相关课程；人的成长核心是智慧成长，学校可开设启迪智慧的相关课程；人的成长需要学会读书，学校可开设阅读课；人的成长需要自己动手动脑解决问题，学校可开设实践课。

生本课程个性化需要活力课堂。每个学校都应开设一些适应特殊潜能学生发展需要的课程，这些课程主要是根据本校学生的实际情况而确定。学校可引导学生根据个性特长和爱好建构自己的生本课程，促进个体智慧的张扬。在这个方面，很多学校都进行了有益的探索和尝试，通过生本课程培养兴趣，张扬个性，锤炼能力，彰显智慧。

国家课程校本化需要活力课堂。国家课程虽然是“国家规定”的课程，但是，无论是从目前实践的状况和建设发展需要来看，还是从学校教育的价值追求和师生发展的需求来看，具体教学课程都需要结合学校实际实施。国家课程“校本化实施”可以把一些对师生成长需要影响不大的课程整合到凸现自己学校文化的课程中去，也可在课堂教学中强化自己学校文化所关注的一些“素养”的培养。

学校优质教育的发展需要活力课堂。优质教育的确需要优越的条件，但更需要科学的理念；优质教育的优质资源不仅仅是物质的，还是精神的。联合国教科文组织强调，在教育普及工作取得巨大进展后，如何提高教育质量和效益并为所有人提供优质教育服务，已成为世界各国普遍关注的问题。我国义务教育的普及正在由“量”的积累向“质”的提高转变，人民群众对优质教育的渴求与优质教育资源匮乏之间的矛盾十分突出。我们希望通过研究和实践，实施教育的增值策略，使学校的“软”资源得到有效提升，促进学校的发展。我们要塑造具有示范性的、促进教育教学增效的、为社会公众提供优质教育的不同类型学校典型，为优质的学校教育教学实现形式的多样化提供有说服力的案例。这也是现代学校走可持续发展之路、创办优质教育的需要。

课堂教学的发展需要活力课堂。新中国成立以来，我国教师队伍有了长足的发展和进步，许多学校和教师在课堂教学策略上积累了丰富而宝贵的经验，但同时也还存在着不少困惑和问题。在改革课堂教学的进程中，教师的教学优势需要大力扩展和提升，课堂教学的效益需要大力提高，所以课堂教学改革需要用一个鲜明、统一的课堂教学思想来整合、统领和提高。

学校特色化教育需要活力课堂。教育的本质是促进人的发展，人的成长方式的多样性呼唤学校发展的多元化。过去我们所追求的是“千校一面”的教育，培养的是“千人一面”的学生，追求的是“大而全”的发展；今天我们强调的是教育的内涵和教学的质量，追求的是特色化发展和个性化成长。只有特色化发展的教育，才能培育出个性化的学生。学校特色化发展的实质是建构属于学校自己的、适合学校发展的学校文化，建构独具特色、适合学生发展的课程体系。没有文化的学校，只能是一个培养熟练工的工厂；没有系统的独具特色的课程体系，教育只能是心血来潮的零敲碎打。建构适合学校文化、适合学生培养目标的课程势在必行，因为课程是教育的载体，有什么样的课程就会有什么样的教育，有什么样的教育就会培养出什么样的学生。

区域教育品牌的建设需要活力课堂。在教育基本实现现代化的今天，区域教育品牌建设成为推进全面教育现代化的一个战略目标。许多地区把活力课堂建设作为其提升教育品牌和质量的一个重要战略支撑点、平衡点，通过课堂教学的整体改革促进区域教育向更高层次发展，而教育品牌的建设需要活力课堂的理论支持。

## 三、活力课堂理论的提出和建树

21世纪初，华东师范大学著名教授叶澜在《让课堂焕发出生命活力》一文中提出：“我认为，必须突破（但不是完全否定）‘特殊认识活动论’的传统框架，从更高的层次——生命的层次，用动态生成的观念，重新全面地认识课堂教学，构建新的课堂教学观，它所期望的实践效应就是：让课堂焕发出生命的活力。”

2009年，江苏省丹阳市教育局以“汲取教育理论之营养，拓宽教学研究之途径，促进教师专业之成长”为主题进行了大规模的活力课堂教学实践探究活动。可以说，通过这一教学研讨活动，教育局在全市教育系统营造了一个学习理论、开展教学研究、促进教师专业成长的浓厚氛围。在教学实践中，教师把目光聚焦课堂教学，提出“深化课堂研究，构建活力课堂”的主题，通过展示部分优秀教师的课堂，研讨什么是活力课堂、如何构建活力课堂。因为课堂是学校教学工作的主阵地，课堂教学改革是学校教育改革的主旋律。在这次大规模教学研讨、实践活动中，教师积极参与，课后研讨富有成效。活动中既有教师非常热烈的争鸣与讨论，又有专家醍醐灌顶的指导，还有教师们认识的提升和智慧的生成。可以说，活动第一阶段“走进课堂，感受课堂活力”收得了较好的效果，参加听课的教师近1000人次，收回评课表 876 份。这样的研讨能让课堂教学更加科学、高效，让师生关系更加民主、平等，让我们的校园更加和谐、幸福。此次教研活动所着力打造的校园是师生生命的沃土。师生的生命在这片沃土获得自然、健康的成长，潜能得到最大限度发挥，从而为学生幸福未来奠定基础，也让教师的生活变得充实而愉悦、灵动而富有色彩。

1. 打造活力课堂

新课程标准指出，课堂应该是开放而富有创新活力的，应尽可能满足不同学生的需求，并能够根据社会的需要不断自我调节、更新发展。

课程是动态生成的生态系统，因“教师——教材——学生”之间不断的相互作用而生长。在这个系统中，学生是最活跃的因素。每个学生都是鲜活的生命个体，他们在生活经验、认知水平等方面存在的差异影响着其对学习对象的认识。因此，在学习过程中，他们经常会迸发出一些灵动的想法。在我们的预设和学生的生成产生冲突时，我们应及时判断生成信息对学生成长和发展的价值，适时调整教学策略，使课堂焕发生命的活力。“活”应该是课堂的精髓，课堂没有活力就说明教师的课前预设和教学过程中的生成都是失败的。

课堂是我们的“责任田”，教学策略是我们耕耘“责任田”的技术技巧。实际上，一直以来，包括现在在新课改背景下，我们不少教师的常态教学仍将学生简单地当作知识的“储存罐”，忽视了学生的个性差异和主观能动性，导致常态课毫无生命活力而言。其实，课堂教学蕴含着巨大的生命活力，只有在课堂教学中有效发挥师生的生命活力，才能有助于对学生的培养及教师的专业成长，课堂才能真正成为师生共度的、有价值的生命历程。

那么，究竟什么样的课是开放而富有创新活力的课呢？叶澜教授精辟地指出，一节充满生命活力的课应具有有意义、有效率、有生成、有缺憾四个特点。

(1) 有意义就是指学生必须在课堂教学中学到了知识、提高了能力、陶冶了情操，即学有所得；就是指学生在学习的过程中必须要产生积极的、愉悦的情感体验，即学有所乐；就是指学生在课堂上不断被激发出进一步学习的强烈需求，而且越来越主动地投入到学习中去，即学有所求。也就是说，只要我们的课堂能够使学生获得这“三有”，就可称得上为“有意义”。

(2) 有效率就是说在课堂教学中能使学生实现“三维目标”。因学生的生活背景、学习基础、学习品格、思维方式等各有特点，所以有效率的课堂不应该要求每个学生都达到统一设定的标准，但必须使每一位学生都能从不同方面有不同程度的提高。

(3) 有生成就是要求我们在课堂教学中强调动态生成。一方面，我们并不忽视有效预设的重要性，毕竟生成基于预设，以预设为基础，没有巧妙的预设就没有精彩的生成；另一方面，如果过分地强调预设，课堂教学进程也一味地遵循预设，课堂就会缺乏生气和乐趣，缺少生活的气息，缺乏生命的色彩。学生是一个个主动发展的生命个体，他们在读书、体验中互相启发并与文本对话，生命的灵性也在课堂上闪动。当各种蕴含无限精彩的非预设生成呈现在教师面前时，教师利用自己的教学机智将它把握好，并及时地予以点拨，从而使之成为有价值的生成资源，学生的主体性既能得到充分体现，课堂的魅力也会展露无遗，精彩也会不期而至。我们在充分预设课堂教学的前提下，一定要关注学生的动态生成，关注动态生成知识、动态生成方法、动态生成资源。课堂生成是对教学预设的有力补充和合理超越，为课堂教学增添活力，实现课堂教学的生命价值，从而最终实现我们的有效教学。

(4) 有缺陷就是说真实的教学不应该是绝对完美的。“人有悲欢离合，月有阴晴圆缺”，正如世上没有十全十美的东西一样，任何课堂教学都不可能是完美无缺的。课堂教学永远是一门遗憾的艺术。当下课铃声响起的时候，我们回顾课堂中的每一个环节，总会发觉某一个环节如果稍微改进效果也许会更好。只有留有遗憾，我们才能力图弥补缺憾，才能不断进步。反之，那些“完美无缺”的课堂大都是根据“剧本”的预设，学生经过反复操练，由为师者导演出来骗人的“假课”。那样的课看上去颇为

“花哨”，实际上是否有真实的效果，我们内心皆知。一堂课，仅凭激情是不够的，更需要真情付出。师生的真情没有投入课堂教学，怎么谈得上开放而富有创新活力的课呢？

总之，要想使自己的课堂真正地“开放而富有创新活力”，就务必将新课程标准解读透彻。对新课标解读得越透彻，我们的课前预设及课中生成才会越精彩、越有效，才会距离新课改的要求越近，才会真正践行“以生为本”的教育理念。

2. 让课堂活起来

课堂是教师的生命，活的课堂是令人羡慕的。只要我们多研究学生这一活资源，以全新的教学理念随学生的机、应学生的变，做到知识在心中，眼中只有学生，有的放矢地教学，相信我们的课堂必将充满生机。如何让课堂活起来？给知识赋予生命力，唤起学生学习的激情，引发学生学习的兴趣。

要想让课堂“活”起来，教师就要积极地去认识和了解学生的知识、能力和情感。美国教育心理学家奥苏伯尔说：“如果要把教育心理学的全部内容归结为一句话，那就是我要知道学生的经验是什么，没有这个一切教育都是无效的。”美国心理学家布鲁姆指出：“学生的实际就如轮船抛锚的锚桩，不搞清楚锚桩的位置大小，盲目抛出知识缆绳，就不能恰当地维系在知识的锚桩上。”每个学生都有不同的先天素质和生活环境，都有自己的爱好和长处。有位教育家说过，没有什么统一的先决条件能使全体学生都获得好的学习成绩。对一个学生来说，90 分是成绩好的标志，而对另一个学生来说，60 分可能就代表很大的进步。因此，实际上并不存在所谓的“差生”，存在的只是单一、呆板、一刀切的教学内容和方法。我们在教育学生的时候，首先就是要了解学生的知识、能力和情感，懂得每个学生都有特殊的天赋和潜能。只有从学生自我意识、学习风格、智力或能力等因素的分析入手，采取多种策略指导教育学生，才是真正的素质教育，才能培养全面发展的学生。

在活力课堂开展的过程中，教师需要从三个方面去了解学生：

（1）对学生本学科知识、能力的了解。了解学生学过哪些理论知识，知识掌握得怎么样，解决问题的能力如何，思想中有哪些问题，等等。只有这样，讲课才能做到有的放矢。

(2) 对学生其他学科知识的了解。了解学生已学过的其他学科知识，如语文、历史、地理、数学、化学、生物等学科的知识。教师可以从其他学科入手举有关的例子，如用政治理论和观点去剖析历史事件，帮助学生更好地理解所学知识。

(3) 对学生生活阅历的了解。了解学生的生活，如班级的活动、学生的成长经历等，从平凡的事情挖掘出人生的哲理，帮助学生掌握知识，并进一步将知识转化为信念，从而指导自己的行动。

活力课堂的实施离不开学生的积极参与，只有真正了解和认识了我们的教育对象，知道他们需要什么，我们才能够真正地去实验、体验、实践活力课堂，从而成就我们的事业。

近几年来，随着教育改革的不断深入，“应试教育”逐步向“素质教育”转变，课堂教学改革有了很大进展，传统的“一言堂”“满堂灌”的教学模式的坚冰已经开始融化。随着“以人为本”的新课改的提出，学生成了课堂的主体，教师和学生形成了平等合作的关系，可以说基础教育教学已经有了一个质的飞跃。但随之而来的，也是许多教师无法回避的问题是：课堂气氛太沉闷，学习氛围不浓，学生回答问题缺乏主动性和积极性。

传统的课堂教学存在着“教有余，学不足”“灌输有余，启发不足”“复制有余，创新不足”的弊端。为此，教师要在创新观念的指导下，以创新教育理论为依据，实施全面、深刻的课堂教学改革，创新课堂教学。创新课堂教学，首先要确立以人为本的教学理念，把受教育者的发展作为目的和核心，确立他们在课堂教学中的主体地位，把育人当作教育者的理性追求和教学实践的动力之源。以这样的现代课堂教学理论作指导，教师就会在课堂教学中努力做到目中有“人”，围绕培养人的目标，改进教学方法，调动学生学习的主动性和积极性，使学生在课堂上愿学、会学、乐学，体会到求知的快乐，让学习成为学生追求自我价值的动力，而不是沉重的负担。

我们所说的“把课教活”，不仅是指教师应当如何“教活”，而且还指通过教师的努力，怎样真正让教学的对象——学生“学活”。这就要求教师在备教材的同时，还要备学生；在研究教材思路、教学思路的同时，还要研究学法思路。叶圣陶先生所说的“教是为了不需要教”正体现了以学生为主体的教学思想。在实际教学中，教师要善于设置问题，引发学生思考，激发其好奇心；要及时解开症结，为学生指点迷津；要适时点拨，推动学生思维进程；要帮助学生消除思维盲点，纠正学生思维偏差。吕叔湘先生说得好，“教师培养学生，主要是教会他们动脑筋，这是根本，这是教师给学生的最宝贵的礼物”。

以语文教学为例，语文学习过程应是一个生动活泼的、主动的、富有个性的过程。在语文课堂教学中，学生、教师这两者应该是共生互动的，语文教师要想方设法激发学生的内驱力，以激活语文教学。教师在阅读教学中要通过各种教学手段来营造氛围、激活情绪，借以调节欣赏者的“期待心理”，让学生产生求知的欲望和阅读的兴趣。如读古代诗词，可以通过欣赏音乐来体会诗歌的意境；读古典小说，可以通过与影视作品的比照来加深对形象的认识；读散文随笔，可以通过了解作者的人生经历加深对作品的了解。这样，学生在获得了相应的知识经验后，就能对作品进行深层次的探究。当学生进入了相应的情境并产生浓厚兴趣后，作品的意义就会被充分挖掘出来。同时，教师还可以组织一些语文课外实践活动。只有在积极主动的、创造性的实践活动中，学生的素养才能得到迅速而全面的发展。

作为一名教师，对课堂教学的改革是义不容辞的，课堂改革的首要任务是激活教学，展现课程魅力。有的课堂犹如一潭死水，波澜不惊；有的课堂如涓涓细流，清澈欢快；有的课堂如惊涛骇浪，动人心魄；有的课堂貌似平静，实则激流暗涌；有的课堂九曲十八湾，一波三折……不管是哪种风格的课堂教学，都要有活力，都要摒弃那种教师独霸讲台、学生万马齐喑的沉闷局面。有位教学专家曾说过，“课堂教学是师生生命历程的一部分”，“要增强语文课堂教学中生命意识”，“让生命涌动”。充满活力的课堂氛围才能使学生的想象力、创造力发挥到最佳状态。吕叔湘先生曾经指出，如果说一种教学法是一把钥匙，那么，在各种教学法上还有一把钥匙，它的名字叫做“活”。他还提到，成功的教师之所以成功，就是因为他把课教活了。从中我们不难得出这样的结论——“活”是语文教学法的精髓，“活”是打开语文教学之门的钥匙。

同样，在数学课堂教学中，教师应创造性地利用教材，给学生提供开放的、自主的、趣味性强的、参与度高的教学素材，让学生动起来，让数学课堂活起来。新的课程理念也不再强调是否向学生提供了系统的数学知识，而是更为关注是否向学生提供了具有现实背景的数学，包括他们生活中的数学、他们感兴趣的数学和有利于他们学习成长的数学。这一理念倡导自主、合作、探究的学习方式，要求教师关注学生的个体差异和不同的学习需求，爱护学生的好奇心、求知欲，充分激发学生的自主意识和进取精神，建立新型的朋友式的师生关系，从而构建充满活力的课堂。

要使我们的课堂真正“活”起来，要注重“活力课堂”的五个教学要素。

(1)“思考力”。教师以实际情景引入新知，激发学生学习兴趣，培养学生的问题意识。学生有了问题意识往往就有了思维的动力和创新的基石。然而，一直以来，我们发现学生的问题意识普遍比较薄弱。究其原因，在传统的课堂教学过程中，学生每天都是习惯带着问号进课堂，带着句号出课堂，结果导致入学时像个问号的孩子，毕业时却变成了句号。孩子们的问题意识没了，好奇心没了，创造力也就被扼杀了。久而久之，学生的问题就会越来越少，最终只有等待教师提出问题，然后解决问题，学生成了问题的奴隶、课堂的附属品。我们鼓励教师把课堂的主动权交给学生，让学生真正成为学习的主人，让学生带着对问题的思考离开课堂。下课铃响了，学生头脑中的问号更多了，思考更多了，这才是我们所期望的课堂教学效果。

(2)“表达力”。教师要倾听学生的想法，让学生在讨论、对话中敢于表达、善于表达自己的思想。教育研究者曾对一些口头表达能力较差的中、高年级学生进行过问卷调查，发现高达70%的学生是由于低年级时胆怯不敢表达自己的看法而造成的表达能力低。由此可见，让学生从小敢说、愿说、树立自信心是培养口头表达能力的第一步。因此，在课堂上教师要善于鼓励学生，培养学生的自信，为每一位学生创造发言机会，努力营造和谐、民主的氛围。对学生的发言，教师要给予鼓励，满足学生自我肯定的心理需求，使其能充满信心地进行语言表达。学生如有答错，教师要付诸微笑，尽可能鼓励他们自己改正，教师应通过宽容的眼神、亲切的语气引导学生思考，从而增添学生的信心和勇气。教学实践证明，只要教师对学生倾注一片爱心，使他们克服胆怯心理，学生的语言表达欲望自然会变得越来越强烈。

（3）“探究力”。教师要精心安排教学过程，使学科的内容具有探究性，积极引导学生去思考、探究。教师不能把书本当成是学生获取知识的唯一渠道，既要创造性地使用教材，又要在教材之外找“教材”，让课堂充满探究的魅力。如历史课上，在讲授中国古代民族关系和对外关系的时候，可让学生扮演英国商人，然后问他：“你要经丝绸之路到中国长安，沿途该怎么走？”“为了能购买更多的丝绸，你要带些什么东西到中国出售？”“一路上你要经过哪些国家和地区？有哪几种地形？”再让学生扮演大秦使臣，问：“从大秦到中国需要经过几大洋、几个海峡？”“假如你想在中国定居，你最喜欢哪个城市？”“让你在中国接受教育，该上什么学校？”通过让学生融入角色体验历史，真正发挥学生的主体作用。教师教学中国古代史的民族关系、对外关系和经济状况时，都可以借助虚拟的历史情境来激发学生的探究兴趣。

（4）“合作力”。教师要有意识地搭建合作探究的平台，让学生集体解决课堂教学中的问题。现在很多孩子在家庭中养成了以自我为中心的性格，不善于与人合作。作为一名教师，要知道如何让学生进行合作，如何教给学生合作学习的基本方法。如角色的分配，教师要根据学生个性、特长等进行合理分工，给所有学生创造平等参与的机会。合作学习涵盖两方面的内容：一是表述自己的见解看法；二是倾听他人的意见，相互借鉴，取长补短。学生只有虚心切磋、诚恳交流，才能感受合作的快乐，分享合作的愉悦，才能培养合作意识，获得团队学习的成果。

（5）“整合力”。教师进行跨学科整合，是突破学科教学局限性的“意义”所在。如信息技术与语文教学的整合，能带给学生全方位的视觉、听觉的冲击。在讲授《七律〈长征〉》一课时，教师通过网络制作网页，学生点击在线视频领略红军过草地和过雪山时的艰难，听着呼呼的北风，看着红军战士身着褴褛衣衫冒着风雪互相扶持的情景，理解了“五岭逶迤腾细浪，乌蒙磅礴走泥丸”是何等的豪迈与乐观；学生还可点击红军长征的相关知识链接，拓宽知识面，以更好地理解文本。信息技术学科与语文学科的整合，打破了时间和空间的限制，在识字教学、文本阅读教学和资料收集方面具有十分重要的意义。

活力课堂教学对学生思维具有生成性，能将学生课内活跃的思维与创新的欲望延伸到课外，延伸到现实的生活与实践中去，从而形成“大课堂”概念。

深化教育改革、创新课堂教学并非立竿见影的事，它需要从社会到学校，从领导到教师，从教师到学生，各方面互相支持和配合；同时，它也是一个从认识到认可、再到实践的过程。创新课堂教学，重构一个具有现实意义的、崭新的课堂教学模式，是时代赋予每一位教育工作者的责任，它不应只停留在理论的探讨上，而应如“春潮带雨”，催生出创新教育明媚灿烂的春天。

总之，教师要让自己的课堂活起来，多给学生自由选择的机会，多给学生提供发表见解的机会，多关注学生会怎么想，使他们的个性潜能得到淋漓尽致的发挥，使他们的创新能力得到充分挖掘。活起来的课堂将是充满人文气息、富有挑战性与激情的课堂，成为学生求知、做人的乐园，成为师生施展个人魅力与才华的天地。

3. 把课堂还给学生

进行课堂教学改革的关键是改变我们自己，不仅要改变我们的教学方法，更重要的是改变我们的观念。转变教师观念，已经成了老生常谈。但是，真的要让我们转变观念，并不是那么容易的事情。

我们应转变哪些观念呢？比如，我们应该认识到，教师是牧者，不是纤夫；我们对学生应该进行放养，而不是圈养；教育过程的主人和主力是学生自己，我们只不过是学生自主发展的服务者和仆人。俗话说：“师傅领进门，修行靠个人。”作为教师，我们只是为学生的成功做准备，进行帮助。例如，对于进餐的孩子来说，吃饭时的动作无可替代，但我们可以为之收拾餐桌、碗筷，使之吃得更舒服。学生是学习的主角，教师的作用是把主角的潜力挖掘出来。

著名教育家夸美纽斯在他的《大教学论》中写下了他的教育理想：“找出一种教育方法，使教师因此可以少教，但是学生可以多学；使学校因此少些喧嚣、厌恶和无益的劳苦，独具闲暇、快乐和坚实的进步。”我们的活力课堂就是为了实现这种教育理想。

只有转变了观念，教师才能充分相信学生，把学习的主动权交付学生，教师才能真正解放自己，才能真正让课堂有活力。我们的活力课堂，就是要教师成旁观者、服务者，在课堂上起到桥梁与纽带的作用。

要构建活力课堂，仅仅让教师动起来是不够的，更重要的是让学生动起来，去感受什么样的课堂是活力课堂，去思考在课堂上能得到什么，体验到什么。作为教师，我们能普遍感受到孩子是对知识饥渴的学习者，也如莱克恩说的，“一旦我们开始根据人类的天性做事，过去认为复杂的事也变得简单”。所以我们要构建活力课堂，必须全面依靠学生。

我们来看当前流行的教育理念，从快乐教育、成功教育、情境教育、体验教育到主体教育、生活教育、创新教育，哪一个离得开学生自身的体验、领悟、内化？不依靠学生，我们还能依靠谁？比如，我们早上叫孩子起床，孩子往往不肯起来，可是假如当天要秋游，他肯定早早就醒了。同理，我们想要学生做的，学生并不一定卖力去做；而学生自己想做的，做起来怎样也不觉得累。这充分说明了在活力课堂教学研究与实践中学生主体作用的重要性。

我们依靠学生的自主学习，可使教学过程简约化。这样的课堂能让学生自己主动起来，让学生自己学习，让学生自觉学会学习。另外，当考试出现了问题，小组中有的同学学习有困难，老师要外出开会时，教师都可与学生商量应对的办法。“全面依靠学生”，讲的就是在教学上以人为本，它揭示了教育的真谛。

## 第二节　活力课堂理论的内涵

### 一、“活力课堂”的基本内涵

课堂是教育教学理论的实践场所，是教师教学构想的实施阵地，唯有优质的课堂才能产生优质的教育。开展活力课堂实践活动，目的在于使广大教师重视课堂、研究课堂、充实课堂、升华课堂、延展课堂。

活力课堂是一种全方位激发师生活力，全过程优化教学，全面提高课堂教学效益，最大限度实现师生价值的教学理论体系。简而言之，活力课堂就是要让课堂活起来。

活力课堂从生命的高度关注课堂，生命本身是有活力的，课堂也应该是有活力的；生命的内在元素和需要是多方面的，课堂促成生命的发展也是多方面的；生命是有价值的，课堂促进生命体的发展也是有价值的。课堂对于学生来说，着眼于现在和未来；对于教师来说，在改变学生的同时在发展自己，也着眼于现在和未来。

（1）活力课堂承载了师生鲜活的生命蕴含。课堂教学是师生重要的人生经历，是他们教育生命的生成、发展最有价值的组成部分。学生不是盛放知识的容器，教师也不是人类经验的传声筒，他们都是一个个鲜活的生命。关注课堂，首先必须承认它是有生命的课堂，是承载师生活力的课堂。

（2）活力课堂实现了师生的多重生命价值。生命的需求是多方面的，有对知识的渴望，有对人际交往的期待，也有对更丰富的教育价值的追求。活力课堂关注生命的本真特点，重视学生在参与、探究、创新的过程中体验生命的认同感和归宿感，进而在生成新的认知的同时形成对生命意义的正确理解，促进学生的全面发展，并由此实现教师生命存在的价值。

（3）活力课堂关注了师生动态、高效而愉悦的生命体验。在活力课堂上，教师根据课堂教学的特殊规律，在更高的层次上正视学生学习、认知的一般规律，整合课堂教学中教学内容的开放性、教学方法的有效性和师生情感的真实性，创设朝气蓬勃的课堂生态环境。活力课堂选择适合学生学习的教学策略，既关注学生情感的愉悦体验，又注重教师教学的高效达成，在互动生成中促进师生的全面发展。

总之，活力课堂是一个焕发师生活力的，动态、高效而愉悦的生命课堂。动态是指课堂教学经由师生互动、生生互动而生成；高效是指教学目标的有效达成，不浪费师生的时间；愉悦是指课堂氛围令人兴趣盎然，活力焕发；生命课堂是指课堂的教学内容、教学过程和学生的生活息息相关，学生在课堂上亲身体验生命的成长。

## 二、“活力课堂”的基本要素

什么样的课堂是充满活力的课堂？一说到“活力”，可能大家就会想到课堂上热热闹闹的场面，师生问答互动积极，可以随便走动、交流。其实，表面热闹的课堂不一定是有生命活力的课堂。结合一线教师的研讨、专家的点评，我们着重从教师的角度总结出了“活力课堂”的十项指标。

1. 活力课堂是目标明确、多元的课堂

教育是一种价值引导活动，投射、蕴含着教育者的价值选择，教学目标是体现教育者价值选择的必要环节和重要步骤。这一课要做什么，是我们必须要明确的，这是教学最基本的要求，也是最低要求。只有目标明确了，教师才能有效设计教学过程，在教学过程中才能严格按照目标去落实和实施教学步骤，也才能运用恰当的评价手段来检测学生的学习情况。

然而，目标明确并不等于“一刀切”，还要注意目标的多元化，也就是说要针对不同层次的学生设计不同层次的目标，让课堂真正富有活力。比如，在体育课教学中，教师可以给不同学生设计不同层次的目标，运动量可以根据学生体型、运动速度、体质的不同设计不同标准，并在分组时注意到这些不同。这样，使得所有学生都可以感受到参与的快乐，都可以在原有基础上得到提高。体育课如此，其他学科课程也应探讨设计明确、多元的教学目标。

2. 活力课堂是科学、高效的人本课堂

课堂的有效性是教学的生命，有效的课堂教学也是学校的生命。我们今天提出活力课堂，就是在追求课堂有效性的基础上，从“有效”“高效”“优效”一直发展到活力课堂。所以说，课堂的有效性是我们教学的基本要求，也是底线，是每位教师都应该达到的目标。

作为教学的最基本要求——有效教学，课堂教学的指标有：（1）学生主动参与学习；（2）师生、生生之间保持有效互动；（3）学生形成对知识真正的理解；（4）学习材料、时间和空间有充分保障；（5）学生的自我监控能力和反思能力得到培养；（6）学生获得了积极的情感体验。

不仅如此，我们在有效的、充满生命活力的课堂教学的基础上，提出追求课堂的科学性与高效性。也就是说，教学目标、教学过程都必须符合学生的认知规律和特点，教师通过循序渐进的教学流程和科学的方法，让学生在有限的时间内取得最大学习效果，减少无效消耗。因此，在实际的教学研讨中，我们进一步提出“优效课堂”的要求，也就是既要优质还要高效，即在具体的一节课中学生能达到积累知识、破难解疑、优化方法、提高能力、高效学习的境界；同时，科学高效的人本化课堂也给学生营造安全的学习心理环境，让其充分享受学习的快乐。

3. 活力课堂是能够有效整合并合理开发课程资源的课堂

课程资源也称教学资源，就是课程与教学信息的来源，就是有利于实现课程和教学目标的各种因素，或者形成课程与教学的直接因素来源。

富有智慧的教师往往善于整合各种课程资源，他们在整合课程资源的同时也在开发课程资源，具体表现在整合社会资源、整合生活资源、整合媒体资源三个方面。

（1）整合社会资源——充分利用家庭、社区开展的教育教学活动。

（2）整合生活资源——比如说，教师在“生理卫生”综合性教学课上，可以把无机盐对人体作用的知识通过生活中司空见惯的事例整合起来，效果很好；在化学课上，将学生熟悉的铁锅、铝锅等生活中的工具用到试验中；在历史课上，将学生熟知的月历开发成课程，小小的月历中有很多奥秘，极易调动学生的参与热情；在体育课上，教师可以让学生课前参加学校开展的阳光体育活动，还可把学生熟悉的教师、同学做运动的照片做成幻灯片，使学生产生极大的亲近感，创设很好的教学情境，等等。

（3）整合媒体资源——在语文课上，教师可以将一些大家很熟悉的广告语、图片等引入课堂教学。这些资源的整合利用，对于提高课堂教学的效率、培养学生的学习能力会起到非常大的作用。

4. 活力课堂是自主探究的课堂

自主探究的学习方式是新课程所倡导的重要理念。但新课改已经实行好几年了，一说到自主学习，还是有相当一部分教师认为自主就是把课堂放手交给学生，就是教师不讲学生自学，教师在每堂课只能讲几分钟，其余时间必须留给学生。新课程所倡导的自主学习、探究学习，实际上是为了改变传统教学中“满堂灌”的机械教学模式提出的。在传统教学中，学生被当作学习的机器，教师是传授知识的机器，重知识的灌输，忽视在教学过程中对学生学习能力的培养；没有把学生当作学习的主体，教师教给学生什么，学生就只能接受什么。新课程所倡导的自主探究式学习，就是要把课堂真正还给学生。因此，我们理解的自主探究的课堂，应该是重视学生的主体地位、真正站在学生的角度进行教学的课堂，既要重视基本知识和基本技能，又要重视知识、技能的形成过程，真正提高学生的能力。

5. 活力课堂是合作分享的课堂

合作，作为现代社会发展的一种趋势，影响着人类社会的每一个个体。新课程主张个性的体验，同样提出要培养学生合作学习的能力。在前几年开展的合作学习实验中，很多教师认为，“合作”就是小组讨论，于是“小组讨论”成了合作的代名词，而在具体课堂教学中，“小组讨论”则成为调节时间的一个重要武器。当时间充足的时候，就让学生“讨论讨论”，当时间紧张的时候，无论学生的问题讨论到什么程度，都要根据教师的需要被迫停止。这是非常常见的教学围绕着教学设计进行，而不是围绕着学生的学习进行的现象。这里所谓的“讨论”并不是真正意义上的合作学习。

6. 活力课堂是开放的课堂

课堂本应是舒展心灵、放飞想象的场所。统一的要求、统一的方法、统一的标准答案往往会束缚孩子们的思维，遏制孩子们的天性。因此，新课程特别强调要尊重孩子的天性，将课堂还给孩子。于是，也就有了热热闹闹的课堂，有了满堂问答的课堂。虽说有的教师也努力将课堂向外拓展、延伸，但始终还是没有把主动权还给学生。这样的课堂表面上动起来了，骨子里却还是封闭的思维、封闭的模式。

7. 活力课堂是智慧生成的课堂

“应试教育”的课堂注重的是知识，而不是智慧；最终获得的是知识，而不是智慧。我们今天的教育，在很大程度上还是秉承了以知识传授为主的教育传统，是塑造“知识人”而不是“智慧人”的教育。知识丰富的人不等同有智慧的人，就好像我们说某某人学富五车，假如他仅仅是拥有了丰富的知识而不能灵活运用，也就相当于一部词典而已。甚至还不如一个词典，因为词典还有目录、页码，需要的时候一检索就能找到自己想要的，而仅仅拥有一堆死的知识的人却做不到这一点。我们需要知识，我们更需要智慧。智慧需要知识，但是知识不等同于智慧；知识可以生成智慧，但是知识生成智慧要有条件，要用适当的方法。用机械训练、灌输的方法，知识是产生不了智慧的。

有人说，智慧有其鲜明的外部特征，愉快、欢悦、幸福就是智慧的表情。要让学生拥有智慧，首先就要让他们愉快起来、自由起来，只有在愉快和自由的氛围内人才可能闪现智慧的火花。当我们的课都具有“智慧的表情”，学生会变得愉悦、幸福，这时，教师也是幸福的。在这个前提下，我们的教师富有智慧的设计和启发一定会点燃学生的智慧之火，课堂也就有了灵动的旋律和七彩的光芒。

如前面提到的，在化学课上学生从生活用具中探究出来铝的性质，就是因为教师给了学生一个开放的环境、民主的课堂，学生才有智慧生成。历史课上，学生发现的月历上的数字变化规律可能完全超出教师的预设，那是因为他们的思维被真正激活了，积极性被有效调动起来了，于是才有了课堂的精彩。

我们知道，学生心智的觉醒往往在一刹那间，转瞬即逝。因此，学生智慧的生成需要教师的智慧启迪，即用一棵树摇动另一棵树，用一片云推动另一片云。有智慧的教师能够给学生创设生动的情境和宽松的氛围，激发学生兴趣，激活学生思维，让学生敢想、敢问、敢争论。

*8. 活力课堂是科学精神与人文精神相融的课堂*

机械工程专家、教育家杨叔子说：“人之所以为人，因为人有特有的人性，人还有人特有的灵性，更有人性与灵性交融而升华成的精神境界。人性的开发与培育，主要靠人文教育；灵性的开发与培育，既要靠科学教育，也要靠人文教育。”

科学精神是科学的本质和灵魂，而我们传统的科学教育过于重视科学知识的传授而忽视了科学精神的培养。与此不同，西方一些发达国家非常重视孩子的个性教育，多开展探究性学习，多组织综合实践活动，以彰显人的个性，使人的创新能力得到提升。今天我们提出创新教育，实际上也是从素质教育的角度出发，着力于培养学生的科学探索精神和动手能力，使学生得到全面发展。

比如，在数学课上，教师提出有创意的问题，学生积极动脑，思维完全被激活了；在化学课上，教师重视实验的科学与规范，着重培养学生科学严谨、实事求是的学习态度。所以说，真正活跃的课堂并不是表面上热热闹闹的课堂，而是学生积极参与、思维被充分激活的课堂。

记得曾经听过一位教师的语文课。他构建的诗情画意的课堂给听众留下了深刻的印象。他的课题是“弘扬人性美”，教学过程充满了浓浓的人情味。用这位老师的话说，“有什么样的语文教学观就有什么样的语文教学行为”。他努力追求语文教学的人文性，所以他的语文课饱含着一种人文情怀。

那么，是不是科学课中只能谈科学、人文课里只能讲人文呢？二者能否相融？从个体的人来说，科学是“立世之基”，人文是“为人之本”。如果科学主要是讲客观世界，讲“天道”，人文主要是讲主观世界，讲“人道”，那么，两者交融就是“主客一体”“天人合一”。我们可以结合新课程标准中的三维目标来分析科学与人文的关系。情感态度与价值观的目标，说起来容易，做起来却非常难，因为这个目标是隐性的目标，它必须和前两个目标结合起来，或者说只能借助知识目标和能力目标的实现来完成。这就要求教师要结合自己学科的特点来设计课堂，如某历史老师在课堂上按照学生的认知规律由浅入深设计问题，这就体现了科学性。也就是说，我们的课堂需要科学与人文的融合，这样培养出来的人才是一个和谐的统一体，才是一个人格完善的人。

在我们传统的教育中，存在因过于重视科学知识而忽视了人文教育的问题，如最富有人文性的语文学科被科学分析的方法肢解，结果优美的文章变成了一堆零件。因此，现在很多语文教师在努力探究富有语文味的语文课堂，要还语文教学以真实面目。

9. 活力课堂是充满激情的课堂

只有生命才能唤醒生命，只有激情才能燃起激情。教师在课堂上是否投入，将会对课堂教学的成败起到决定性作用。如果教师自身对所教授的知识没有激情，完全以局外人的姿态上课，学生也很难投入其中。这就是我们所关注的生命是否在场的问题。教师的生命不在场，没有全身心的投入，学生的生命也必然游离到课堂之外。

在日常的听课、议课活动中，我们经常可以见到教师在课堂上激情满怀、神采飞扬，用他们的热情点燃了学生的激情，使课堂更加富有生机与活力。比如，在语文课上，教师把文章读得使所有人热泪盈眶，结果学生的阅读同样能感染人，因为教师和学生都能全身心投入，自己也成了文中人；在政治课上，学生争先恐后地发言，唯恐老师看不到自己举手，师生自始至终投入其中，时间过得飞快，不知不觉就到了下课时间；在综合实践课上，虽然此课不受重视，也不是统考科目，但教师精心备课，充分调动学生积极性，让学生在课堂上有所得；在数学课上，教师用可爱的儿歌引入，与学生平等交流，把一些枯燥的数字变得富有灵性，使学生在愉快的学习中培养了数感，体验到了数字之美；在地理课上，教师激情飞扬、风趣幽默，无论是对学生的评价还是对知识的点拨引导，都让学生备感亲切，同时加深了对知识的理解与运用……

因此，真正的有活力的课堂，一定不是死气沉沉的课堂，而是充满激情、充满智慧的课堂。

10. 活力课堂是链接生活的课堂

陶行知说“生活既教育”，杜威说“教育即生活”。他们的教育理论都是主张教育与生活的一致性，强调教育环境的和谐，也就是说教育要从生活中来，到生活中去。

经过几年的课改实验，广大教师已经深刻领会到了教育和生活的关系，已经开始从书斋中走出，使教学较好地融入生活，引导学生运用生活经验学习，又将知识应用于生活，让学生感到知识就在自己身边，知识可以服务于生活。知识链接生活的课堂可以有效整合资源，培养能适应社会发展的人才，这是个体社会化的过程。因此，怎样让学生将知识活化为生活的能力和素质，以便将来能更好地适应社会，为自己的人生之路增加一些靓丽的色彩，是教师必须要思考的问题。

活力课堂应该包括老师的教学活力，也包括学生的学习活力，还包括教学过程的动态生成。这三个方面的活力综合起来，才是真正的有活力的课堂。所以，我们说有活力的课堂一定是以学生为主体、发展学生个性的课堂，是学生思维能力、创造能力得到最大限度提升的课堂，是有利于学生素质全面提高、终身幸福获得的课堂。

那么，让我们携起手来，努力构建充满生命活力的课堂，为学生的终身发展与幸福奠基，也为自己的幸福人生奠基。

## 三、“活力课堂”理论在各个环节中的体现

“让课堂焕发生命活力”，要将这句话落到实处，并不是一件容易的事。活力课堂并不仅仅表现在课堂之上，还是在教育目的的引领下深深扎根于生命教育之中，体现在备课、上课、作业布置等每一个教学环节中，且受学校行政管理的影响。因此，我们可以将德育、备课、上课、课后和管理作为活力课堂的五个要素，对此进行实践探索。

(1) 用“学科德育”提升“教学效率”。在课堂上，对学生而言，是“一个人在学习”而不是“一个学习的人”，这意味着学生首先是“人”，然后才是一个“学习者”；对教师而言，是“一个人在教学”而不是“一个教学的人”，这意味着教师首先是“人”，然后才是一个教学者。教师把学生当作“人”，而学生也把教师当作“人”，教学重视知识育人的作用，课堂自然充满了教育的活力。

(2) 用“教育科研”重构“教学内容”。在备课时，教师对“怎么教”的考虑是不可缺少的，但对“怎么教”的准备却不一定完善，尤其对“教什么”的问题可能会缺少深刻的思索。对于一堂课的教学内容，教师既要考虑它在整个学科知识系统中的位置，还要考虑它在整个课堂教学过程中的顺序，更重要的是要考虑其教学内容与课程标准、考试大纲、学生状况是否符合，目标是否得当。这些都需要进行教育科研，解决了这些问题，才能为课堂注入活力打下基础。

(3) 用“生活情趣”激发“课堂创新”。上课需要科学的准备，但真正到了课堂上，更需要教师将学科知识生活化的能力，更需要教师自己在情趣方面的驾驭能力与表现能力。对于教师来说，一堂课就是一件艺术品，它所表现出来的，是每位教师独特的生活情趣与人文素养。他人不可能复制，自己以后也不可能复制。因此，课堂创新的实质就是教师生活情趣的展现，也是教师在课堂唤醒学生活力的法宝。

(4) 用“学生作业”诊断“认知模式”。做得最多的事，往往是最低效的事，课后作业的批改就是如此。很多时候，课后作业成了证明教师教学态度、监督学生和在众多学科中为自己学科抢到更多时间的工具。其

实，作业改得好不好取决于教师对作业是否有所研究，是否利用学生作业来诊断教学模式。只有利用学生作业诊断教学模式才算是积极的作业批改，才算是课堂活力结果的体现。

（5）用“行政管理”保障“专业职权”。对教学专业权的使用，既是教师的权利，也是教师的职责。教师有上好课、评价学生的权利，有为学生群体营造良好学习氛围的义务。因此，行政管理要对教师教学专业权提供保障，不干涉与取代教学专业权，为教师实施教学专业权创造条件，对教师实施教学专业权的过程与结果进行监督。这样的行政管理才算是活力课堂的有力保障。

## 四、“活力课堂”的目标达成

基于实际教学需要而产生的“活力课堂”，其达成目标与有效教学不谋而合。即有效果，教学活动结果与预期教学目标相吻合；有效率，是对单位时间内学生的学习结果与学习过程综合的考虑；有效益，指教学活动收益、教学活动价值的实现，指教学目标与特定的社会和个人的教育需求相吻合的程度。

一堂好课，师生的交流活动必定是恰到好处的。有效课堂教学就是要努力寻找主导与主体的最佳结合。教学是一个动态过程，教师只有通过与学生之间的信息交流，才能实现对教学的有效控制与调节，正确处理好主体与主导的关系，以达到预期目的。

一堂好课，必定充满生命的活力。教师在围绕学生发展精心设计教学环节的基础上，充分运用自己的教育智慧，保持课堂的灵活性和开放性，发挥学生的主动性，与学生一起共同“生成”课堂。

一堂好课，必定充满“诗意”“美感”和“激情”。这样的课有师生经验的共享、情感的融合与灵魂的感召。在这样的课堂，学生潜能被开发、精神被唤醒、个性被彰显，学生在“诗意”和“激情”的课堂上得到全面、持续、和谐的发展。

我们需要这样的有效教学和活力课堂：见解深刻、独具慧眼、旁征博引、循循善诱、充满智慧、精益求精。通过活力课堂，我们的教育从有效教学走向优质教学；我们的教师从一般教师走向优秀教师，从普通教师走向教学名师，从经验型教师走向专家型教师。从而实现教师不是保姆，是领路人；教师不是舞者，是指挥家；教师不是传授知识的机器，是点燃思维之光的火花。

我们可以想象，活力课堂是一个充满美的课堂、诗意的课堂、激情的课堂、收获的课堂，应该令学生如沐春风、如饮甘泉。在这个课堂上，人人轻松愉快，个个神清气爽。

具体来说，活力课堂应该是这样的：有疑问，课堂上教师要创设问题情境，用疑问开启学生思维的心扉；有猜想，通过猜想，让学生养成求知的习惯；有惊讶，小心对待、巧妙点拨学生的迷惘，令学生茅塞顿开、心中惊叹、喜悦不已；有笑声，课堂讲述要生动有趣、诙谐幽默，使学生不时地发出会心的笑声来回应；有争议，教师要鼓励学生大胆质疑，让学生敢于各抒己见，并得出结论；有沉思，关键问题上教师要留出空白，让学生自由探索；有联想，教师不要把课讲“绝”了，要留有余地，让学生联想，要精心呵护思维的火花；有收获，使学生的知识、能力、素质得到充分的发展。

总之，活力的课堂是学生的课堂，活力的课堂是高效的课堂，活力的课堂是思维的课堂，活力的课堂是把学生的每一次激动变成思维动力的课堂。

## 第三节　活力课堂理论的实践价值

### 一、活力课堂的理论

活力课堂的理论价值和实践意义就在于让我们从生命的高度，用“互动生成”的理念来重构课堂——焕发生命力量的、促进主体全面发展的、使主体在互动生成中感受愉悦的生命课堂，进而改变教师的教学行为。因此，本课题的研究有强烈的现实针对性，对于推进课改、提高课堂效率、促进教师专业发展具有理论价值和实践意义。

课程改革发展到今天，教师的教育理念有了根本性的转变，但是课堂教学的现状仍未尽完善。民主、平等的课堂氛围时有缺失，情感态度与价值观的培养目标常被弱化，探究性学习也受到应试教育的挤压。我国著名教育家叶澜提出的“活力课堂”有两个关键点：一是“生命”，课堂是师生生命发展、体现师生生命意义的有价值的载体；二是“互动生成”，课堂会极力创设情境，回归认知的本真，促进智慧生成。

要想充分理解活力课堂的理论价值并在实际教学中付诸实践，广大教师在观念上应做到以下几点：

(1) 树立正确的课堂价值观。课堂教学对于师生具有生命价值。对学生而言，课堂教学是构成其学校生活的最基本要素，它的质量直接影响学生现在和将来生命的发展与成长；对教师而言，课堂教学是构成其职业生活的最基本要素，它的质量直接影响教师对职业的感受、态度以及专业水平的发展和生命价值的体现。课堂生命性和生活性的特点决定了课堂教学的目的是促进生命的全面发展。通过行动研究，课堂的生命观、生活观、价值观将为教师所接受，由此教师将形成新型的课程观、师生观和发展观。

(2) 更好地把握课堂过程观。人类教育史上曾涌现出如星河般灿烂的教育理论，如教育家凯洛夫的接受性学习、杜威的儿童游戏说等，都对课堂教学产生了深远的影响。在新的历史条件下，教师应认真梳理、总结、吸收前人思想的精华，结合我们面临的种种课堂问题，进行理论思考和实践探索，通过激发生命活力激活课堂细节，通过改革课堂结构和模式激活教学流程，从而建立一种新型的课堂教学过程观，重新建构现代教育教学理论框架。

(3) 建立科学的课堂教学质量观和师生评价观。现存的关于课堂教学质量和师生的评价制度是传统课堂教学的产物，要建构活力课堂，必须在对现存评价制度“扬弃”的基础上建立新的评价制度。新的评价制度应有丰富的内涵和时代特色，能帮助教师反思和克服当前教育实践中不合理的教育观念，提升教育能力和管理水平。

## 二、活力课堂的本质属性

(1) 实。活力课堂首先应该是科学的课堂，学的目标定位科学准确，学的内容没有科学性错误，学的方法方式具有科学合理性；活力课堂其次应该是真实的课堂，课堂是真实的生命历程，不是为了取悦人，也不是做给别人看的，教师要提高学生在课堂上“学量”的最大化、“学质”的最优化。

（2）活。活力课堂是自主的课堂，师生都是课堂的主人，在互教互学中形成一个真正的“学习共同体”。活的课堂是有个性的课堂，教师有自己的教学特点，学生能充分展示自己的个性；每节课都能体现自己学科的特色，体现教学内容的特点。

（3）乐。活力课堂应该是快乐的课堂，学生在课堂上有一种内心愉悦的体验，有一种惬意、幸福的感觉。乐的课堂应该是有意义的，学生从课堂上不断获得成功的体验，感受到学习的意义，享受到学习的快乐；乐的课堂应该是富有情境的，有良好的班级文化氛围，有良好的课堂学习、研讨氛围。

（4）新。活力课堂应该始终使学生有新鲜感，教师要深入钻研教材，努力做到课堂教学有创意，利用各种形象生动的教学手段，开展形式多样的教学活动，激发学生的求知兴趣，让学生对教学内容保持新鲜感，从而提高课堂教学的实效。课堂应该是有生成的课堂，教师在预设和生成中不断调整自己的教学计划，“以学定教”，“顺学而导”，让预设的课堂变成生成的“新”的课堂。

## 三、活力课堂的外显特征

（1）教学要求层次化。活力课堂要求教师在教学中从班级和学生学习基础、现有水平和能力出发，将班级学生划分为不同的层次，为之制订相应的教学目标，对不同层次的学生采用不同的教学方法和不同的评价方式，给学生充分学习的机会，使不同层次的学生都得到发展。

（2）教学过程活动化。活力课堂是充满活力的课堂，它能充分调动学生学习的积极性、主动性，尽量为每一个学生提供机会。教师要化文本为情境，化传授为对话，化灌输为方法，化说教为实践，化单一为多元，充分进行师生互动、生生互动。

（3）教学方式多样化。方式多样化指的是教师要根据自己的个性特点、学科特点、教材特点、学生特点、课堂发展等灵活机动地采取适合学生学习的教学方法。活力课堂教学方式的多样化不是目的，而是调动学生主动学习的一种手段。单调、重复的教学方式必然导致学生心态的疲惫及厌倦，课堂氛围落入沉闷，学习积极性也因此渐渐消解。

(4) 教学手段信息化。活力课堂要求教学手段是现代化的。利用多媒体教学手段，使静态内容动态化、抽象内容形象化，不仅能够减轻教师上课时的工作强度，还能够提高学生的学习效率和理解能力。

(5) 教学氛围民主化。活力课堂的氛围是民主的，处处体现“以人为本，尊重学生”的教育理念，关注每一个学生的发展。在教学过程中，教师注重自主学习和合作学习的结合；实施主体性教学，培养创新精神；承认个性差异，贯彻因材施教原则，实现个性化教育。

## 四、活力课堂的基本标志

(1) 活力课堂是懂宽容、讲人格的高品位课堂。活力课堂充分体现了师生平等、互相尊重的和谐关系。教师一定要把学生当成课堂的主体，尊重学生的人权和人格，尊重学生的个人感受和独特见解，学会理解、宽容学生，赢得学生的尊重。教师还要把学生的头脑当作即将点燃的火把，而不是盛装知识的容器，这样课堂才能成为唤醒学生活力的舞台。

(2) 活力课堂是原生态、生活化的真实性课堂。教师要具备将学科知识生活化的能力，在课堂上充分展示个人的生活情趣，把生活、生命融入课堂，真正做到教学案贴近学生、贴近实际、贴近社会。

(3) 活力课堂是会思考、育能力的高效率课堂。学生应该享有什么样的课堂？不言而喻，就是会思考、育能力的高效率课堂。我们为了夯实活力课堂的基础，初步把活力课堂的基准定位于达成“五度”：①时间上有宽度。学生自主活动的时间不少于课时的 1/3；②活动上有广度。至少有85％以上的学生参与活动；③内容上有深度。要让学生了解知识的发生过程、真理的发现过程，促进其知识网络的建立和能力的提升；④气氛上有热度。课堂教学能够引发学生的兴趣、促进学生情感的生发，学生积极主动地参与，全身心地投入，课堂气氛热烈、和谐、民主；⑤结果上有效度。通过学生的活动，95％以上的学生当堂掌握 95％以上的教学内容。

如果唯“考”是重、唯“分”是重，管的是如何适应考试，评的是考分高低，那么，素质教育将成为一句空洞的口号。活力课堂是真正的素质教育的课堂，同样对应试升学没有畏惧，这才是我们应有的态度。

（4）活力课堂是有预设、重构建的反思型课堂。活力课堂倡导深入研究教学内容，不断反思教与学的过程，从而提高教学的针对性与有效性。活力课堂是预设与生成的高度统一，是在生成中不断重构课堂教学走向的动态过程。教师应当敏锐地捕捉课堂上每一次思维灵感的闪现和稍纵即逝的教育契机，不着痕迹地加以引导、点拨、放大，巧妙利用课堂中的疑问、猜想、沉思，让学生经历探究中茅塞顿开的喜悦，提升学生的思辨能力。

（5）活力课堂是勤动手、常实践的实践型课堂。活力课堂通过学生作业反馈教学成效，注重培养学生的实践能力与创新能力。活力课堂注重实践，体现创新，使知识源自于课堂、生成于课堂，经过学生实践摸索、理论提炼、模式优化，最终回归课堂并提升课堂。在实践型课堂上，教师的态度决定一切。教师一句真诚的表扬、一个鼓励的微笑、一个慈爱的眼神，都会使学生如沐春风，都会培养学生的学习信心，激起学生强烈的学习欲望，开掘学生的学习潜能。在实践型课堂上，学生整节课都会主动地动手做、动脑思考、动口回答，教师不失时机地让学生做一做、说一说、唱一唱、比一比、评一评，为学生提供手脑并用的实践机会，让学生体验成功后的喜悦，享受学习的乐趣。美国教育家布鲁纳说“学习的最好刺激，乃是对所学材料的兴趣”，活力课堂正体现了这一点。

（6）活力课堂是充满幽默、富有情趣的风趣型课堂。活力课堂要求教师用自己高雅的情趣感染学生，让课堂充满生活情趣。当然，在每节课上，如果学生学得饶有兴趣，教师的情感也会获得相应的满足。教学中的幽默风趣是师生思维的碰撞、情感的共振所展现出的内在的品质，而不是矫揉造作的情景剧、哗众取宠的掌声等一些外在的东西。

## 五、活力课堂实施的基本原则

活力课堂至少应贯彻八条基本原则，即发展性原则，主体性原则，过程性原则，开放性原则，情境性原则，管理、监控和维持原则，保持学生良好状态原则，积极认知干预原则。

1. 发展性原则

活力课堂教学的根本目的就是为了一切学生的发展。这里的“发展”既包括全体学生的发展，又包括每个学生知识、技能、情感、价值观等方面的全面发展以及个性的充分发展。教学过程是学生认知、情感交互发展的过程，也是生命成长的过程。因此，活力课堂要用主体的发展观来设计和组织教学，要把学生的发展看成是一个生命整体的成长发展，并且这个发展既有内在的和谐性，又有外在能力的多样性以及身心发展的统一性。

在活力课堂教学中贯彻发展性原则，应注意以下问题：（1）教师要“目中有人”“心中有人”，关注每一个学生的健康成长，关注每一个学生的个性特长，并不失时机地给予关照，使每个学生都学有所得、得有所长。（2）要注意挖掘隐含在课程中或课程实施中的智力和非智力资源，合理利用并有机地实施教学，使之成为促进学生发展的物质文化和精神食粮。（3）要精心创设一些挑战学生智慧和意志的教学情境，如将静态的知识转化为动态的问题，将完整的问题转变成不严密的问题等，激发学生积极探索和大胆实践，使教学充满激情和生命气息。

2. 主体性原则

主体性是人的本质特性，主体性在构成上有三个层次，即自主性、主动性和创造性。（1）自主性，是对自我认识和自我实现的不断完善，集中表现为自尊、自立、自决、自强等自我意识，符合实际的自我评价、积极的自我体验和主动的自我调控能力。（2）主动性，是对现实的选择和对外界的适应能力，集中表现为较高的求成动机、强烈的竞争意识、浓厚的学习兴趣、主动的参与态度以及强烈的社会适应性。（3）创造性，是对现实发展的超越性，是主体性发展的最高层次，集中表现为创新意识、创新思维能力和实践操作能力。教学过程是师生共同活动的过程，教师和学生都是活动的主体。

活力课堂教学中贯彻主体性原则，应注意以下问题：（1）要把学生当作真正的教学主体，以他们的发展为出发点和归宿，一切教学内容和教学活动都要为他们的全面发展而选择、设计。活力课堂在课程内容的选择上，要关注学生的生活世界，打破书本知识和学生生活世界的界限，注重开发和利用学生生活经验及学习经验中的教育资源；在教学方式的选择上要关注学生的生存方式，构建民主、平等、合作的师生关系；在教学的组织形式上要关注学生独有的心理世界，要增加师生之间、生生之间的多维互动交往，打破单一的班集体的教学组织形式，构建不同的、多向互动的教学组织形式，使教学充满生命活力。（2）教师要转变角色，要从知识的权威转变为与学生平等的合作者，从知识的传递者转变为学生学习活动的促进者、引导者和组织者。（3）教师要转变教学策略，使课堂由重知识传授转向重学生发展，由重教转向重学，由重结果转向重过程，真正落实学生在教学活动中的主体地位。

3．过程性原则

淡化结果结论、注重知识发生发展过程的教学，是现代教学论所提倡的教学；活力课堂强调学生探索新知的经历和获得新知的体验，符合现代课程观的发展趋势；活力课堂教学中注重结论和过程的统一、过程和方法的统一，是课程改革的基本要求。因此，在教学中我们应这么做：（1）加强知识发生过程的教学，比如对概念和原理的形成、结论的寻求等问题的思考等，要深入到发现和解决的过程之中，通过相应的直观活动、概括活动以及具体化活动等方式，训练学生的观察能力、操作能力、思维能力和想象能力等。（2）加强认知过程教学。学习过程是认知的活动过程，是一种具有现实意义的建构。这种“意义建构”就是要使学习者的知识经验与原有认知结构建立实质的联系，因而要抓好知识的“生长点”和“联结点”教学，促进知识的“同化”与“顺应”。

4．开放性原则

活力课堂教学理念的主张之一就是强调课程的开放性，因而教学作为课程实施的基本途径，也应该是开放的。活力课堂教学活动的开放性主要表现在三个层面：（1）课程内容的开放性。课程以儿童个体的知识、经验和生活世界为背景，具有一定的个体性；课程随着不同的教学环境和教学进程的不同阶段而创生，具有生长性。（2）课程目标的开放性。课程标准规定的课程目标作为一般要求，具有普遍性、基本性特征，但随着课程实施内容和过程的开放，课程目标又有它的超越性和不确定性。（3）课程实施的开放性。教学过程的多样性，如多维互动的教学关系、多种感官参与的学习活动、灵活多变的学习方式、立体交叉的信息传递网络以及多样化的教学组织形式等，都决定了教学活动的开放性。

由此可见，在活力课堂教学中，首先要营造良好的教学氛围，使学生的心态保持开放和自由，以便在开放的课程实施中，学生能自由自主地实现开放性的“意义建构”，实现自身的生命价值。其次要加强开放性的思维训练，如思辨力、创造力训练等，鼓励学生大胆质疑，提出并解决具有挑战性的问题。

5. 情境性原则

情境性原则的教学机制是通过创设多种形式的教学情境，作用于学生的学习心理过程，从而促进学生积极发展。这一原则的基本要求是：创设良好的学习环境，激发和改善学生的学习心态与学习行为，为每个学生提供并创造获取成功的条件和机会；这一原则的目标是：让学生获得生命的体验，以愉悦的学习促成学习的愉悦。因此，在活力课堂教学中，教师要精心设计教学情境和体验情境，使学生在充分参与的基础上获得个体生命的体验，在体验的基础上充分参与。活力课堂的情境性教学原则，一方面体现了基础教育中教育理念的根本转变，变“教师为本”为“学生为本”，是对“教育要以学生发展为本”这个理念的进一步发展；另一方面也蕴含着教育教学方式的一系列变革，要求教师把学生的发展作为一种开放的生成性的动态过程。

6. 管理、监控和维持原则

管理、监控和维持原则，即 3MS（management，monitoring and maitenance）原则，具体指在上课时，教师总会采用一些基本策略，达到吸引和保持学生注意力的目的。活力课堂的管理、监控和维持原则的具体操作可以这样实现：

（1）管理。采取什么手段，以什么样的教育思想为指导来管理活力课堂教学，直接关系到课堂教学的效果。一般而言，按阶段划分，一堂课有导入、正课和总结三段。在导入阶段教师需要以教学的艺术魅力激发起全体学生的兴趣，为下一步教学的顺利开展奠定基础。如在英语课上，无论是词汇教学、语音教学、语法教学，还是篇章分析教学，都应该力求像一部完美的交响乐的序曲，第一个音符就能拨动听者的心弦，使学生在内心产生共鸣。在教学中，具有新、奇、巧、疑、情、趣等特点的各种导入方法，都能达到这种效果。

我们经常发现，在一节课上，学生往往在保持注意20分钟后开始出现“神不守舍”的现象。课上了一半，教师单独提问学生时，课堂上喧哗声由小变大，最后胜过师生间的问答声。此时，如果教师大发雷霆，可能会对其他学生的学习激情产生抑制作用。一位教师是这样处理的，她突然缄默不语，目光扫视几位声音较高的学生，当大家安静下来后，她分别对刚才发出吵嚷声的学生轻轻一笑：“谢谢大家能停止讲话。”此时，学生们会意地笑了起来，此后良好的课堂秩序一直保持到下课。

一堂课如果是一支动听的乐曲，导入是序曲，总结便是终曲，完美的教学必须做到善始善终，所以总结也是衡量教师教学是否有效的重要标志。总结分归纳式总结、自然式总结、回应式总结、迁移式总结、扩展式总结、回味式总结、高潮式总结等。恰到好处的总结，不仅可以使整堂课结构完整，而且含有不尽之意、韵外之致，使学生对下一次课产生热情和兴趣。

（2）监控。给学生布置作业就意味着监控开始了，并非所有学生都能立即按教师要求去做，此时有效监控非常重要。如果布置完作业，教师如释重负般轻松自在地站在讲台上，根本不与下面的学生交流，或偶尔遇到学生有违纪现象只是指指点点，便会加大师生之间的心理距离，自然也无法保证作业的效果。

教师深入到学生中去，及时帮助他们解决难题，或制止个别学生的不良举动，就会缩短师生间的心理距离，使大多数学生顺利完成作业。另外，部分性格内向或胆小的学生有问题也不会当众举手提问，而对走到身边的教师则敢于求教，他们更需要教师的关注。走到学生中间，教师可以从几个学生出现的相同错误中了解学生在知识理解、运用上存在的普遍性问题，有的放矢地引导学生注意某一知识点。

（3）维持。维持学生高涨的学习情绪，是有效教学的一个重要任务。变换练习方式，能令学生感到课累而不腻、长而不烦；利用电教媒体创设情境，能使学生积极地将知识与生活联系起来，学而不死，活而不乱；及时发现学生作业的优点，进行鼓励和肯定的评价，会增进师生间的情感。

活力课堂教学是否有效，除了看教师能否精确传授、认真指导外，还要看学生的反应和参与的热情是否高涨。学生的课堂心理和行为方式则折射出教师所具备的教育思想。教师要优选教学方式，优化教学结构，轻松驾驭课堂，将活力课堂教学提高到一个新的境界。

7. 保持学生良好状态原则

保持学生良好状态原则，即 CBG（catch them being good）原则。在活力课堂教学过程中，每一个学生与特定的课堂教学环境都存在着一种相互影响、相互作用的动态关系，人的各种心理活动（包括认知、动机、态度、情感等）与人的外部行为都是在特定的学习空间中产生的。

促使学生良好反应和保持学习动机的最好策略，就是教师采取积极的态度肯定学生，提高学生的自信心、自尊心。课堂上被提问的学生回答不出时，教师应该想到这是因为学生没有将某一部分知识点内化为知识结构，需要教师重新解释一下，这时教师不应露出不满，甚至连一声无可奈何的叹息都不应发出。对理解力差、成绩不好的学生，教师要考虑让他回答那些力所能及的问题，以不断增强其成就感和自信心，尊重、维护他在课堂文化知识学习中的平等地位。

上课期间，教师应与每一位学生进行积极的交流，针对其作业完成质量等说一些鼓励的话。布置练习后，教师应在教室内来回走动，了解学生的作业情况，一个亲切的微笑、一句赞赏的话、一声热情的指导都会引起学生的兴趣。遇有学生“捣乱”时，不要大发雷霆，问一些如“为什么就你这样”之类的问题引起其反思，更不要如临大致，撇开教学内容，滔滔不绝地训斥一番。如一次上课时，几个学生闲聊，老师就随机在黑板上画出一个带有缺口的圆，学生感到疑惑，纷纷猜测其用意。老师解释道：“很简单，我累了，意志力又不强，所以没有留下圆满的结局。”任何课堂文化知识学习不都是这个道理吗？学生顿时领会了老师的良苦用心，此后的 20 分钟里，课堂教学秩序一直很好。

8. 积极认知干预原则

积极认知干预原则，即 PCI（post cognitve intervention）原则。在活力课堂教学中，这一原则的要求是教师应理解和关注学生的学习过程和学习结果，即理解和关注学生如何学习和学到了什么。具体运用这一原则的做法是：当学生完成某一任务时，教师不能对它草率地瞧一眼，打个钩就算了事。如在外语课上，学生完成对基本概念的理解或交际能力的训练后，教师应从质量角度予以评价，对完成的方法或技巧加以点评。

教师应鼓励和培养学生的自觉学习意识。外在知识的内化是一个心理调节过程，皮亚杰认为应该鼓励这种调节过程。在这一过程中，学生用一种有意义的方式，用内在的知识图式适应新的信息。例如，英语语法是一项重要而又难掌握的学习内容，教师在进行语法教学时，要设法训练学生独自理解概念和在交际语境中运用语法的习惯。教师可将一组精心选择的例句展示给学生，由其独立分析和概括某一语法的特征，用有意义的方式来思考和运用这类句子。学生的学习动机得到强化后，就会更自觉地投入学习。

# 第二章　活力课堂的理论运行体系

## 第一节　活力课堂关注的十大要素

在活力课堂理论的研究和实施过程中，我们提倡以下十个教学方面的“关注”，即关注全员参与，关注个性发展，关注合作学习，关注学生层次（暂差生进步、中等生提高、优绩生提升），关注动态生成，关注信任教育，关注思维创新，关注适时评价，关注课堂讨论，关注生命成长。

### 一、关注全员参与

课堂是对学生实施教育的主要场所。课堂教学是教育活动的基本组织形式，是激发学生学习兴趣、传授知识、培养能力、全面提高学生素质的主要途径。现代教育理论要求在教学过程中提高学生的全员参与意识，充分发挥学生的主体作用，为学生营造民主、平等、和谐的学习氛围，培养学生自主探究与合作交流的能力。

课堂教学成效的大小在很大程度上取决于学生的参与情况，但是现阶段我们的课堂除了几个学生发言之外，冷冷清清，有的课堂甚至只有教师讲课的声音、学生记笔记的声音，或者学生讲闲话、瞌睡打呼噜的声音。可见教育是否成功最根本的不在于学生智商的高低，而在于他们肯不肯学，肯不肯快乐地学。山东省杜郎口中学何海燕老师说过这么一段话：“我从教十年来，特别是最近一年来几乎每天都在被感动着，几乎每一节课都在沉醉着，沉醉在那种你争我抢、你展我现、和谐民主、欢呼雀跃、群情激昂的课堂氛围中……我们老师要做的就是捕捉学生的每一个灵感，发现学生的每一个风采，张扬学生的每一个大胆的创意，让每一个学生时刻有成功感，充满绝对自信，自然放松地去展现。我们的课堂也就焕发出了生命的活力。”

要让教学效果好起来，最重要的是要让学生动起来。这个“动”起来，就是让每一位学生都投入学习中，积极地思考、展示所学内容；学生在45分钟的课堂上为问题而讨论、为问题而争执，却没有疲倦感。这样的课堂就是活力四射、绽放思维火花的课堂。

学生是否具有主动参与的意识和能力，不仅取决于学生自身的兴趣爱好、知识水平、接受能力、思维方式、意志性格，也取决于教师的教学观念、教学方法、教学设计。要想全面实施素质教育，全面提高学生的创造力，教师必须在教学过程中，重视培养学生主动参与的意识和能力，精心设计教学的每一个环节，努力营造和谐的课堂氛围，激发每一个学生的学习兴趣，启发和引导学生主动参与教学的全过程，体验成功的快乐。只有这样，我们的课堂才能成为学生的舞台，我们的学生才能成为舞台的主人。

【案例】

在某小学英语研讨会上，来自台湾的杨老师上了一节展示课，授课的对象为上海一所小学的四年级学生，教学内容是杨老师自编的一个小故事。教学流程为：呈现故事——理解故事——朗读故事——编写剧本——表演故事。

课一开始，杨老师就直接讲述这个故事，讲述的过程中遇到一些学生生疏的词句就利用图片向学生解释，并以问答的形式检验学生对故事的了解程度。接着就是读课文，大家先跟老师读，然后齐读，最后将故事中各个角色的对话列出来有感情地重点朗读。最后是表演阶段，老师将这个阶段分成三部分。老师先指导学生根据故事中的对话将故事改编成话剧，然后学生分成小组商量各自扮演的角色。第二部分有一个环节，学生根据所分的角色再一次朗读整个故事，这一次的朗读与前面的集体朗读不同，前面是每个学生都要朗读全文，这一次是每个学生只要朗读自己所扮演角色的语言。最后，学生分小组进行表演。表演前，老师没有进行示范，学生完全根据自己对故事的理解进行表演。剩下的半节课时间完全是学生的表演时间，每组学生都上台进行了表演。尽管每位学生要说的话或多或少，掌握剧本的熟练程度也不尽相同（老师允许带剧本上台表演），表演的开放程度因人而异，但是全班六个组共24位学生都上台进行了表演，其中有些小组表演得有趣、有特色甚至对剧本进行了改编。课结束前，杨老师展示了一段录像，内容是他在台湾的学生对这则故事所改编的剧本进行的精彩表演，学生看了发出一阵阵笑声，课堂气氛达到了高潮。

表演成为全体学生的需要，这一点在杨老师的精彩教学片段中得以充分体现。

（1）全体学生对各自表演的内容掌握到位。“胸有”才能“成竹”。杨老师一开始声情并茂地对故事进行讲述，带着夸张的肢体语言，使学生立即产生兴趣并积极地响应老师提出的问题。在学生朗读故事这一影响表演质量的重要环节中，杨老师并没有因为其重要性而让学生反复朗读，他甚至没有要求每个学生都要掌握全部表演内容。很显然，他的教学目标并不是要求每个学生都能掌握整个故事的表演，而是掌握其中的一个角色并能很好地与其他角色配合，从而体验到表演的乐趣。在后面的教学中，杨老师没有为学生做表演前的示范，也体现了他对自己有关故事内容教学的自信。既然学生对内容以及各个环节胸有成竹，那他们表演时就会得心应手，会对表演有主观性发挥。

（2）教师为学生能够表演而精心设计。在杨老师设计的教学环节中，我们不仅看到了他如何使学生掌握表演的内容，还看到了他为了让全体学生都能参与表演而做的精心设计：学生们先是跟他读一遍故事，初步掌握了故事的内容和少数生词的发音；接着学生齐读一遍，检验自己的掌握程度，对自己的能力做到心中有数；最后一步他从学生的需要出发，让学生分小组讨论自己该选择的角色。他为什么这样安排？首先，不可否认的是学生的能力是有层次差别的，而学生对于自己的能力属于哪个层次显然比老师更清楚；其次，故事的角色不同，所要掌握的语言难度也不同，学生可以根据自己的水平来选择角色。这样做的好处就是各个层次的学生都能得到适合自己的角色，不管接受能力的强弱，他们都可以参与表演，没有学生被晾在一旁。

（3）表演成为全体学生的需要。杨老师考虑得更为细致的是，他并没有在学生角色分配完以后就急急忙忙地让学生开始练习表演。他还设计了一个步骤，就是将故事中各个角色要说的话列出来，让每组中扮演这个角色的学生集体朗读，使他们更充分地掌握自己将要表演的内容，而扮演其他角色的学生显然只要掌握与这些学生配合的内容就可以了。这样就降低了学生表演的难度，增加了他们表演时的自信心。其中还有一个小细节，杨老师让学生们带着稿子去表演，这是非常符合学生实际情况的。试想，即使成人第一次排练一个简短的话剧也是需要有人提示的，学生手中有稿子就会消除紧张情绪，表演效果会更好。

杨老师的这节课把教学设计的侧重点放在学生当堂表演上，他通过加强对角色话语的练习来降低对学生的要求，节省了时间。因此，学生表演的时间是很充裕的，全班共24位学生都得到了上台表演的机会。学生不管谁是主角、谁是配角，都团结互助，共同完成表演。在表演中，有的学生操着一口流利的英语，有的学生肢体动作生动夸张，虽然他们表演的内容一样，但是各个小组都把这个故事表演出了不同的味道。

杨老师的这一堂课是一节成功的面向全体学生的表演课，那么在日常教学中，教师对课堂表演该如何处理呢？最重要的一点就是教师要慎重安排课堂表演，要让全体学生都能享受这一过程；另外，并不是每堂课都要表演，表演应该是有内容、有情景、有动作甚至是有道具的。如小学英语教学中有很多情景对话，可以不把其设计为表演而只是当作学生间的对话进行操练。又如现行的牛津版小学英语教材基本上每个单元都有一个话题，到了高年级又涉及很多的故事，教师可以根据话题和故事来设计表演课，隔一两个星期专门开设一节表演课，让全体学生痛快地表演一场；教师将以往每堂课都有的“课堂表演”按教学单元汇总成一两节“表演课堂”，让每个学生都参与其中。长此以往，学生的兴趣会日益高涨、差距会渐渐缩小，英语口语能力也会得到相应提高。

## 二、关注个性发展

在西方教育史上，有很多教育家提倡尊重人、关心人的教学主张，文艺复兴时期出现的人文主义思想家更是强调教育要以人为中心，倡导个性化教育，使教学适应学生的发展。班级授课制的出现使教师同时面对多个学生，这增大了教学适应学生的难度，也更强烈地要求教学要尽可能照顾学生个性，使全体学生个性都得到张扬，都得到可持续发展。

【案例】

我班有个学生叫陈胜，他快言快语，活泼大方，热情豪爽，是个极有个性的孩子，班上的同学都称他为“快嘴陈胜”。一直以来，对于他，我谈不上多喜欢，但也不讨厌。但不可否认的是，每次课上都少不了他活跃的身影，公开课上他也往往是最出彩的一个，直到有一天……

那天上课外阅读课，我给学生读席慕容的散文《白色山茶花》。因为我自己特别喜欢席慕容，所以读的时候特别投入。我希望通过朗读让学生体会到山茶花的美，而且我也相信自己能做到。读完之后，我让学生谈谈自己的感受。有的说：“山茶花洁白温润。”有的说：“山茶花让我惊讶于生命的美丽。”这时，陈胜高高地举起了手，还没等我说话，他便问道：“老师，山茶花真有那么美吗？我们学校不也有茶花吗？可我觉得它很普通。”他的回答立即引起了同学的质疑。我觉得他破坏了整个课堂的气氛，更破坏了我心中的期待，便没好气地说：“你懂什么？真没有美感。要知道，生活中不是缺少美，而是缺少一双发现美的眼睛。”陈胜悻悻地坐了下去，他的目光也随之暗淡了。

那节课后，我发现陈胜上课时一直低着头，偶尔抬头也显得特别冷静，让我觉得很陌生。尽管如此，我还是想：“冷他几天，晾晾他，杀杀他的锐气。”从那以后，在课堂上，我就很少听到他激昂的声音了，但我还是觉得自己没错。

有一天，我读到了这样一个故事。一位扮演旅行者的演员刚要上场时，一门生提醒他：“师傅，您草鞋的带子松了。”这位演员忙说：“谢谢你呀！”紧接着就蹲下来系紧带子。可当他走到门生看不见的舞台入口处时，却把刚才系紧的带子又弄松了——因为他认为松掉的草鞋更能表现一个长途旅行者的疲惫。有人对此表示不解：“为何不当场教教那门生呢？”这个演员回答道：“要教导门生的机会很多，在今天的场合，最要紧的是以感谢的心去接受对方的好意。”这位演员便是日本一代歌舞伎大师勘弥。

试想，如果当时勘弥大师当场严训一番：“哼，你懂什么？不懂就不要自作聪明！”其后果，门生固然只能遵命，但以后让他“开口”就难了。

不知为什么，读这个故事的时候，我马上就想到了陈胜，想到了他以前那张灿烂的笑脸和现在冷冰冰的神情，于是开始反思自己的做法。山茶花是美的，可每个人对于美的理解不一定相同。很多时候，人的认识会受到年龄、心境、环境等因素的影响。也许今天他体会不到这份美，但明天也许就能了，我为什么要把自己认为的美强加给他呢？他是否能感悟到这份美，与他敢于发表自己意见的率直、坦诚相比，孰轻孰重？我不由地愧疚起来。权衡再三，我还是决定和陈胜好好谈谈。

谈话进行得很顺利。我首先为自己那天的草率说“对不起”，陈胜感觉到很意外。接着我又告诉他，其实，这些天老师一直都在默默地关注着他，肯定了他身上的许多优点。但同时，我也告诉他，脾气直爽很好，但有时也要按场合、时间来定，千万不能伤害别人。最后，我把预先准备好的五篇写景类的文章送给了他，并且对他提出了要求：“你是个聪明而有见解的孩子。这五篇文章都属于写景类的文章，回去好好阅读，然后把自己的感受告诉老师。”陈胜本就是个外向的学生，听我这么一说，很快就打开了自己的心扉，滔滔不绝地和我说了很多话。最后，乐滋滋地拿着我送给他的文章走了。

过了几天，他主动找到我说：“老师，读了这几篇文章后，我虽然没有体会到文中作者所描写的那种美。但是，我发现这些作者都非常善于观察，而且还有丰富的想象力，要不然，他们不会写出这么美的文章。我以后也一定会走进大自然，多去观察，多去聆听。我想我很快就会发现山茶花的美的。”那一刻，我知道，那个活跃的陈胜又一次回到了我的课堂，并且还有了一个重大的发现，一个能让他受益一辈子的发现。至于，他能不能体会到山茶花的美，还有那么重要吗？

佛说：仙境不在远处，佛法只在心头。其实每个孩子的内心都是一个美丽温馨的花园，里面盛开着率直、真诚、可爱、热情、善良的花朵……作为教师，我们既要有一双智慧的眼睛，能发现心灵花园的美丽；同时也要有广阔的胸襟和丰富的情感，包容、呵护、尊重、理解他们……只有这样，学生心灵的花园才能姹紫嫣红、如诗如画。

（1）用一颗爱心善待学生的直爽。苏霍姆林斯基说过，“每一个学生都是具体的”。这一个个鲜活的个体其实时时都在考验着我们为人师者的教育思想、教育能力、教育素养以及对待学生的耐心。作为一名教师，要有一颗爱心，而这种爱并不是一般意义的爱，它是天性和修养的结晶，它是道德与人格的统一。有了这种爱，当我们面对学生的不同意见时，才能克制自己的情绪，克服急躁心理，耐心地、真诚地帮助他们进步。因此，当面对陈胜这样没有恶意的直爽时，教师要把自己放在与学生对话的平台上，跟学生真心实意地交谈，做学生的知心朋友，倾听学生的发言。

（2）用一颗慧心引导学生的直爽。一名好教师就像一位优秀的作曲家，应善于制造机会，引发不同音符之间的碰撞，但更应懂得运用“和声”原理，利用休止、跳跃等多种表现形式，谱写学生思维和情感的“和弦”。因此，当我们面对学生的直爽，特别是有些伤人的直爽时，在包容、理解的基础上，我们更要用一颗慧心去引导学生。就拿陈胜来说，他是一个表现欲很强的学生，希望自己是成功者，期待着收获肯定和赞美，所以在课堂上，他总是想急切地表达自己不同的声音。在教学中，教师应多给他一些关注，让他最大限度地发挥自己的潜能，永葆勇往直前的精神。但是我们又必须让他明白，直爽必须建立在不伤害别人的基础上，这对孩子一生品质的形成至关重要。孩子能自由驰骋思维，能大胆表达自己看法，同时又能掌握一定的说话技巧，这比知识更重要。

当我们在课堂上遭遇学生突然“袭击”时，我们一定要冷静，要以广阔的胸襟和丰富的情感包容、呵护、尊重、理解他们，并用一颗慧心去引导他们。只有这样，才能真正有利于学生的发展。

## 三、关注合作学习

目前，小组合作的学习方式已经被广大教师认可并采纳。学生间的合作交流使得学习在某种意义上更加高效，组内明确的分工使合作学习能更好地服务于课堂教学。小组合作学习成为课堂教学的常态，课堂教学使每个学生发现自己的优势，学习他人的长处，改进自己的不足，真正让每一个孩子感受到自己是重要的。我们的课堂教学也因合作学习变得更加高效。

【案例】

新课改让课堂充满了激情和活力，让数学教学更精彩。有人说“教学是一门遗憾的艺术”，而我反思自己的小学数学课堂教学，确实也存在着一些问题。

一次课上，我在让学生探究厘米与分米的关系时，先提出问题：“一分米等于多少厘米呢？请小组合作来研究一下。”我的话音刚落，喊声此起彼伏。我在巡视时发现，各小组的成员有的在说笑，有的在摆弄东西，即使有的在研究，但你问他，他却不知发现了什么，还有的同学露出茫然的表情……小组合作就在这样杂乱无序的状况下进行着。

面对小组合作出现的问题，我陷入了思索，为什么学生会为厘米与分米的关系而绞尽脑汁呢？浪费了时间却没有实效。静下心来一想，我感觉自己对“合作学习”的认识不够全面，而且学生在潜意识里还是把自己当作单独的学习个体，根本没有参与合作的意识，他们不会倾听别人的意见，也没有明确分工。此外，我提出的问题也不明确，所以本节课没有使合作学习朝正确的方向发展。我想，如果先让学生独立思考，再进行小组合作，问题再明确一些，是不是就会提高合作实效呢？带着如何提高小组合作的有效性这个问题，我又开始了实践探索。

“摸球游戏”是一节让学生探索事件发生的可能性与必然性的课，我通过学生喜欢的游戏让学生去探索事件发生的必然性与可能性，我布置任务并提要求：“现在每个组长手中都有一个盒子，每个盒子中都装有3个白球和3个黄球。规则是每个同学闭着眼睛只摸一次，摸出后先猜一下球的颜色，然后睁开眼睛看你摸出的球到底是什么颜色，组长做好统计，把球放回盒子里，一个人做完第二个再做。特别要注意的是，摸时不能看盒子里的球，一定要闭着眼睛摸。看了就违反咱们的规则了。”为了让学生更明白应如何做，我请一位学生和我配合给全体学生示范。接着学生分小组摸球。

游戏结束后我说：“根据你们的记录，看看你们发现了什么？注意认真讨论。”学生讨论后有的说：“我发现摸到白球和黄球的人数差不多。”有的说：“盒子中有同样多的白球和黄球，所以我们班有近一半的人摸到了黄球，其余人摸到了白球。”

……

在“摸球游戏”这节课的小组合作中，教师先让学生理解、掌握一定的新知识，再让学生进行两个层面的合作交流，第一个层面是组内交流，第二个层面是全班交流。通过交流，学生感受到别人的思维方法和思维过程，从而改变自己在认知方式上的单一性，获得全面发展。同时，向他人表述自己的思维过程，也有助于学生反思并完善自己的认知方式，从而达到发展个性的目的。让学生在相互争论、交流、补充中寻求问题的答案，体会学习的“活”。在小组活动中，教师还注重给学生充裕的时间，引导学生从容地探索、交流、讨论，在小组交流中得出结论：盒子中有同样数量的黄球和白球，每人摸一次摸到白球的人数和摸到黄球的人数差不多。

整堂课学生小组合作的机会较多，教师提的问题循序渐进，学生在合作中掌握了知识，而且学生情绪始终高涨，兴趣极浓。看来只有在学生思考到一定程度再开展合作学习，才会有良好的效果。

实践证明，在小组合作学习中，小组成员为了争取小组的胜利和荣誉往往能做到团结协作，从而建立良好的人际关系。

只有正确地引导孩子，才会提高小组合作学习的有效性。俗话说“众人拾柴火焰高”，“集体力量大”，在解决一些重点、难点问题时，教师与其自己竭尽全力地去演示讲解，不如创造条件，利用集体力量让学生自己去探索。另外，小组学习不仅能让学生学会自己发现问题、解决问题，而且能培养学生主动参与、与人合作、与人竞争、与人沟通的意识，是促进学生主动参与学习的有效途径。

## 四、关注学生层次（暂差生进步、中等生提高、优绩生提升）

在活力课堂教学中，为落实因材施教的教育思想，教师应根据学生的实际情况，在课堂教学活动、教学案的设计上体现出层次性和梯度性，按学生的认知规律把难易不一的教材内容梳理成有序的、阶梯性的适合各层次学生的学习方案。教学内容知识的跨度太大、太小，都不利于调动学生学习的积极性，不利于促进学生能力的发展。教师在设计教学活动、编写导学案、设计问题时应认真分析知识间的逻辑关系，对知识点进行适当的重组整合，进行必要的提示，铺设跳板，进行相关知识回顾或知识链接，同时关照不同层次学生的不同需求。教学导学案的设计应尽可能建立一个知识的“感知（了解）——深化（理解）——运用（巩固）”的循序渐进的学习模式。

【案例】

徐涛是我遇到的众多“问题学生”中的一个，进入初中不到两个星期，任课老师们就能“如数家珍”地道出他许许多多的“丰功伟绩”：上课不听讲，在教室嬉笑怪叫，顶撞老师。他甚至放出话来：“只要能整得老师生气，我就觉得痛快！”科任老师们都说：“要是他上课能睡得着觉，我们就阿弥陀佛了！”面对这样的学生，我训斥过，教育过，但我看到的只是他叛逆、冷漠的目光和一曲“涛声依旧”。怎么办？

不久，学校团委组织志愿者在校园内清除杂草，徐涛竟也自告奋勇地参加。在整个劳动过程中，他不怕苦不怕累，一直坚持到最后。我觉得时机终于到了。放学后，我以单词听写没有过关为由，叫了几个学生到我的办公室，徐涛在最后。我搬来一把椅子请他坐下，他双手托着听写本，眼睛盯着地面，一声不吭。见此情形我笑道：“徐涛，今天你劳动时的表现很好。”他猛地抬起头，吃惊地望着我，脸上写满了诧异。接着他露出腼腆的神色，看得出来他很高兴。我觉得该是我们处理过去事情的时候了。我诚恳地说：“以前的事，我也有一定的责任，主要是我处理问题的方式不对，不该在气头上说一些气话，在全班同学面前伤了你的自尊心……”我的话还没有说完，就被徐涛打断了。他情绪激动，脸涨得通红：“朱老师，您可别这么说。都是我不好，我不该上课说笑，也不该逃学……”我笑了：“你做得不对，我做得也不对，我向你道歉，也接受你的道歉，我们交个朋友，好吗？”他笑了，我也笑了。后来，徐涛动情地说：“朱老师，我还从来没有听说过老师向学生道歉的事情呢！您是我遇到的第一个向学生道歉的老师，就冲这，以后我会听您的话。”

教育心理学认为“人人都有自尊心”，个人自尊心的缺乏是由于过多地受到指责与惩罚。此后，我更加细心地“守护”着这个“问题学生”。徐涛爱好文体活动，喜欢唱歌，我鼓励他积极竞选“文体委员”，之后，积极支持他开展工作。徐涛有事可做后，像变了一个人，与同学的关系也和谐了。在文艺会演中，当主持人宣布“团体一等奖——初一（3）班”时，学生沸腾了，大声喊道：“徐涛，你真棒！”他自己也激动地说：“谢谢大家，谢谢大家。”为了消除他与老师的对立情绪，我引导他确立学习目标，制订学习计划，与他共同庆祝他的每一次成功……渐渐的他对我无话不说。这位曾经让所有老师头疼的“刺头”成了我的好朋友、好助手，也成了受老师、同学欢迎的“热心肠”。

教育家斯宾塞指出：“正确地进行教育，不是一件简单容易的事，而是一个复杂和困难的任务。”怎样教育“问题学生”是许多教师关心的问题，对此，我们能从以上案例中得到一些启发。

(1) 施以温暖，赢得学生信任。爱是教育工作的基础，爱能融化坚冰，特别是对于“问题学生”，爱是促使其转化的一个重要的外部条件。“问题学生”因为“问题”而感受不到学校和家庭应有的关怀，所以往往有意、无意地表现出对老师、家长和同学的疏远。为此，教师一定要用爱的暖流开启他们的心扉，在学习上、生活上多体贴关心他们，让他们从内心乐于接受教师的教诲，从而向教师所期待的目标努力，实现根本性的转化。

(2)“授之以渔”大于“直接给予”。他们的“后进”并非智力不佳造成的，而是受到了外界不良因素的影响，所以如果他们能得到教师适当的引导，并经过自身的努力，是完全可以逐渐摆脱“后进”状态的，甚至在某一方面会非常优秀。“尺有所短，寸有所长”，教师要用发展的眼光看待学生，要细心地了解他们，掌握其后进的原因，分清其类型（到底是“成绩差生”“品德差生”还是“成绩、品德双差生”），从而有的放矢，对症下药。要细心寻求“暂差生”的“闪光点”“可取点”“优秀点”，发现他们的点滴进步，并给予真诚的鼓励，帮助他们实现转变。

(3) 留一道“缝隙”，使学生获得更多动力。适当给学生认识、思考、改正错误的机会，让学生有一个自由快乐的心灵空间。有一篇文章讲一位手艺精湛的木匠在教徒弟时总是放手让徒弟们自己去干，而在关键处，他总是说：“注意，要留道缝隙。”原来，木匠活讲究疏密有致、黏合贴切，追求的是一种“不太圆满”的境界，特别是在材料的组接处要恰到好处地留一处空间，从而避免“拉裂”或“挤压”现象。在我们日常生活中，缝隙亦随处可见：用瓷砖装饰过的漂亮的墙壁，铁路轨道的接头，就连非常密闭的高压锅都要留一个出气孔，以便防止高压锅在热胀时因压力过大而变形甚至爆炸。在处理“问题学生”所犯错误时，教师也应该给学生留一道“缝隙”，不要死死地逼他们立即改正或请家长，避免将他们的心灵“拉裂”或“挤压”变形；采取平等对话的形式，在学生冷静后真诚交流，也许可以避免很多不必要的麻烦。留一道缝隙，就是留给学生一个深刻思考的机会，留给学生一处获得智慧、获得真爱的心灵空间。

用爱心化解误会，用微笑点燃希望，“问题学生”的转化一定会事半功倍。我们何不在孩子稚嫩的心灵深处留一处沐浴阳光的自由空间，让他们快乐学习、幸福生活、健康成长？

## 五、关注动态生成

叶澜教授指出，要“从生命的高度，互动生成的观点”来研究课堂。客观地说，不少课堂也显示了一种“动态生成”——教师将知识传授给学生，学生专心听讲，对知识进行识记。不过，这种单一的“动态”形式，忽视了学习者在聆听中产生的心理、欲望和情感，忽视了学生之间的个性差异，结果在生成教学进度、少数“优秀生”的同时，也生成了愈来愈多的学困生和应变能力、探究能力低下的“优秀生”。

“动态生成”应贴近课堂的原生态，体现对生命的整体关怀。

教学目标是在“动态”中“生成”的。教学任务、重点、难点不可能一成不变地按预设搬到课堂，它们应该根据课堂学生的反应而适当变化、调整，从而产生切合学生认知能力的教学目标。

教学资源的应用是在“动态”中“生成”的。教学是教师、学生、教材、教具乃至文化心理、社会环境等资源的交互作用的一种存在，这种交互作用的复杂性决定了教学资源利用的非预设性和可变性。

教学流程是在“动态”中“生成”的。学生往往是带着自己的知识、经验、思考、灵感和兴致参与课堂教学活动的，随着教学活动的不断深入，他们的大脑常常会涌现许多意想不到的信息和问题。教师抓住这些信息和问题，必然使教学流程与预设不同。

教学方法是在“动态”中“生成”的。讲授法、讨论法、探究法等教学方法各有其优点，也各有其不足。如何扬长避短是由教学目的、教学内容决定的，更主要的是由学生因素决定的。在教学过程中，教师要依据学生情况即时选择适合学生学习的方法。

学生的学习是在“动态”中“生成”的。知识不是靠灌输得到的，而是学习主体结合已有的知识、经验建构的。这种建构来源于“专心听讲”

时的“加工”，更来源于师生、生生、师生与教材之间在合作中的对话、交流。

由此可见，两个完全相同的课堂是不存在的，课堂教学过程是在运行中不断发生改变的，是在“动态”中“生成”的。

让课堂动起来，让学生全身心投入课堂，在体验、感悟中建构知识、发展能力、丰富情感。这样的课堂是“知识课堂”“能力课堂”“情趣课堂”的融合，是回归本真的“生态课堂”，也是“生命课堂”，是焕发了生命活力的活力课堂。

【案例】

以下情景发生在苏教版第六册第七篇课文《菩萨兵》第二课时的课堂教学中。

我们正在认真地品读课文，突然一个男孩高而亮的声音在教室中响起：“老师，这里写错了！”这声音是那么具有冲击力，一下子吸引了所有学生的目光，教学过程被打断了，刚刚营造起来的气氛也淡化了。

这个男孩就是语文课代表张建平。他指着课文第六小节说：“‘要让红军播下的种子在这里发芽、生根、开花、结果……’中说错了。怎么是发芽、生根呢？应该是先生根再发芽嘛！”平日里的他就有一股好奇劲，这会儿倒与课本较上劲了。

“对！对！”大家好像一下子都明白了，安静的教室一下子热闹起来，赞同声一个接着一个。张建平昂起头，一副很自豪的样子，而学生也都一个个瞪大眼睛看我的反应。

我皱起了眉头：对呀，书中是“发芽、生根”，怎么自己备课时就没有发现呢？虽然，课前我让学生预习种子的生长过程，理解种子代表的含义，而自己却也没有去深究到底是先发芽还是先生根。平时我们都说“生根、发芽”，是书上错了吗？联系上下文，我知道种子的意思不仅仅指红军帮藏胞播种到地里的种子，还指红军要让藏胞知道红军是一支为人民着想的队伍，进而深深地信任红军。这种信任或许就是在藏胞心中先“发芽”，后“生根”的？

此时，我的心如雨后的天空一样豁然开朗。我没有否定张建平的看法，他的这种质疑精神是可贵的。我高兴地赞扬了他，让全班同学都学习他这种积极思考、认真读文的精神。接着，我说："可是，大家有没有发现朱德总司令的话中还包含了别的意思?"我的话一出，学生的胃口好像一下子被吊起来了，叽叽喳喳地讨论起来。当然这个问题是有难度的，学生肯定答不上来，我也没有急着要他们回答。

接下来，我们一起讨论了藏民对红军的态度，由"躲、逃"到"偷偷回家"，到"流下了感激的泪水"；体会到了藏民态度转变的原因——红军为藏民播种；进而清楚地体会到朱德动员大家播种的目的和种子的真正含义。

此时，学生也恍然大悟，种子是藏民对红军的看法，由坏变好，信任不断加深，可不就是先发芽再生根嘛。

什么是活力课堂？这是广大教师苦苦寻觅的课堂，在这个课堂上，学生和教师都有思想，都在思考，都在探索，都在发展。如果教师在课堂上仍受制于教材，受缚于教案，必将造成预设的情况与教学的真实情境脱节并痛失精彩生成良机的后果。在课堂上，可预设的是氛围和学生的知识基础，而不是程序和结果，所以教师应立足于课堂开发，从"执行教案"走向"动态生成"。教师以学定教、顺学而导，课堂必将成为孕育人性的沃土，真正焕发生命的活力，促进师生共同成长。

(1) 预设动态生成，孕育课堂活力。教师所面对的是一个个天真活泼、个性鲜明的学生，是一个个具有"生成欲望"与"生成潜能"的人，所以教学过程中总会有"预设中的生成"。预设时，教师不仅要关注教材，关注知识的发展脉络，更要关注学生，深入研究学生的认知状况，对学生的情感、态度、价值观等非智力因素做到心中有数。教师有必要对课堂作好充分预设，对结果要了然于心，对过程要多做假设：学生会怎么说？我又该如何引？还应多模仿一些情景，多估计一些可能发生的情况，为课堂的生成留出足够的时间和空间。这样，教师才能从容不迫地面对学生，胸有成竹地与学生进行对话，在课堂上调控自如，也才有可能收获许多预料之外的精彩；也只有这样，当课堂出现原来未曾出现或意料之外的情况时，教师才有足够的智慧应对自如，从而将课堂引向精彩，使课堂充满活力；这样，教师才不至于对课堂听之任之，甚至手足无措、方寸大乱。

(2) 诱发动态生成，激发课堂活力。学科教学中的生成性资源是进行教育教学的重要资源，其地位并不亚于课本。能否诱发生成性资源，直接关系到教学的成败。预设是相对静止的，随着教学进程的深入，随着学生生成状态的不同，教师要发挥聪明才智，进行即兴预设，促进学生的进一步生成。如上述课堂上，教师的“可是，大家有没有发现朱德总司令的话中还包含了别的意思”一句话，引起了学生对教材的深层思考。

由此可见，教师一方面要尊重文本，同时也要勇于超越文本，凭借自己对教材的把握，作出准确的判断，顺着学生的思路为课堂提出合适的修改意见，没必要为维护所谓的“权威”而抹杀学生的思维积极性和创造性。

（3）把握动态生成，彰显课堂活力。俄国教育家乌申斯基说：“不论教育者怎样地研究了教育理论，如果他没有教学机智，他就不可能成为一个优秀的教育实践者。”课堂是动态的，是在不断生成变化的，学生的反应往往出乎教育者的预料。面对多变的学情，教师首先要有一个冷静的大脑，不必因意料之外的情况而乱了阵脚而被学生牵着鼻子走；其次，教师应有一个聪慧的大脑，冷静思考，积极应对，认真倾听，及时抓住学生发言中稍纵即逝的闪光点，巧妙点拨，因势利导。动态生成的课堂给教师带来了挑战。在课堂教学中怎样捕捉“动态生成”的契机，使“动态生成”在新课程课堂教学中富有生命活力，是教师要共同解决的问题。

课堂教学应该是一个动态的、开放的、没有终结的互动的过程，也是智慧生成的过程。师生的交流碰撞是在动态中生成的。质疑问难、切磋琢磨是教学相长的开始，是对话交流的契机。教师面对课堂上的“节外生枝”不要一味地排斥，而是要善于为学生创造性的发挥提供时间空间，让学生通过感悟和体验来获得对知识的理解，形成“头脑风暴”，充分彰显课堂活力。

## 六、关注信任教育

研究表明，教师对学生的信任和期望是一种教育力量，影响着学生的发展。教师对学生要充满信心，相信学生的才能和创造能力，对学生有较高的期望，相信学生能学好，通过言语和非言语手段传递信任，分配有一定难度的学习任务让学生独立完成；教师要给学生一定的学习自主权，让学生充分挖掘和展现自己的学习潜能。另一方面，信任教育也包括尊重，教师尊重学生就是平等地对待学生，不伤害学生自尊，把学生视为有尊严、有个性、理当得到尊重的个体；在教学中尊重学生的认知偏好和个人愿望，不强行灌输知识；尊重学生的个人选择，帮助学生在选定的发展方向和道路上得到最佳发展。

在活力课堂的教学过程中，特别需要教师信任和尊重学生，给学生自主探索的空间和时间。学生是学习的真正主人，他们有着强烈的求知欲、自信心，他们总想成为研究者、发明者、探索者。在学生参与活力课堂教学活动时，尽量让他们进行自主探索，就能满足他们的心理需求。因此，教师应充分相信学生，应留给学生可以进行独立思考与自主探索的时间和空间，鼓励学生通过自己的研究去发现问题和解决问题。在教学中，教师应做到：凡是学生能看懂的内容，就放手让他们自学；凡是学生动手操作能得出的某一规律，就放手让他们去操作；凡是学生能独立解决的问题，就放手让他们去解决……这样，就能让学生在解决问题中学会思考，在自主探索中学会求知，从而调动其主动学习的积极性。

【案例】

师：请同学们美美地读课文，遇到不懂或读不通的地方再仔细读一读，争取自己读通。老师想听到每个小朋友读课文的声音。

师：谁愿意做小老师，领大家读上面几个词？（出示生字卡片上的词语）

（一位后进生领读词语）

师：你的声音告诉我，今天你特别自信。

（另一位后进生带读词语）

师：这位小老师很大胆。

师：我们班可真是人才辈出，今天有那么多出色的小老师。

师：生字我们认识了，课文呢？（学生纷纷举手）大家都自告奋勇，请几位同学分段读课文怎么样？（点三位学生接读课文，其中一位是后进生）这三位小小朗诵家应该怎么读好课文呢？

（学生提建议和要求：读正确、大声地读、读得有感情、词语和词语连读等）

师：大家不要闲着，仔细听，认真评，看看是不是能发现什么？

（三生读，其他学生倾听，一生举手）

师：你有什么想对他们说的？

生：他漏掉了一个字。

师：耳朵这么灵，老师真为你骄傲。

生：我发现××今天读得很流利。

师：看来××今天发挥得很出色。（师带动大家鼓掌）

生：“别急，别急！”应该读得很急，她读得太慢了。

师：应该怎么读？你来试试。

（该生读得很急切）

师：听得老师都感动了，你真会学习。看来我们班的同学很会读书，也很善于读书。

师：刚才老师听你们读课文真美啊，有那么迷人的景物，能看到就更好了，怎么办呢？

生：看课文插图，可以把它画下来……

师：是个好提议，我为你喝彩。那就动手吧，咱们一起来设计这幅画画，怎么样？

（学生大声说好）

师：我们该画什么呢？

生：柳叶、小花……

师：你是怎么知道的呢？

生：我从书上看出来的。

师：对，到课文中去找吧，请你先读一读，找到景物，在要画的景物下画横线。

（学生自读、在要画的景物下画线）

师：我们合作怎么样？先画什么，谁还没有回答过？（请一位后进生回答）

生：先画太阳。太阳是火辣辣的。（老师简笔画太阳）

生：画地面的时候，地面要有点深颜色。

师：（请该学生上台画）为什么有点深颜色？

生：因为地面被烤热了。

师：再画什么？

生：再画柳叶、小花、湖水，还有一只蜻蜓飞得非常低。

生：柳叶卷起来。

师：为什么卷起来？

生：它口渴了。

生：还要画小花，腰是弯着的。

师：说明小花怎么了？

生：也口渴了。

师：送你几个词语，唉声——叹气，垂头——丧气，愁眉——苦脸。（老师说，学生接）

师：接着呢？

生：接着画小鱼。

师：画在哪里？

生：湖面上。小鱼要到水面上来透气，快要下雨了。

生：它很难受，缺少氧气，摇着尾巴。

师：你真会思考。然后我画上蜻蜓，画哪呢？

生：离湖面很近，飞得很低。下雨前蜻蜓的翅膀上有水珠，飞不高；而且我从课外书上看到过，蜻蜓要吃虫子，这些飞虫下雨前都飞得很低，所以要画得低点。

师：你懂得真多，真是我们班的小博士！

师：瞧，画好了，我们的合作成功了！——大家鼓掌夸夸自己。

在这个教学环节中，教师有意识地让朗读水平一般的后进生，跟班里朗读水平较高的孩子进行比试，从而让其经历一次特殊的学习过程。在这个过程中，不光有老师的鼓励和肯定，更有同学真挚的评价和掌声，这是最为自然的。课堂生命的活力，就是这样在师生、生生之间跳跃着、涌动着，并激起一层浪花。教师要蹲下来看孩子，关注他们，激励他们，相信每一个学生都能行，这样才能唤醒课堂，培养学生的信心。

文字是一道桥梁。通过了这一道桥梁，读者才能和作者碰撞，了解作者的心情，和作者的心情相契合。案例中的教师在引导学生理解语言的意思时，通过各种情感体验，越过书面文字这道桥梁，在解词析句的同时创设情境，让学生在情境中依据自身的生活经历和阅读积累反复诵读，对语言文字进行理解和体会。该教师尽量充分地尊重每一个孩子的个性，使孩子的身心处于激活状态，想方设法进入孩子们那丰富多彩的心灵世界。比如，在感受夏天午后的炎热时，该教师没有问午后有多热，而是在学生原有知识经验的基础上激趣："有那么迷人的景物，能看到就更好了，怎么办呢?"孩子们都说现场作画。画画是孩子们最喜欢的表达方式，也是提升后进生兴趣的方法之一，于是教师马上予以肯定，孩子们兴趣盎然，进入了与老师合作的角色，主动探究和学习。为了使合作成功，孩子们读得更自觉，钻得更深，特别是那些后进生，既参与了学习，又获得了新知和掌声，学习的劲头更足了，一个个思维活跃。通过对课文的阅读，学生把自己独特的体验与脑中已有的柳叶、小花等景物依托课文重新组合，一幅雷雨前的简笔画在师生的合作下出现在大家眼前。

## 七、关注思维创新

思维是灵魂的自我对话，思考是人类最大的乐趣。知识，只有当它靠积极的思维得来时，才是真正的知识。活力课堂是对前人教育教学经验的继承、批判、整合、积淀、升华，活力课堂需要思维创新。

杨振宁教授曾尖锐地指出："中国留学生学习成绩往往比一起学习的美国学生好得多，然而十年以后，科研成果却比人家少得多，原因就在于美国学生思维活跃，动手能力和创造精神强。"

21世纪是知识经济时代，是一个以知识创新为核心的时代。创新思维无疑已成为课程改革中教与学的灵魂，是实施素质教育的核心。各学科领域都蕴含着丰富的创新教育素材，教师要根据学科的规律和特点，认真研究，积极探索。

中小学生正处于思维最活跃的年龄阶段，中小学必须开展创造性的教育活动，激发学生的创新思维，培养创造型人才。作为学生创新思维的培养者——教师，必须首先具有创新思维，否则就不能担当培养学生创新思维的任务。这就要求我们教师要有"标新立异""打破常规"的能力，永远保持"童心"，以求知为趣，以进取为乐，随时保持振奋的精神状态，善于思考问题、发现问题以及提出新问题、探索新问题，随机应变地进行创造性教学。

作了茧的蚕，是不会看到茧壳以外的世界的。一个具有天才禀赋的人，绝不遵循常人的思维途径。对于有创造性思维的人来说，处处是创造之地，天天是创造之时。创新，是人的生命迸发出的最鲜活的、最富灵性的、智慧的火花，即使是瞬间的，也是灿烂的；即使是粗浅的，也是可贵的。如今的教师已不仅仅是一般意义上的知识的传授者，而是播种者、唤醒者、鼓舞者。他们播撒创新的种子，唤醒创新的潜能，鼓舞创新的志向。当创新的种子在学生心中发芽并破土而出时，学生就会努力超越自己。

【案例】

《司马光砸缸》这一课到底怎么拓展一直是困扰我的问题。又一次教到了这篇课文，课前设计中我想：用本单元练习 8 中的成语来夸夸司马光方寸不乱、多谋善断的优秀品质，达到向司马光学习的目的。

课堂上，有个学生在表达向司马光学习的决心时说："我们不能向别的小朋友那样，哭是没有用的，喊是没有用的，跑去找大人也是不对的。我们要像司马光那样，认真地想出好办法，救出掉在缸里的小朋友。"

听到这句话，我突然觉得学生的这种看法体现了本节课教育的失误。课文中写"别的小朋友"的表现是为衬托司马光的沉着机智，但并不是要彻底否认他们的表现。虽然我很清楚，学生并不能想到比司马光砸缸救同伴更好的办法，但我们不能因为学生的能力有限就避而不谈有关如何抢救生命的话题。假如在现实生活中不幸碰到类似事件，我们的学生岂不是一定要傻傻地想个好办法而延误最佳救人时机，酿成悲剧？

这个错误观点的"生成"让我捕捉到一个教育的灵感：只有在危急时刻做自己力所能及的事，才能做到关爱生命。

我接住那位学生的话问："在我们没有想出好办法之前，跑去找大人对不对？"学生喊成一片："不对、不对……"大概是看到我冷静的表情，渐渐的声音小了。有学生举手了，不太自信地说："大人来了可以帮我们想办法。"又有学生举手了："大人个子高、力气大，可以帮助我们。"我马上肯定了他们的看法："是的，能找到大人帮着救小孩肯定会更好。"

我接着又问："喊有没有用？"这次只有零零落落的声音："没用、没用……”有了上面老师的一次肯定，果然有学生自信地说：“如果附近有人，听到喊声就可以马上赶来了。”还有学生补充：“如果大家一起喊，肯定很快就有人来帮忙了。”我再次肯定他们的想法：“是的，听到喊声的人们一定会赶来的，救出掉在缸里的小朋友肯定没问题。”

接着我告诉他们：“当生命遇到危急的时刻，我们年龄还小，可以首先想到求助，再自己想办法。因为生命是无价的，是一去不复返的，抢救生命的时间是最宝贵的，在危急关头珍惜时间就是珍惜生命。”看到学生严肃的表情，我知道这样的讨论符合孩子的实际。

沿着上面的思路，我认为必须继续讨论，于是问：“什么情况下，我们也可以像司马光那样，沉着冷静地思考解决问题的办法?”

学生沉默了片刻，几只小手举起来。一个学生说：“我在小区玩，看见一个小妹妹摔倒在地，我连忙过去把她扶起来，问她哪儿摔疼了，还把小妹妹送回家。”

另一学生说：“上次我发现教室里的饮水机下面有一摊水，猜想是哪儿出问题了。就先观察两个水阀门，没发现滴水。然后看见水桶里咕咚咕咚冒水泡，我想一定是水桶有问题，就和另外几个同学一起换了一桶水，果然地上的积水不再增加了。”

还有一学生说：“有一次，我家里飞进来一只白蝴蝶。我看到它总是在窗户上扑腾扑腾，猜它肯定是想飞出去却被玻璃挡住了。我就把那边的一扇窗户打开，不一会儿那只蝴蝶就从打开的窗户飞出去了。”

……

“你们真棒!”我伸出大拇指，由衷地夸赞我的学生。

本案例体现出语文学习资源和实践机会无处不在、无时不有的特点。教学的生命力与真正价值在于预设下的生成教学，它所蕴含的教育思想就是以人为本、为学生的发展服务。因此，教师要敢于跳出教材和自己的思维定式的“套子”，重视源于学生即时“生成”的信息，在倾听学生声音的同时，灵活运用教材、处理教材，带领学生大胆地进行创新。

本案例的教学内容贴近生活又高于生活。在教学拓展过程中，教师为了避免学生钻牛角尖、走死胡同，认为一定要像司马光一样独立想出救同伴的办法才是正确的，而当机立断进行珍惜生命教育，表达对生命状态的关怀，使学生体验和感悟生命的意义。在语文课堂上，发挥教学生成的价值，引导学生在生活中学语文、悟语文、用语文，这才是最重要的。比如，在使学生认识到每个人的生命是有价值之后，再讨论在什么情况下自己独立想办法解决问题，他们就会努力地表现自己、挖掘自己。通过这样的学习，学生提高了创新和实践能力，增强了生存意识。这样的教学是思维创新的教学，这样的教育是尊重生命的教育。

## 八、关注适时评价

在活力课堂教学过程中，适时给予学生中肯、恰当的评价，能够激发学生的学习活力。适时评价能让学生明确目标与方向，积极参与教学活动。

在活力课堂教学中，学习评价是教学过程中的一个重要的有机组成部分，对学生鲜活生命的可持续发展具有里程碑式的意义，它应贯穿于整个教育教学过程的始终。

【案例】

在学习了世界热带雨林气候的分布规律后，学生就会在世界气候类型分布图上发现一个“奇怪”的问题：既然世界上的热带雨林气候主要分布在赤道附近地区，那为什么在南北回归线附近的一些陆地东岸还有它们的“身影”呢？

师：这个问题问得好！大家掌声鼓励一下，好吗？

（教室里响起热烈的掌声，教师向提出问题的学生投去鼓励的眼神）

师：是啊，为什么？请同学们仔细观察地图，看一看这些地区都分布在哪里？

（有的学生在翻书，有的学生在看地图，有的学生在张望，有的学生在用手中的笔圈画着……教师在学生座位间巡视，不时俯下身来和学生一起查看地图）

师：（约 1 分钟后）好。请发现“新大陆”的同学发表意见。

生：北回归线附近的西印度群岛东部。

生：澳大利亚东北沿海地区。

师：很好。还有吗？（教师用友好鼓励的眼神看着大家）

生：巴西东南沿海地区。

生：非洲的马达加斯加岛东部。

师：很好。为什么会这样呢？请同学们仔细查看世界气候分布图、世界洋流分布图、全球气压带风带分布图等，看一看它们之间有什么联系？同时请同学们认真回忆一下热带雨林气候的气候特点是什么？

（学生认真看书、看图及思考；教师在教室里来回巡视，不时俯下身及时指导学生看图）

生：从世界洋流分布图上，可以看到四个地区的陆地东岸附近均有暖流经过，暖流增温增湿。

生：从全球气压带、风带分布图上，可以发现这些地区都是盛行信风的地区。北半球的东北信风或南半球的东南信风对这些地区而言，都从暖流上掠过，给陆地带来丰富的水汽。

（教室里响起学生的掌声，回答问题的学生面露喜色）

生：从世界分层设色地形图上可以发现这些地区的地势相对较高。

师：说得好！（教师面露喜色，对这个学生竖起大拇指）请继续说。

生：由于这些地区的地势相对较高，沿岸地区有暖流经过，加上信风带来的丰富水汽，在地形的抬升作用下，降下大量的地形雨。

生：可是赤道地区的热带雨林气候的降水类型是对流雨，而这些地区的降水类型却是地形雨，不对呀！

师：这名同学反问得非常有道理。掌声支持一下！（教室里响起热烈的掌声）有同学能够“帮助”刚才这位同学吗？

生：热带雨林气候的特征是终年高温多雨，而上述四个地区纬度位置相对较低，并且在回归线经过的地区，说明这些地区盛行副热带高压下沉气流，温度高；因为盛行地形雨的缘故，降水丰沛，从世界降水量分布图上看，这些地区的年降水量达到2000mm左右，符合热带雨林气候的气候特征，所以是热带雨林气候。

（该学生谈完自己的看法，看着老师；其他学生也把目光转向老师）

师：（显得有些激动，他把自己的右手平摊着指向该学生，高兴地大声说）你说得非常正确，非常正确！（同时不由自主地鼓起掌来）

（1）重视评价的过程机制，让每位学生因评价而焕发活力，释放精彩。通过本节课的学习，学生养成了随时运用所学的地理知识观察客观实际、解决实际问题的好习惯。同时本节课通过教师与学生、学生与学生之间的民主交流，鼓励学生进行创造性思维，发展了学生的个性特长。在本节课知识点的学习交流期间，教师有意识地观察学生是否积极参加讨论，是否愿意帮助他人，是否认真倾听他人发言，是否有合作精神等。比如，在教师的鼓励和评价的引导下，学生能够积极主动地从全球气压带、风带的分布规律中发现解决问题的契机，能够主动自觉地去翻看课本、查阅地图册、相互交流。在与学生交流时，该教师对学生的表现用鼓励性的语言或尊重的手势作出了客观、公正的评价。有积极意义的鼓励式课堂观察，既可以促使教师更加关注和了解学生，及时发现学生在学习中存在的问题，及时调整课堂教学，也有利于教师作出正确、及时、恰当的评价，为课堂营造平等、民主、安全、愉悦的氛围，让学生真正焕发出生命的活力。

（2）尝试多维过程评价，使课堂教学评价充满活力，张扬人性之美。新课程改革日益深入人心，为发挥评价的导向、激励和自省作用，我们应该主动、坚定、积极地改变评价主体单一的现状。除教师客观、积极的评价外，学生个人与小组、学生与教师、家长与教师、家长与学生等也可以进行自评、互评，进行双向多维沟通。平时教师可常组织学生开展自评、小组评等课堂有机评价实践活动。比如，上述课例中学生能够在教师的适时评价、同学的掌声鼓励中说出特殊地带热带雨林气候成因的时候，就是学生个性思维张扬的一个质性“飞跃”的时机，也是学生个性生命活力得到适时释放的最佳契机。在这个生命活力释放的过程中，学生把日常所学的地理理性思维方式、方法运用到解决实际问题上，就是一个巨大的进步。无论是教师，还是同学，能不为他的进步而鼓掌吗？同时，教师的适时多维性的评价和鼓励，既可以培养学生的自我评价意识，又可以培养其探索问题、发散思维的能力与语言表达能力。

作为新时期的教师，我们一直都希望探索出一条通往理想课堂的道路。为实现这一理想，我们应用真诚和热情去唤起学生的兴趣和激情，以动态生成、开放的课堂激发起学生求知的欲望、思维的火花，在体验与感受中培养学生探究和创新思维的能力。这样，教学会显示出它独特的魅力，课堂也会焕发出勃勃生机，充满生命的活力。



## 九、关注课堂讨论

课堂讨论是教师和学生之间、学生和学生之间有教育意义的、反思性的、结构化的团体交流。讨论是一种交流，课堂讨论是熟悉的成员间（生生之间、师生之间）社会性相互作用的一种形式，是思想、观点、感情的沟通与了解。讨论有教育意义，课堂讨论有明确的目的和指向，为实现教学目的服务。讨论是反思性的，课堂讨论鼓励学生在高级认知水平上批判性地、创造性地思考和讨论专题。讨论是结构化的，课堂讨论是在一个或多个组织者（教师或小组中的领导者）的组织、指挥下进行的，并按照一定的程序或步骤推进。讨论是团体的，多数课堂讨论是在几十个人组成的班级或者在几个人组成的小组中进行的。

课堂讨论有助于达到五个教学目标：促进学生对学科内容的掌握；培养学生的问题解决能力；促进学生的道德发展；促进学生的态度改变；培养学生的交流技能。课堂讨论不仅使学生获得了学科知识，促进了他们对教学内容的更深入理解，同时还培养学生参与民主的意识，因而促进了其认知、情感、交际能力的提高。

【案例】

我曾把“瓜分中国狂潮”这一节设计为讨论课，我觉得课堂效果比较成功，课后学生反映也很好。

我在讲“争做中国债主”这个标题时设计了一个问题——列强借款给中国的最直接目的是什么？想通过这个问题让学生对“争做中国债主”的理解得到升华。

很显然，直接把这个问题抛给学生是很不明智的，因为学生刚从初一升入初二，思维能力还没有培养起来，不可能很快回答出来。于是针对这个问题，我又设计了几个小问题让学生讨论。

当我提出“列强借款给清政府要求清政府拿什么偿还?”的问题后，学生立刻活跃起来，有的认为让清政府写保证书以税收做担保，有的认为让清政府承诺给列强一些权利或一部分土地。在这个问题上，学生充分发挥了自己的想象力，甚至几个学生对于哪种利益更能让列强满意的问题发生了争执。最后大家对于海关、税收这两个答案还是比较满意的。紧接着我又提出一个问题："海关、税收对一个国家有什么作用？"这个问题比上一个问题明显深了一些。我让学生根据课前查阅的关于海关、税收的材料进行前后位讨论（查阅的任务在上一节课就已经布置），学生经过讨论得出结论："海关、税收是国家财政的重要来源，同时海关还是保护国家经济的门户。"学生的回答已接近问题的核心，于是我乘胜追击，又提出一问："清政府把海关、税收作为偿还手段，会造成怎样的后果？"学生茅塞顿开，齐声回答："可以控制中国的海关和财政，中国的民族经济会受到外国经济的排挤。"

这样，通过几个小问题，我最终引导学生解决了"列强借款给中国的最直接目的是什么"这个问题。这样的教学能使学生了解思考一个问题的过程，感受动脑的乐趣，从而也锻炼了学生的思维。在这节课上，我明显感觉到学生情绪高昂、兴趣浓厚、思维活跃，课堂也一改从前的沉闷气氛。

讨论法的设计过程虽然很简单，但是在实施中往往很复杂，很不好把握。要想上好一节讨论课，发挥讨论法的价值，应该坚持以下几点原则：

（1）讨论课的成功与否，关键在于讨论问题的设计。并不是所有的讨论题都适合拿来讨论，如有的讨论题书本上有现成的答案，再拿出来讨论，学生只会照本宣科，起不到启发思维的作用。因此，教师所提问题，教科书上最好没有现成答案，或者这些问题带有争议性和开放性，最好能联系现实生活。如果有现成答案，则应引导学生将教科书上的看法当作一家之言，启发学生得出其他具有开放性的思想，允许不同观点、结论的存在。

（2）教师要坚持做"平等中的首席"。在讨论的过程中，教师本着以"学生发展为本"的原则，在讨论中充当"平等中的首席"，充分调动学生的主动性、创造性，适时适度地提出问题，解决疑难，推动讨论的发展。教师要尊重与信任学生，给他们充分的讨论机会；另一方面，教师更要鼓励学生质疑教材和教师的见解，放弃"标准答案"的定式思维。在学生讨论的过程中，教师要把握讨论的方向和进展，体现"首席"的作用。教师具体要做到：①启发学生独立思考，尽可能让他们去发现知识，探索学习方法，通过讨论交流纠正错误和补充认识。②适时补充必要的材料或提出适当的问题，鼓励学生阅读材料提出问题，利用材料分析问题，组织材料解决问题，激励其逆向思维、发散思维和求异思维。③及时提供反馈和暗示，要用发展的眼光对学生的不同观点提出进一步的期望，以维护学生的探究积极性，深化学生对知识的理解。

（3）结论要求同与存异。受传统思维惯性的影响，许多教师总担心学生的认识与教材发生偏差。如历史课，实际上，教材只是后人对历史的一种典型的“认识”而已，它不是真正的历史，更不是历史的定论。长期以来，我们历史教材中的“事实”与“结论”之间的关系并不存在严格的归纳性或推理性，“史”与“论”常常是分离的。从认识角度来说，学生的思维发展需要一个过程，很少能“一步到位”地达到教材中认识的高度；从教学角度来说，问题探讨要依据材料进行，并在讨论中升华对历史人物、事件的理解和体验，得出自己的结论——可能与教材一致，也可能不一致。实际上，“论从史出”意味着教师要利用一手或二手材料，引导学生辩证、唯物地认识历史，并在此基础上尊重学生的见解（且不论他们的见解是对是错）。“论从史出”无疑是历史教学的认识论基础。讨论的意义在于真正地促进思维的萌生和发展，使人们加深对问题的认识和理解，形成对历史事物的意义建构，否则，历史思维的培养就成为一句空话。只有坚持“论从史出”，课堂讨论的结果才能既“求同”又“存异”，也就是说“求”基本事实之同与认识方法之“同”，存史料证据运用之“异”与认识发展程度之“异”。

总之，巧妙使用讨论法有利于培养学生的思维能力，有利于培养学生探究问题的能力，有利于培养学生与他人合作的精神，是实施新课改、转变学习方式的重要途径。

## 十、关注生命成长

爱因斯坦曾说过：“学校的目标应当是培养能独立行动和独立思考的个人，不过他们要把为社会服务看作是自己人生的最高目标。”

人人都拥有生命，但不是每个人都能珍惜生命，也不是每个人都懂得欣赏生命的多姿，从而发现生命的意义和价值，享受生命的快乐和幸福。教师要始终用关注生命的眼光看待学生群体的成长发展，从生命的发展需求和规律出发，从引领学生未来发展以及职业生涯的角度，精心挖掘、体察每一位学生生命发展中的积极元素，为学生生命成长奠基。在教师的心中，每一位学生都是一个鲜活的生命的个体，教师的职责就是俯下身子，做学生成长道路上的智慧引导者，让校园中的所有生命都丰盈幸福。

陶行知说：“先生不应该专教书，他的责任是教人做人；学生不应该专读书，他的责任是学习人生之道。”教师，作为教育教学工作的积极探索者，应积极地追求学生对科学知识的掌握、个性智能的发展和学业的成功，关注人的生命、生存和生活，更执着于关注学生生命个体心灵。我们在对教育价值追求的同时，在积极引导学生学习科学文化知识的同时，也要懂得生活与生命的意义。

【案例】

我曾教过这样一个学生：父母离异，生活拮据，没有享受过家庭温暖；自理能力很差，在同学面前常感到自卑，在学习上有“破罐子破摔”的情绪。为此，我多次与他谈心，可是收效甚微。正当我为此事愁眉不展时，一件意外的事情发生了。

那天，我布置完作业，讲清要求后正准备离去。他大概没有听清，急急忙忙站起来，冲我喊道：“姐姐，姐姐……”我顿时停下脚步，转过身问他：“什么？”他马上意识到自己的口误，害羞地低下头。“你有姐姐吗？”我轻声地问。他说：“没有。”于是我说：“杨老师也正好没有弟弟，就认你做弟弟吧。”

说者无心，听者有意。我不知道在我匆匆离去后发生了什么事，直到有一天，我发现他对我笑了；有一次上课，他举手回答问题了；有一本干干净净的作业本，竟然写着他的名字……他进步了，一点一滴。我为他的点滴进步表扬他，给他的作业本印上三朵花，或写上“very good”。每次受到表扬和鼓励，他都端端正正地坐着，脸上流露出抑制不住的兴奋，我似乎听到他在心底里说：“谢谢老师，我会努力的，我不会让你失望的。”我心里清楚，他的作业错误较多，和其他同学相比还有差距，但这又有什么关系呢？他每次总能认真地订正，仔细地听我讲解，想要做好的决心是那么强烈。

点滴的进步改变着他，也改变着我，更改变着周围人的目光。他在进步，他在为了做一个合格的“弟弟”付出努力。他尝试着，他充实着，他也收获了快乐，开始积极地面对生活。

我终于用自己心中的那一缕阳光，让他灿烂起来了，我感到由衷的欣慰！

在这个世界上，并不是每一个人都要成为科学家，都是科学家，谁来建造实验室；并不是每一个人都要成为建筑师，都是建筑师，谁来堆砖砌瓦；并不是每一个人都要成为文豪、画家，都是文豪、画家，谁来种米种瓜……但是，每个人都必须承担起自己的那一部分责任，完成属于自己的任务，发挥自己的那一分光和热，这样整个国家、民族才会向着和谐、健康的方向发展。相同的道理，在学校，我们并不能要求人人都考100分，因为分数绝不是区分“人才”和“庸才”的唯一标尺。

人具有发展的无限可能性，我们的教育就是要争取充分挖掘人的潜能；人具有学习的天性和本能，我们的教育就应该顺应人的天性，激励生命自身去发展自己；人具有爱与被爱的权利，我们的教育就应让每个孩子都产生强烈的社会认同感，他被需要着、被爱着，他就会倾其所有来回馈这一份爱。

有一则寓言，讲一个农夫伐倒一棵大树，用笔直的树干盖了一座小木屋。他打量了一番，心想：把剩下的树根劈成柴，要费多少工夫哇！于是就将它扔在了野外。树根垂头丧气，心想一辈子就得在这荒郊野外枯萎腐烂了。一位雕塑家无意中发现了这个树根，如获至宝，他小心地把树根带回家，精心雕刻，终于制成了一件精妙绝伦的根雕艺术品，一下子成了人们争相谈论的焦点。短小的故事引人深思：同一个树根，农夫厌弃它，瞧不起它，它就只能是一件废品；而雕塑家喜爱它，关心它，发掘它的潜力，它就变成了一件艺术品。

我们的育人工作不正如此吗？古人说得好，“人之初，性本善，性相近，习相远”。任何学生的本质都是可以教育、培养、转化、雕塑的，学生某方面的“差”是表面的、暂时的、相对的，所以对于后进生的教育应植根于爱。教师要看重他们，尊重他们，不鄙弃他们，他们就能朝着我们希望的方向发展。

正如案例中的那位老师一样，我们要真正地关心每一个学生，播撒爱的阳光。特别要关心后进生，关心他们的生活、学习、心灵，使他们在学校里获得快乐，走到社会上也能获得幸福。

小学生接受能力强，极富模仿力和可塑性。小学阶段是学生个性、人格、心理形成的关键时期，但同时又是感情脆弱、敏感的时期。我们不要吝啬爱的语言，让爱从我们心田、唇间自然流露，用我们心中的那一缕阳光，照亮孩子灿烂的笑脸！

此外，活力课堂还提倡关注师生间的“平等对话”。教学是生命相遇、心灵相会的过程，是师生共同寻求真理、平等对话的过程。在课堂上，师生的平等互动与对话应该成为教育交往的手段，更应该成为一种教学情境。师生的“平等对话”不仅是指课堂教学中师生之间狭隘的谈话，还是双方的“敞开”和“接纳”，是双方对彼此的倾听，是种双方相互吸引、相互包容的关系。在课堂上，教师通过倾听，被学生天马行空的想象力、独到深刻的思想见解、幽默睿智的语言所折服，同时领悟到“教学相长”的真谛。教师的一些教学观念和理性上的见解，在学生的帮助下无形中得以充实和提升。

活力课堂提倡关注体验性教学。教育不是压抑人，而是发展人；不是让学生死守着课堂，而是走进丰富多彩的生活；不是记住别人的思想，而是因感悟生活而产生自己的思考。在活力课堂教学中，教师可以通过指导、点拨，让学生联系自己的生活，通过亲身实践直接地感受、体味知识，去再认识、再发现、再创造。教师可以从强调参与和重视直接经验两方面入手，积极创设情境，引导学生感受情境，融于情境，产生联想，获得体验。

新课程改革如火如荼，为了丰富和完善课堂教学内容，我们还应该积极关注教学新知识的可持续发展，关注教育教学新理念、新思想，关注科技教育，关注环境思想的培养，等等。

## 第二节 活力课堂理论指导下的具体教学行为

课堂教学不是教师教学行为模式化的场所，而是教师教育智慧充分展现的场所。长期以来，我们的课堂教学比较沉闷，缺乏生气，难以唤起学生学习的热情和活动的积极性，更不用说激发创新和探索了。因此，一些有远见的教育家发出了“让课堂充满生命活力”的呐喊。



## 一、活力课堂教学要为学生发展而设计

教学设计与课堂教学（即我们通常讲的备课与上课）是教学工作的两个重要环节。为了上好课，教师无疑应当根据教学目标和课程内容，精心地进行教学设计。但是，这种设计不应当是限制教师与学生探索、创造的框框，课堂上的教学操作也不应当是照本上演的“教案剧”。教学面对的是一个个富有个性、具有独特生活方式和经验的学生，要促进学生发展，就不能无视这个客观事实。作为一种活生生的力量，学生带着自己的知识、经验、思考、灵感、兴致参与课堂活动，并成为课堂教学不可分割的一部分，从而使课堂教学呈现出丰富性、多变性和复杂性，所以课堂教学不应当是一个封闭系统，也不应拘泥于预先设定的固定不变的程式。预设的目标在实施过程中需要开放地纳入直接经验、弹性灵活的成分以及始料未及的体验，要鼓励师生互动中的即兴创造。就如布卢姆所说：“人们无法预料教学所产生的成果的全部范围。没有预料不到的成果，教学也就不能成为艺术了。”

课堂情景是极为复杂的，从不同的角度看待、透视课堂，课堂实际上展现的是不同的场景。从社会学角度看，课堂呈现的是人际交往包括师生交往、生生交往的画面；从文化学的角度看，课堂呈现的是以教师为代表的成人文化与以学生为代表的儿童文化相互沟通、整合的画面；从心理学角度看，课堂呈现的又是教师与学生心理不断调适、冲突的画面。

课堂还是动态存在、不断变化的，即使教师备课准备充分，也难以设想到课堂中会出现的形形色色的情况和事件。课堂总是处于一种流变的状态，如同古希腊的哲学家所说的“一个人不能两次踏进同一条河流”一样，一个教师也不可能两次踏进同一个课堂。教师与学生的心态在变化，知识经验的积累状况在变化，课堂的物理空间也在变化。

所有这一切，都时刻挑战着教师的智慧，要求教师必须根据不断变化的情形调整自己的行为，根据自己对课堂各种各样信息的综合把握，即时

作出正确的判断，采取得当的措施。但在中小学的课堂中，我们常常看到的是教师千篇一律的教学行为、统一僵化的教学策略和以不变应万变的教学模式。创新就是要打破旧有的、模式化的东西，如果以刻板的行为替代多样化的行为，教学创新也就无从谈起了。教师只有充分运用自己的智慧，把学生置于教学的出发点和核心地位，应学生而动，应情境而变，课堂才能焕发勃勃生机，才能显现真正的活力。

“凡事预则立，不预则废”，教师无疑应当认真做好教学设计，以保证课堂教学的顺利进行。这里所说的“教学设计”，主要是指教师在备课过程中，用系统方法把各种教学资源有机地组织起来，对教学过程中相互联系的各个部分的安排作出整体计划，确定一个分析和研究的方法，对预期结果作出评价。实际上，所谓教学设计，就是为了达到教学目标，对“教什么”和“怎样教”进行的规划。美国著名心理学家罗伯特·M·加涅曾提出“为学习而设计教学”的口号，这个口号依据“系统观”，更加全面和合理地看待教与学的关系，反映了人们对教与学关系认识的深化。教学不仅仅是教师教与学生学的共同活动，还是人们精心创设情境，激发、支持和推动学习有效发生和学习结果达成的过程。教学本身是围绕着学习展开的，教是为学服务的。为学习而设计教学就意味着不能仅仅考虑教师教得方便、教得精彩、教得舒畅，而是要把学习与学习者当作焦点，以教导学，以教促学。

从现实的教学情况看，我们在处理设计与操作的关系时，似乎与此相反。一些教师在备课时，往往更多地考虑自己怎么上这堂课，而很少把自己当成学生来想：如果我是学生，我会遇到什么问题？同样，这些教师在上课时，也主要是沿着自己的教学思路去“引导”学生，往往以自己的教学愿望将学生引入自己的教学设计，忽视学生自己钻研、领悟和感受的过程。这就是以“教”代“学”，或者说是按照事先准备好的“脚本”来演戏的“教学表演”。在这样的教学中，我们考虑比较多的是如何“教”，但教师的教学思路再清晰，也无法代替学生的思维。

“现在，我们应更多地思考学生如何‘学’，即以学生的求知需求为主线，追求教师和学生面对知识共同探讨、平等对话。在这样的教学过程中，教师力求贯穿两条线索：学生的‘学’（感受、质疑、钻研、讨论、联想等）和教师的‘教’（求疑、交流、争鸣、释疑、归纳等），这两条线索通过教师对学生的思维训练、情感体验和人格熏陶交织在一起。这里的关键还是教师角色的重新定位。”用《教育——财富蕴藏其中》一书的话来说，就是教师要“从‘独奏者’的角色过渡到‘伴奏者’的角色，从此不再主要是传授知识，而是帮助学生去发现和管理知识，引导他们而非塑造他们”。

应当说，只要我们坚持“为学习而设计”“为学生发展而教”，就能处理好教学设计与课堂操作的关系，就会转变对课堂中新“生成”的问题和探究的态度，我们的课堂也就会变得更加生机勃勃，充满智慧与创造的欢乐。

## 二、活力课堂灵活开放与生成发展的运行机制

我们可能会听到某位教师说“今天早上的课上得不错，尽管与我计划的有些不一样”。这说明，课程计划与实际教学并不一定完全相符。一个充满生命活力的课堂，必然是教师在围绕学生发展精心设计的基础上，充分运用自己的教育智慧，保持课堂的高度灵活性和开放性，让自己融入课堂，与学生一道共同“生成”课程的课堂。什么样的课堂才有活力、智慧和情趣，才能让学生真正成为学习的主人呢？著名教育家朱永新教授指出，这样的课堂应当具备六个特征。

（1）参与度，即有学生的全员参与、全程参与和有效参与。英国牛津大学出版社的“牛津英语教师宝库”中有一本《以学生为主体的教学》，该书作者认为，课堂教学需要“提倡学生参与决定教学内容，力图使学生自己的输入成为主要的教学内容资源，并成为整个教学活动的中心”。这就是说，如果课堂上采取“满堂灌”的方式，而没有学生的参与，就不可能激发学生产生独特的思想。从这个意义上讲，我们主张一般的课堂学生发言与活动的时间不能少于一节课时间的二分之一。

（2）亲和度，即师生之间愉快的情感沟通与智慧交流。吉尔·哈德斐尔德（Jill Hadfield）在《课堂活力》一书中说：“班级里可能充满了欢乐、友谊、合作和渴望；也可能是沉默、不快、矛盾和敌意。”前者无疑是亲和度高的表现，也是课堂教学成功的基础。

（3）自由度，即学生在课堂上能使身心得到自由发展。我们的传统课堂犹如军营，强调的是铁的纪律。学生正襟危坐，战战兢兢，如履薄冰，少了一些轻松，少了一些幽默，少了一些欢声笑语，少了一些神采飞扬。有的教师要求学生齐声回答，不允许交头接耳，不允许争辩，无疑给学生的身心戴上了枷锁。

（4）整合度，即整体地把握学科知识体系。整合度不高的课堂教学，往往使完整的知识支离破碎，如语文老师把字、词从具体的语言环境中分割出来，历史老师把事件从时代背景中剥离出来。这样，学生得到的只是被肢解的知识，而不能从整体上把握知识。

（5）练习度，即学生在课堂上动脑、动手、动口的程度。根据心理学家维果茨基的理论，学生通过与教师和同伴的共同活动，通过观察、模仿、体验，在互动中学习，在活动中学习。学习的效率与成果如何，取决于学生在互动与生活过程中能否充分地运用自己的器官。所以，一堂好课，不一定有条不紊、流畅顺达，而一定能真正地让孩子练习和实践。

（6）延展度，即在知识整合的基础上向广度和深度延展，从课堂教学向社会生活延伸。

课堂情境是千变万化的，学生在变，课堂气氛在变，时间在变，教师自身也在变。有人估算过，教师在一节 50 分钟的课上，至少要做出 30 个与教学有关的决策。教师不断地面临着挑战，只有在意想不到的情境中因时而变、因情而作，表现出种种积极状态，抓住课堂上的普通事件和偶发事件，捕捉教育契机，才能与学生共同构建灵活开放与生成发展的课堂。

灵活开放与生成发展的课堂运行机制包括以下几个方面：

（1）提前进入情境的“预演”机制。拿破仑在总结他指挥作战的经验时说：“在每一次战役进行之前，我都要让它在我的头脑中‘预演’一遍。”很显然，这种预演指先期作好充分准备以应付突发事件，对把握战场转折的契机具有极为重要的作用。教师在精心设计教学的同时，也要让自己虚拟地进入头脑的“课堂”，让自己、学生、课程、情境等因素动起来。为课堂准备一种意向性的框架，可以有效地调动教师的教学智慧。

“预演”是教师提前将学生、情境、课程纳入关注视野，是要获得一种对不确定性因素的了解，并不是要消除不确定性因素；是要使自己保持一种从容不迫的心境，不是要预先操控一切。这是课堂开放的前提条件。

（2）呈现材料，融入经验的“体验”机制。一位小学语文教师在讲解《粜米》一课时，讲到“今年多收了三五斗，穷人的日子就更难过了”时，学生怎么也不理解：“怎么收成好了，日子反而难过了呢?”在学生的经验背景不支持学习材料时，教师要调动学生的学习积极性，就应当运用多元的材料呈现机制，使材料与学生的学习体验融为一体。教师可以根据教材的性质和特点，采用内容心理化、结构化、问题化、操作化、最优化的呈现方式，引导学生进行学习体验。

课程的意义是由学生自主建构的。学生的经验与体验进入了课程，课程的意义才能真正体现出来，学生的主体地位和学习动力才有根本保障，教学才能真正地进行。

（3）平等交往的“对话”机制。教学过程是师生交往、积极互动、共同发展的过程。教学必须基于真实的问题情境，由师生共同或者由教师引导学生完成“意义建构”。在此，师生之间、生生之间完全是平等的。与传统的课程和教学观把教师作为“传话者”不同，新课程要求教师与学生“对话”。只有平等地“对话”，才能实现智慧的撞击、经验的共享、心灵的契合和理性的升华。实际上，任何形式的教学，要真正达到“意义建构”的目的，都必须遵循克林伯格所强调的“教学对话原理”。

教师要放弃自己在课堂上很容易获得（而且已经被习惯所强化）的“话语霸权”，以学生学习的伙伴、促进者的姿态出现在课堂上，扮演一个“平等者中的首席”的角色，建立课堂平等对话的机制，运用对话这种精神助产术，促进学生主动学习、独立思考、全面发展。

（4）见机行事的临场应变机制。从一定意义上说，教师教学主要靠教学机智。因为教师总是处于多变的课堂情境中，也许学生对某些技巧尚未掌握得像教师所想的那样好；也许前一堂课激起了学生某种程度的情绪波动，使其兴趣集中到了某一点，从而分散了他们当前的注意力；也许课堂气氛不像计划那样有助于学生注意力的集中；也许学生对课程的概念和理解与教师的期望有一定差距；也许某种突发因素干扰了课堂；也许学生的心理背景、学习体验未能被充分调动起来……教师必须马上知道该说什么或做什么，这样才能及时修正偏差或重新将课堂引向具有教育意义的方向上来。

讨论教学机智的文章甚多，翻开《教育理论与实践》《教育技术通讯》等杂志，总能读到一两篇论述教学机智的论文。我们在网上粗略一查，涉及教学机智的篇目就有近400条，这说明教学机智问题是备受关注的。

一位教师正在上物理课，讲台桌的一块木板突然“砰”的一声掉在了地上，全班学生大吃一惊之后，情不自禁地笑开了。这位教师灵机一动，说：“这再次证明了万有引力定律的科学性。”于是，同学们惊诧的哄笑变成了会心的微笑。试想，如果这位教师为了维护课堂秩序，敲着讲台大声说道：“安静——”结果又会怎样呢？教师在面对课堂的各种状况时，应该想一想用什么更幽默、更巧妙的方法来解决问题。

(5)“场外交流”的信息沟通机制。长期以来，我们似乎对“课堂教学是素质教育的主渠道”这样的提法习以为常，其实这是传统“三中心”论的一种变通表达，这种观点对学习的多元性、随机性、及时性和全面性缺乏认识。我们的社会已经进入“学习型社会”，教师在课堂外注意与学生沟通，既可以融洽师生关系，树立自己的亲和形象，通过改善师生关系来促进教学，又可以了解到大量关于学生学习体验的信息，为使教学更贴近学生做准备。教师要通过与学生聊天、谈心、嬉戏玩乐、共同活动、书面交谈（如作业、短信、网上交流等）等多种渠道，走进学生群体，走进学生心灵，把师生的积极互动延伸到尽可能宽泛的领域。

(6)课后反思的“回授”机制。一次课堂教学结束了，但教学并没有结束。学无止境，教更无止境，“没有最好，只有更好”。在教师和学生对课程进行积极建设和开发的过程中，课后所产生的“文本”（如教学反思日记、教案、教学经验文章、学生的作业等）都将进入课程内容，进入教师新的课堂教学情境之中。教师回头品味和咀嚼自己的教学过程，可以丰富自己的教学实践经验，是对自己本身如何教学的一次“回授”，是对课堂的进一步延伸和开放。

## 三、活力课堂理论与素质教育的结合

新课程实施所要求的教学改革，既涉及教师思想观念层面的变革，又涉及操作技术层面的变革；前者主要是要求广大教师更新课程理念和教学思想，而后者则要求在教学策略（包括程序安排、方法组合、组织形式以及传媒运用）上进行调整与创新。在新的课程理念的指导下，教学程序的安排应更加注重课堂中学生心理的整体性变化，更加注重学生主体的积极参与和自主活动，更加注重把有序进行同“生成”变动结合起来；教学方法也在不断变革，强调互动性、深层性、创新性与最优化。与此相适应，教学的组织形式也从统一的班级授课变为个体修习、小组研讨与课堂教学相结合，种种分层的、实践的、合作的、开放的、个别化的、网上交互与虚拟的组织形式应运而生。

从总体上看，课堂教学的改革是围绕“让课堂充满生命活力，让学生成为学习的主人”这一思想展开的。这一点，有的学者从社会学角度做过分析：课堂对于学生的意义，不亚于田野对于农民、车间对于工人、战场对于士兵的意义。另外课堂对于学生来说，不只具有智育上的意义，更具有生活的意义。吴康宁教授在《课堂教学社会学》一书中曾深刻地指出：“课堂”本身确实是一个“小社会”。在这个小社会中，存在着特殊的社会组织——班级与小组，特殊的社会文化，特殊的社会活动——有目的、有计划的教育人际交往，特定的社会规范——课堂规章制度以及由此发生的各种基本的社会行为。因此，他认为“过去我们常常说学生在课堂中学习着课程，现在则可以说学生其实也是在，而且更确切地说首先是在课堂社会中亲历着生活，体验着由服从、沉默、反抗、竞争、合作、展示、回避、成功、失败等带来的种种酸甜苦辣、喜怒哀乐”。

阎承利在《素质教育课堂优化策略》一书中探讨了师生关系的融合、教师感情的投入、学生学习兴趣和动机的培养、教学目标的设计、教学内容的处理、教法学法的选择、教学结构的安排、教学语言的达成、教师体态语言的利用、教学幽默的运用、教学节奏的控制、电教媒体的运用等多种课堂教学优化策略。这些策略都可以从操作层面给我们以启示。

在所有的策略中，教师最基本的策略应当是使自己的课生动有趣。这不仅是因为生动有趣本身就是课堂活力的外显特征，而且它还意味着学生主体性的真正解放。到底怎样才能让课堂生动有趣呢？Dale Scott Ridley 和 Bill Walther 提出了五种可运用的策略：

（1）根据学生的兴趣和语言编排学习内容。比如，在数学课上，作业可以这样编，要求学生去调查其同伴的音乐爱好，算出同伴中喜欢打击乐、轻音乐、舞曲、摇滚、爵士乐、乡村音乐、古典音乐、宗教音乐或流行音乐的人数比例。

（2）用一些能引起学生兴趣、激发学生思考的方式向学生提供信息或提出问题。比如，在介绍一条新的科学规律之前，先让学生谈谈自己对该规律的看法。

（3）采用有意义的方式让学生参与学习任务。“在做中学得最好”，这句话适用于大多数学生。教师要考虑怎样才能把学生的视觉、听觉、触觉、嗅觉、味觉都调动起来，让他们全身心地投入讨论或验证某个概念。学生通常只有在共同活动中，才能实现友好、自主的参与。比如，如果你希望学生在英语课上的写作更加清晰，你可以试试“Lego”（品牌为“乐高”的拼装玩具）这种学习任务。即把学生每两人分成一组，给其中一人一个用Lego拼好的结构，要求他写出重建该结构的步骤；给他的同伴，也就是另一个人一些用于拼装的材料，让其用这些材料根据前者的描述垒出最初给定的结构。这样一来，两个人都认识到：清晰的书面交流是做好结构重建的关键。又比如，你希望学生在社会学课堂上的参与更主动，可以不要让学生去完成传统的历史人物报告，而是让学生自扮历史人物。让学生借此充分体验该人物，然后给合作伙伴或全班同学作一份人物传记的口头报告。你也要加入这项活动，要在报告时化装，真正地“投身”于某个角色。你的积极参与会激励学生去做同样的事。

（4）学习方法灵活可变，以适应学生学习进度的差异。Howard Gardner（1991）所做的大量研究表明，每个人都有其偏好的一种学习风格。学生只有在采用其偏好的学习风格时，才能理解得更好、表现得更好。因此，教师要容许学生在学习知识、表达所学内容时采取不同的方式，这样会使学生的理解力处于最佳状态。比如，有的学生喜欢在团体中学习，而其他学生情愿单独学习；有的学生愿意用图表阐述自己的某个观点，而其他学生则偏好在角色扮演或书面报告中表达自己的观点。

（5）设法把课程内容和学生课外生活结合起来。当人们看到某项技能、知识与“现实世界”息息相关时，学习通常会更主动。比如，在学习酸与酸碱中和这类科学概念时，教师可以谈谈酸雨。除了进行一些实验，如在含酸量不同的溶液中培植植物，以观察不同的酸度水平对植物生长的作用之外，教师还可以借助报纸杂志、学者访谈或有关酸雨的音像资料，使论题更加生动活泼。



## 四、活力课堂教学的开放性

人类正步入一个全新的科技时代，正如联合国教科文组织国际21世纪教育委员会所指出的，“新技术使人类进入了信息传播全球化的时代；它们消除了距离的障碍，正十分有效地参与塑造明日的社会”。据中国互联网中心近几年公布的数据，中国上网用户的数量迅速增长，学生是最热衷上网的一族，其数量远远超过了计算机业从业人员。互联网所营造的虚拟世界，正在真实地改变着人类生活和学习的方式。美国哥伦比亚大学学习技术研究所所长罗伯特·麦克林托克教授在其专著《教育的未来》中指出：现代信息技术正在编织一个覆盖全球的教育网络，而一场静悄悄的、意义深远的教育改革正在席卷全世界；以个人电脑、网络技术和多媒体为主要内容的现代信息技术革命的出现，为教学方式与教学模式的变革提供了新的物质基础。

“大力推进信息技术在教学过程中的应用”，是《基础教育课程改革纲要（试行）》（以下简称《纲要》）提出的明确要求。《纲要》还具体阐明了这种应用的立足点，即“促进信息技术与学科课程的整合，逐步实现教学内容的呈现方式、学生的学习方式、教师的教学方式和师生互动方式的变革”，“充分发挥信息技术的优势，为学生的学习和发展提供丰富多彩的教育环境和有力的学习工具”。我们必须正确理解和把握这一精神，真正把信息技术与教学过程紧密结合起来。在“数字化生存”的网络时代，学习情境的“无边界”将使学习的偶然性、选择性、全景性明显增强；学习的超文本、非线性和自主调控也成为它的鲜明特征。怎样在创设教学情境、提供替代经验、搜集和处理信息、展示事物的结构与运动、引导动手操作与设计、强化自主反馈与调节、激发创造与探索等方面，让现代信息技术发挥更大的作用？这是新课程实施给我们提出的一个重要课题。

今天，基于知识和信息的新经济形态已经崭露头角，以计算机和网络为代表的信息技术取得飞速发展，使“21世纪是知识与信息的时代”成为共识。《〈基础教育课程改革纲要（试行）〉解读》一书首次提出“信息素养”一词，来表述新时代对人类的新要求，这种提法让人耳目一新。信息素养与读、写、算等能力一起构成新时代少年儿童适应未来社会、开展终身学习、促进自身的完善和发展所必须具备的基础学力。把信息素养作为在课程与教学改革中渗透素质教育的核心要素，反映了时代的要求，体现了教育的现代特征和课程自身发展的需要。

具体而言，信息素养应包含以下五个方面的内容：（1）热爱生活，有获取新信息的意愿，能够主动地从生活实践中不断地查找、探究新信息；（2）具有基本的科学和文化常识，能够较为自如地对所获得的信息进行辨别和分析，并正确地加以评估；（3）可灵活地支配信息，较好地掌握选择信息、拒绝信息的技能；（4）能够有效地利用信息表达个人的思想和观念，乐意与他人分享不同的见解或资讯；（5）无论面对何种情境，都能够充满自信地运用各类信息解决问题，有较强的创新意识和进取精神。信息素养主要具有捕捉信息的敏锐性、筛选信息的果断性、评估信息的准确性、交流信息的自如性和应用信息的独创性五大特征。培育和发展信息素养的策略包括以下两方面：在课程的编制上体现出在各级各类教育中渗透信息教育；教与学的方式应反映师生自主、自觉运用信息的意识。

课程观念的转变不能仅仅停留在“思想”的层面，要努力实现从理性认识向教学实践的飞跃，这首先需要我们教师把概括性的“通识”变为行动的“蓝图”。就教学而言，我们在实践层面上面临的第一项变革，就是教学设计必须体现新课程理念。因此，围绕什么中心进行教学设计将是在什么程度上实施新课程的关键环节之一。

课程改革的目标之一，就是要通过课程内容的变化促进课堂教学丰富化。如果新课程在实施中依然有“老师辛苦，学生痛苦”的尴尬，那将与课程改革的本意相去甚远。另一方面，在“以学生为中心”的教学设计蓝图“画”好以后，怎样将蓝图有效地、富有生命活力地实现，已经成为摆在我们每一位教师面前的课题。

课堂情境千变万化，当教师没有基于新课程理念和现代教育观念的课堂教学策略储备时，面对更多的不确定因素所造成的课堂复杂情境时，不能因时而变，是不能适应新一轮课程改革的。

我们的时代是一个“数字化生存”的时代。人们可以同时在真实和虚拟世界里体验和享受生活，不管是在虚拟世界摹写真实世界（历史）的故事，还是在现实世界摹写虚拟世界的情节，虚拟世界已成为人们生活的一个重要组成部分。教育教学要关注人的发展，就必然要关注人的虚拟世界。另一方面，在现代信息技术条件下，真实世界和虚拟世界可以实现“无缝连接”，这就为课堂教学提供了更理想的手段，教学领域因此得到了无限延伸。但是，由于虚拟技术的迅猛发展，课堂教学应该如何向虚拟世界开放？这又是一个需要教育工作者思索的问题。

## 五、教师创建积极课堂的方法

在创建积极课堂实践中，许多教师有自己成功的经验。

比如，为了使学生在课堂上保持注意力，教师在每节课开始的时候先要求学生把注意力转向自己，并要求他们安静地坐在各自的座位上。在课堂上，学生遇到感兴趣的事物难免会兴奋，这时教师可采取注视、微笑等方式示意，避免用吼叫要求他们保持安静。另外，当学生说错话或做错事时教师可一笑置之，笑容可以缓解紧张、防止敌意并减轻师生的各种压力。

有的教师认为适量的玩笑有助于积极课堂教学的建立。每个学生的所作所为都有其理由，哪怕老师并不理解那些理由，但是学会倾听并用玩笑化解矛盾，有助于创建一个更加积极的课堂环境。

还有教师认为，创建积极课堂的金科玉律就是你希望别人怎样对待你，你就要怎样对待别人。当学生踏入课堂时，教师应向他们打招呼以表示问候，询问他们当天的感受，这样教师就能更好地理解学生的行为。另外，教师应与学生建立密切的关系，同时又保持教师、学生各自的身份。在课堂上，教师尽量只讲正面的话，对学生的评价都应经过深思熟虑，尽量不对学生说“你错了”，而是引导学生趋近正确答案。这样一来，让学生既保持积极向上的心态，同时还能体会到成就感。

建立积极课堂环境应把握的关键一点就是学生要有足够的情绪安全感，从而使学生有勇气应对学习的挑战。自主学习通常需要承担风险。比如，起初学生们一无所知、不明真情地走进课堂，并愿意承认自己的无知，以期获取新的精辟见解。但随着年龄增长，学生迫于社会压力而越来越对自己的无知难以启齿。有的教师意识到了这种变化，创建了一种具有情绪安全感的课堂环境，在这里承认自己知识的漏洞或学习中的过错是很平常的事。这便使得自主学习得以顺利开展。以下就是创建具有情绪安全感学习环境的策略：

（1）教师示范勇于冒险的做法。学生常常认为教师是万能的，教师应该通晓一切。这种期望不仅成为教师的心理负担，也深深影响了学生对教、学的构想（如把学习看成是聆听“台上智者”的发言）。如果教师能够承认自己有未知领域，不但对教师的身心健康有益，也有利于学生进一步认识教师在课堂上的作用。承认自己的未知之处并非难堪的事，事实上，这本身也是一种学习。例如，当学生提出了一个教师回答不出的问题时，教师应该把自己所了解的东西和盘托出，在和学生的不断交流中也许就能找到答案。更重要的是，这种方式是学生获取欲知知识的一种好办法。如此，教师和学生成为教学过程中的合作伙伴。

（2）建立一个温暖的，学生彼此熟悉、相互接纳的学习场所。这就意味着，教师要关心并了解学生的校外生活。学生的个人信息是师生之间的重要纽带，每个学生都是“立体”多面的，师生每天在课堂之外并非局限于“教师——学生”的单一模式之中。了解学生的个人情况有助于教师把握教学进度。例如，教师了解一个学生之后，如果授课内容和该学生的先前知识结构有差距，教师就可以根据学生的个人情况去适当修改。另外，这种个人联系还有助于教师确定什么是必须给学生讲的内容或必须给学生解释清楚的过程，这一点对于学习有困难的学生尤其重要。许多学习不理想的学生需要特殊的教学策略（如关注他的理解）、纪律（如不许打扰别人学习）以及特殊的管理方法（如在合作学习小组中有不同的职责）。有一些中学教师认为，不应像“保姆”那样去教学生该如何服从课堂或学校的期望；花时间教学生学习的技巧也体现了教师对学生的关心。

（3）以讨论加强课堂上的师生交流。如今“讨论”已经成为一种基本的课堂组织形式，“讨论”的价值得到了提升——讨论是师生之间、生生之间的对话和交流，是学生、教师生命价值的体现形式。要使讨论的价值彰显出来，须从讨论前和讨论后两阶段着手，提高讨论的作用。

“瞻前”——关注讨论的前期准备。

①角色准备。“角色准备”包含两层意思：其一，学生能意识到“我”与他人（尤其是教师）是平等的学习者；其二，学生能意识到“我”应该是一个积极的说话者和谦逊的倾听者。这样的角色意识是任何一种形式的讨论得以展开的前提。

②问题准备。问题好坏影响着讨论的质量。好问题具备哪些特征呢？问题本身明白易懂；问题的答案离不开文章的支撑，但又不拘泥于文章本身；问题是诠释性的问题，需要学生有自己的立场；问题是特定的课文所具有的特定问题；在解答问题的过程中会衍生出子问题，从而推动讨论深入下去等。

教师如何来发现学生的好问题呢？主要有两种方法：一是“课前提问课上讨论”；二是“即兴提问即兴讨论”。前者让学生在预习中提出问题，然后教师将其中的好问题在课堂上展示，供大家讨论。后者实施起来有着一定的难度，它要求教师具有敏锐的观察力与良好的调控能力，善于抓住学生在课堂学习过程中提出的好问题并及时组织讨论。

③观点准备。讨论是在观点的碰撞中展开并走向深入的。教师要给学生充分的思考时间，让学生带着自己的观点或观点雏形参与小组讨论，让学生真正体验到讨论给人带来的挑战以及与他人分享思想果实的快乐。

“顾后”——留意讨论的后期强化。

①适当“偏心”——组织小组讨论的目的之一便是使每一个学生都有发表自己见解的机会。事实表明，性格内向的学生、表达欠佳的学生和反应较慢的学生在讨论中容易扮演听众的角色。在这种情况下，教师在讨论后的交流中应有意识地给这些学生创造弥补缺憾的机会，让他们阐述所在组的总体意见。作为小组发言人，他们必须对小组成员的所有意见进行一定加工，这就给这些发言人提供了另一种形式的思考和表达的机会。

②彼此点评——小组讨论结束之后，大多数学生会将讨论交流定位于获得教师认可的阶段，这在无形中使学生丧失了在更为剧烈的观点碰撞中和范围更广的对话中进行比较、反思的机会。教师应主动让出点评权，鼓

励学生共同点评、彼此点评。教师该做些什么呢？一是顺水推舟，二是梳理结论。前者是指教师抓住学生观点的分歧之处，鼓励学生作进一步的思考，从而引起更大范围内的讨论；后者是指教师不失时机地对学生的已有结论作出归纳整理。如果说小组讨论阶段的优势主要在于给学生提供了一个表达自我和群策群力的情境，那么小组讨论之后的“彼此点评”则给学生提供了一个在更大的对话背景下进行反思的机会。

③留有“余音”——当课堂讨论让人意犹未尽时，教师应抓住机会让学生描述自己在讨论中所获得的思想果实和所经过的思考历程。所谓“思想果实”是就讨论内容而言的，教师应鼓励学生将自己对问题的全面认识付诸笔端，在从说到写的过程中让学生的见解更为成熟。所谓“思考历程”，是指认识问题、解决问题过程中的思维走向，即起始观点是什么，讨论、交流过程中经历了怎样的观点碰撞、观点磨合，等等。无论是总结对问题本身的理解，还是反思自己的思维历程，都是在以点滴积累的方式为以后的讨论培养更为成熟的讨论者，为学生主动、积极的后继学习打下基础。

第 2 篇

# 活力课堂实施策略

*Rang Ke Tang Huan Fa Sheng Ming Huo Li de Jiao Xue Yi Shu*

本篇从活力课堂教学实际出发，分为教师、学生两部分，介绍了活力课堂实施的相关策略和让课堂焕发生命活力的教学艺术。

# 第一章　活力课堂的学习策略

课堂是学校在实施班级授课制时进行教育教学活动的主要场所，也是学生在学校里参与课程学习活动的主要场所。在我国实施素质教育、深化课程改革的今天，课堂依然是教师施教与学生学习的主要场所，是实施素质教育的主渠道，也是课程改革的主战场和前沿阵地。课程改革的新理念、新课程设置、新课程标准、新教法与新评价标准只有也唯有通过课堂上的活动——教师的教学活动与学生的学习活动来具体实施和有效验证。

我国传统课堂以教师为中心，以教材为依托，以教师教、学生学为途径，导致学生被动接受学习、死记硬背、机械训练，课堂毫无生气活力，学生的主动性、积极性和创造性难以充分发挥。为此，教育部倡导学生主动参与、乐于探究、勤于动手，培养学生搜集和处理信息的能力、获取新知识的能力、分析和解决问题的能力以及交流与合作的能力。各学科课程标准也强调学生是学习和发展的主体、是学习的主人，要努力建设开放而有活力的课堂，充分发挥师生双方在教学中的主动性和创造性，从而有效地促进学生的发展。因此，改革课堂教学，让学生在课堂上充分发挥积极性、主动性和创造性，让课堂充满活力，成为新一轮课程改革的重要内容。

鸡蛋从外打破，是食物；从内打破，是生命。人生，从外打破，是压力；从内打破，是成长。要让课堂充满活力，教师是关键。教师除了要更新教育观念、树立学生是课堂学习的主人的理念之外，还要把观念、理念转化为有效实践。这离不开科学、灵活、有效的策略。各学科课程标准要求教师要创造性地理解和使用教材，灵活运用多种教学策略；要遵循学生的身心发展规律和学习规律，选择适合师生可持续发展的课堂学习策略。

活力课堂学习策略研究正是这一时代潮流的产物，是我国教育改革航母上的最具潜力的“战斗机”。

# 第一节 活力课堂学习策略概述

学习策略是近几十年新兴的一个有着广阔发展前景的基础教育教学研究新领域、新高地、新教学平台。作为活力课堂的直接研究对象，对学生学习策略进行具体研究具有十分重要的现实意义。新课改的教学理念强调：基础教育的任务不仅仅是传授知识，更重要的是让学生改变单一的接受性学习，掌握科学的学习方法，通过研究性、参与性、体验性和实践性学习，培养学生终身学习的意识和能力。因此，新课标理念下的教学活动不应等同于传统意义上的课堂教学，改变学生的学习方法与学习策略是在活力课堂教学活动中体现最新教学理念的关键之所在。

## 一、活力课堂学习策略的理论基础

（1）桑代克、斯金纳倡导的行为主义心理学理论。该理论强调客观环境对学习主体的刺激引发或强化学习主体的学习行为反应的作用。为适应这一理论要求，活力课堂所采取的“情趣引导策略”，要求教师根据教学材料特点创设与之相适应的情境刺激学生，激发学生产生对材料的学习兴趣的反应，形成学习的内驱力；活力课堂所采取的“以读为主策略”就是要引导学生主动感知教学文本材料，在接受教学文本材料刺激之后引发主动思维的反应；活力课堂所采取的“联系比较策略”，也是要充分发挥课堂教学材料内在联系以及与其他客观材料（如收集到的信息资料、已有的生活经验等）的联系，引发学生主动思维的反应；活力课堂所采取的“重视训练策略”立足于课堂教学材料进行的听说读写训练、思维想象训练与学法迁移训练，以提高学生独立探究教学文本材料的能力。

（2）皮亚杰等倡导的建构主义心理学理论。该理论强调学习过程是学生自我建构的过程，要激发学生自我建构知识的学习心理，重视在建构过程中主动联系旧知识、旧经验。社会建构主义心理学还强调要发挥学生群体教育资源的作用，倡导合作建构。这在各学科课程标准中主要体现为学生是学习和发展的主体，要关注学生的个体差异和不同的学习要求，爱护学生的好奇心、求知欲，充分激发学生的主动意识和进取精神，倡导自主、合作、探究的学习方式。为适应这些理论性要求，如活力课堂采取的“目标激励策略”就是要激励学生努力学习，树立“自我建构知识”的主动学习意识；而“情趣引导策略”“以读为主策略”与“联系比较策略”，就是要帮助学生联系课堂创设的情境，联系教学教材文本内容，联系已有经验去主动建构新知识；“主动预习策略”“启疑创新策略”“合作互动策略”“多形式表达策略”等，就是要培养学生自主、合作、探究的学习能力。这些策略就是要培养学生成为真正的学习主体，让学生充分发挥学习积极性、主动性和创造性，从而让课堂充满活力。

（3）马斯洛、罗杰斯等倡导的“人本主义心理学”理论。该理论倡导人文精神，尊重学生个体的自尊心和独立性，尊重个体差异，激发学生在主动建构过程中的积极进取的情感，重视以情激情，建立师生民主平等的良好关系。该理论在各学科的课程标准中体现为注重情感体验、培养爱国主义情感、教学应在师生平等对话的过程中进行、尊重学生的个体差异、让学生在主动积极的思维和情感活动中加深理解和体验等。活力课堂所采取的“异步指导策略”“目标激励策略”等就是要体现对学生的人文关怀。

## 二、活力课堂学习策略研究

课堂，即在班级授课制下为贯彻落实教育部各学科课程标准而进行教学与学习的场所。活力课堂指中小学教学中建立在和谐、民主、平等师生关系基础上的，教师主导作用与学生主体作用有机融合的课堂氛围。这种氛围充分体现了师与生、教与学互动过程中所呈现的活跃、向上的积极性、主动性与创造性。

策略泛指为达到一定目标，根据形势发展而制订的行动方针。活力课堂学习策略特指教师为达到增强课堂活力目标，根据课堂上师与生、生与生、教与学动态互动形势发展而采取的使师生密切配合、共同努力解决问题的一系列方式。活力课堂学习策略这一概念表明：活力课堂学习策略有着鲜明的目的性，即增强学生课堂学习的主动性、有效性和活力，而且这个目的不是教师单向的目的，而是师生共同追求的、倾向于学生主动学习的目的；活力课堂学习策略有着具体的针对性，即必须针对课堂上师与生、生与生、教与学的动态互动形势发展——预设与动态生成的问题而制订行为方式；活力课堂策略有着双重的包容性，即在实施过程中既是以教师为主导的教学策略，又是以学生为主体的学习策略。这是活力课堂研究与实施中独创性的理论认识与实践成果之关键所在。

活力课堂学习策略研究具有以下几个性质：

（1）探究性。活力课堂学习策略研究是依据素质教育和课程改革精神，针对活力课堂师生教与学互动现实中存在的问题而进行的改革尝试，具有较强的探究性和一定程度的创新性。

（2）实践性。活力课堂学习策略研究要立足活力课堂实践，针对实践中的问题制订策略，在实践中实施策略，在实践中验证策略、完善策略。

（3）整合性。活力课堂学习策略实施所探究的是种种策略的集合，活力课堂学习策略是整合成系列的策略体系，而且各个策略还需根据活力课堂实际灵活运用，这也是活力课堂策略实施的创新之处。

（4）动态性。活力课堂是一个在师生积极互动的动态环境下的教学发展变化的课堂。因此，应该注重课堂教学的学习问题动态生成及其演进和把握。这种动态性，既有教学过程的动态变化，也有学生探索知识时新问题的动态生成，更有师生对知识理解的碰撞和融合。

（5）建构性。建构性是活力课堂学习在科学规律意义上的集中体现。任何学习活动首先必须遵循教育教学规律，才能够取得较好的学习效果。学习要符合学生的学习规律，就是要遵循活力课堂中学生的认知规律，情感、意志等个性化的发展规律，学科知识的组合规律等。在活力课堂学习中，知识是学生主动建构的，不是被动接受的。没有学生主体的主动建构，知识是不可能由他人传递给主体并被主体所内化的。在活力课堂环境下，学生学习环境要由情境、协作、会话和意义建构四个要素构成。

（6）生成性。生成性是当前活力课堂学习过程中的新理念、新思想、新行动。它主要通过活力课堂教学中的师生的行为和相互作用而形成，它允许师生在平等基础上互动、对话、交流，在课堂知识传授和主动学习中生成知识与问题。

## 三、活力课堂学习策略研究的动力、素质、方法和途径

（1）在研究的动力上，教师要增强敬业、爱生情感和民主平等的精神，消除“师道尊严”传统思想的影响。这是实施增强课堂活力策略的前提。

活力课堂策略体系的实施目的在于增强学生的主体活力，同时也要充分发挥教师自身的活力。因此，教学需要从根本上转变师生关系，消除“师道尊严”思想的影响，建立师生民主、平等、互动的新型关系，从而使情趣引导策略、目标导学策略、异步指导策略、启疑创新策略、合作互动策略等在师生亲密融洽、民主平等的互动中顺利实施。而师生民主、平等、互动的新型关系的建立，必须以教师敬业爱生的真挚情感为前提。教师只有热爱教育事业，才能全身心投入课改课题研究，奉行课改精神，蹲下来与学生平等对话；教师只有热爱学生才能尊重学生、关注学生个体差异，满足学生渴望师生民主平等的情感需要，并全身心去激发和维系学生的学习活力，发挥学生的主体作用。

（2）在研究素质上，教师要坚持严谨治学的认真态度和精益求精的钻研精神，克服急功近利、浅尝辄止的心理。这是实施增强课堂活力策略的专业基础。

活力课堂策略要求课堂上既要有师生展示活力的过程，又要有课后师生体现活力的成效，尤其是有折射教师教学效果的学生的学习成效。这样的活力才是有效的活力，这样的策略才是有效的策略，这是我们行动研究所追求的。只有实现这一追求，才能排除领导、教师、学生、家长对时下盛行的追求活动表面上热热闹闹、实质上乱糟糟的现象的担忧。这就要求教师在行动实践中把好业务关，以严谨治学的态度和精益求精的精神去备课，去探究“策略”的运用能产生多少“活力”的成效，即探究策略呈现出的“活力”的价值的含金量。如运用“主动预习策略”时，学生课前预习的自觉性是否普遍并保持持久，是否形成良好习惯；课前预习能否普遍达到预期要求，学生能否在课堂上踊跃、正确地进行自我展示。“踊跃”就是活力，“正确”就是活力的价值。为达到这一目的，“主动预习策略”组的教师反复研究预习要求的“度”和预习方法的“导”以及预习迁移到

新课学习的“用”，使其形成切实可行且有效的操作细则。又如实施“以读为主策略”，就要看学生的读，尤其是朗读能力是否得到了有效提高，以保证学生读得生动活泼、感情充沛，从而使“以读为主策略”富有成效。

(3) 在研究方法上应坚持主动反思、积极完善、灵活运用、消除依赖。这是实施增强活力策略的重要条件。

活力课堂策略在行动研究上的最大特点，是教师边行动尝试边反思探究边改进完善，周而复始，不断提高行动与研究成效。在活力课堂策略的行动研究中，教师应把握“主动反思”的研究方法，采取个人课后反思、年级段备课组集体反思、观摩研讨课点评反思等形式，针对增强活力策略运用的科学性与实效性进行探讨。每次观摩点评，首先评点学生课堂活力（如积极性、主动性与创造性）的表现，如展示预习成果的汇报是否主动踊跃，学习、表演的欲望是否强烈，合作互动是否和谐有效，能否联系比较展开思维等。从中发现学生学习心向方面和学习能力方面存在的具体问题，提出意见和建议。其次，评点教师在课堂上所运用的增强活力的策略的科学性和艺术性，如“情趣导学策略”能否有效激发学生观察感知的兴趣，能否开拓学生的思维和想象，能否引发学生敢想、敢说、敢议等。从中评价教师综合运用策略的能力，发现存在的具体问题，提出改进的意见与建议。

(4) 在研究途径上坚持采取个人探究、年级段备课组合作、学校教研组观摩研讨、专家引领、广泛采撷信息以供参考等多渠道结合的方式，体现校本教研特色。这是活力课堂策略研究取得成功的重要经验。

## 第二节　活力课堂学生学习心理研究

21 世纪之所以被称为“心理学的世纪”，其重要原因就是它将是人类真正探索和发现自己心理潜能的积极心理学的世纪。积极心理学（positive psychology），顾名思义，就是教人怎么积极面对人生，从而获得满足和愉悦。以往的心理学研究主要将关注点对准人们所承受的痛苦，忽略了人们内心具有的积极预防和化解心理痛苦的潜能和力量，而积极心理学正是基于一种理念——人们所需要的不仅是终结痛苦，还有充实的生活。

教学实践经验告诉我们，学生的学习问题其实主要是心理的问题，只有从心理层面上的解决才是最彻底的解决。心理健康教育在承认学生个别差异的基础上尊重每一个学生的价值，相信每一个学生都有发展自我的潜能。由此可见，开发心理潜能是积极心理学赋予心理健康教育的时代使命。只有通过开发心理潜能，心理健康教育才能走出传统的被动困境，真正找到新的生长点，才能从根本上解决教师和学生的心理问题，才能切实减轻学生学习负担，提高学生的学习效率，促进学生发展。因此，开发心理潜能既是目前心理健康教育的突破口，也是未来心理健康教育发展的方向。

## 一、用情感教育激活学生的积极学习心理

随着社会的转型，现代生活节奏加快，竞争越来越激烈，人们的心理问题越来越多，中小学在校学生也存在着不同程度的心理健康问题。现实促使人们越来越重视心理健康教育。近几年，教育部相继印发了《关于加强中小学心理健康教育的若干意见》《中小学心理健康教育指导纲要》等文件，强调了中小学心理健康教育的重要性。指出中小学的心理健康教育是根据中小学生生理、心理发展特点，运用心理教育方法和手段，培养学生良好的心理素质，促进学生身心全面和谐发展与素质全面提高的教育活动。

我国的学校心理健康教育起步于20世纪80年代中期，已经历了近30年的发展历程。尽管取得了不少成果，但遗憾的是，目前我国的心理健康教育存在学科化、医学化、片面化、形式化、孤立化等弊端，且教师本身素质也有待提高。因此，《中小学心理健康教育指导纲要》要求加强心理健康教育的针对性、有效性、预防性、发展性和促进性功能。为贯彻落实《中小学心理健康教育指导纲要》精神，我们急需构建一种合理有效的“以开发心理潜能”为发展方向、以“提高学习效能”为诉求、以“多元智能活动”为途径的心理健康教育最优化的教学体系。

我们的活力课堂就是要用情感教育激活学生的积极学习心理，创设符

合师生健康心理诉求的教学机制。未来心理健康教育必须坚持积极心理学理念，开发学生心理潜能，提高学生学习效能，促进心理健康教育活动多元智能化。在进行活力课堂教学的过程中，教师要注重心理潜能的开发，要营造一种积极、健康、向上的学习氛围。心理潜能开发无疑会促进学生学习效率的提高，这需要心理健康教育向各学科渗透。新课程改革提出了三位一体的课程目标，从传统的培养知识技能的一维目标，变为培养知识与技能、过程与方法、情感态度与价值观三位一体的课程目标。这就使得心理健康教育与各科教育紧密地结合在一起，也使得学科渗透成为进行心理健康教育的基本形式之一。这就要求教师不仅要教授学生知识，使学生形成技能，而且还要向学生阐明知识获得的过程和问题解决的过程，教会学生如何学习，并在学习知识、解决问题、掌握技能的过程中，培养学生积极的情感、态度和价值观。

实践证明，无论进行何种教学改革，无论换上什么样的班主任和任课教师，无论在重点学校还是在非重点学校，无论是农村学校还是城市学校，无论是优秀班级还是普通班级，无论是优秀教师还是一般教师，无论是富裕家庭还是贫穷家庭，无论是国内还是国外，无论是过去还是现在或未来，都无法回避这样一个普遍问题，那就是一个学校或一个班级，尖子生永远是少数，而非尖子生永远是大多数！为什么？是教师不愿意或没有努力去教育他们？是家长没有努力去引导他们？是一部分学生自己压根就不想学习好？都不是！不是学校、家庭、教师、学生不想尽力或没有尽力，归根结底还是教育者没有弄清每个学生学习不良的根本原因。因此，任何努力都是盲目的、不科学的、低效的，有时甚至是徒劳的和有副作用的！教师弄不清每个学生学习不良的根本原因，盲目批评责怪，实行题海战术，不仅使学生学业负担加重，还会使其心理负担加重，导致其丧失自信心和学习兴趣。因此，活力课堂要彻底解决学习低效的问题，就要帮助学生建构健康的心理机制，注重情感教育，激发学生的学习兴趣，从而减轻学习压力。

## 二、活力课堂要培养学生良好的心理品质

作为一种新型的教学模式，活力课堂教学会对学生的社会性需要、内

在动机、科学探究兴趣、价值观、有意注意品质、知觉水平、思维能力、语言能力、情操陶冶、意志品质、性格习惯等产生积极的影响。

变革学生的学习方式，开设研究性学习课程的宗旨是为了全面实施素质教育，增强学生可持续发展的学力，培养学生的创新精神和实践能力。

学生参与活力课堂的学习活动，能够获得亲身参与科学文化知识研究的体验，能够锻炼发现问题和解决问题的能力，能够提高收集、分析和利用信息的能力，能够学会分享与合作，能够培养科学态度和科学精神，能够增强对社会的责任心和使命感。另外，学生参与活力课堂教学活动，还会对自己的心理产生一系列积极的影响，如提高心理素质、开发潜能、形成乐观向上的心理品质等。

1. 增强学生的社会性需要

（1）激发学生的求知需要。学生参与活力课堂教学，会感觉到它几乎是一种全新的教学、学习方式。活力课堂教学内容和学习过程的开放性、学习主体的自主性、学习特点的探究性、学习活动的实践性等一般都是学生比较陌生的，这将大大激发学生的求知需要。

（2）培养学生的交往需要。活力课堂致力于培养学生的合作意识和能力，这是现代人应具备的基本素质。学生交往需要的满足不仅可以使其个性得到健康发展，而且可以使合作学习小组成员乃至合作学习小组增进了解与信任，进而使学生学会宽容和沟通，学会协作和分享。合作意识和能力只有在小组合作、与人交往的实践过程中才能得到锻炼，活力课堂的教学目标和合作探究的要求都能够促进学生交往需要的培养。

（3）增强学生的成就需要。心理学研究表明，成就需要是后天形成的。学生积极主动地投身到活力课堂的教学活动中，做他们认为对于自己是重要的或有价值的事，并努力达到预期的目标。这就是成就需要的表现。学生持之以恒地开展充满生命活力的学习，就会不断增强成就需要。

2. 增强学生的内在动机

活力课堂能够使学生的求知需要、交往需要和成就需要得到满足，所以这一学习活动本身就会成为学生追求的目标，这其实就是学生乐于参与活力课堂学习的内在动机。

3. 培养学生科学探究的兴趣

兴趣是人的认识需要的一种心理表现，它使人对某些事物优先注意，并带有积极的情绪色彩，进而树立正确、积极的学习和研究的态度。研究不是一个领域，而是一种对待未知事物的态度，学生有了这种态度，学习中就会永远充满着好奇、怀疑，永远洋溢着探究、揭秘的热情，永远享受着创造、成功的喜悦。活力课堂中积极学习的最大功能是培养学生的创新精神，如高中语文课程标准就强调要着力培养学生的探究能力。高中学生身心发展渐趋成熟，已有一定的阅读表达能力和知识文化积累，促进高中生探究能力的发展应该成为高中语文课程的主要任务。引导学生积极参与高中语文活力课堂的研究性学习活动，能够使学生增强探究意识、科学思维意识，激发探究的潜能，培养科学探究的兴趣。学生科学探究兴趣的培养能为其正确价值观的树立打下基础，因为兴趣是价值观的初级形式。

4. 促使学生树立正确的价值观

价值观是人们用来区分好坏并指导行为的心理倾向系统，它通常是充满着情感和意志的。活力课堂的学习过程实际上是学生积极主动探索未知领域的过程。活力课堂强调学生要重视感受、重视鉴赏、重视思考、重视领悟，所以这一学习活动始终伴随着学生丰富的情意活动。在学生自主探究研究的基础上，在教师的指导下，在小组合作探究及全班交流汇报和争论辩驳的氛围中，学生会逐渐产生积极的情感，形成正确的态度，树立正确的价值观。

5. 培养学生的有意注意品质

学生参与活力课堂教学活动，能够不断发展注意的高级形式——有意注意。学生一般对自己参与的积极状态下的学习活动的意义、目标、具体任务有着比较清醒的认识，这极有利于维持他们稳定的有意注意。良好的有意注意是适应当今社会，提高学习、工作、生活效率的必备条件。

6. 提高学生的知觉水平

在活力课堂教学过程中，知觉主要表现为感悟。活力课堂以充分尊重学生在学习过程中的独特体验、独特感悟为前提，引导学生参与活力课堂的教学活动，学生根据教学预设与随机生成的知识选题的需要，主动阅读大量的文本，在此过程中学生整体感悟能力不断提高。

7. 丰富学生的心象

心象是当对象不在眼前时，我们头脑中浮现出的形象。心象是一类很重要的知识表征，它能够使我们在对象未出现的情况下去加工这些对象。例如，在活力课堂教学中，学生构思想象作文或阅读文学作品的时候，他们往往会用到头脑中出现的颜色、形状、大小、方位等视觉特征的形象——视觉心象；他们还常常会用到经过头脑对记忆心象进行加工、改造而产生的新心象——想象。而活力课堂的主要任务之一，就是让学生从习以为常的事实和过程中发现需要解决的问题，培养探究意识和发现问题的敏感性，追求思维的创新和表达的创新。在活力课堂教学中，学生学会多角度、多层次地阅读，对优秀作品能够常读常新，能够不断获得新的体验和发现，能够有创意地表达自己的看法。显然，积极参与教学活动的学生定会经常运用视觉心象、再造想象和创造想象，不断丰富心象储备，从而为提高创新能力奠定基础。

8. 提高学生的思维能力

我国著名教育家魏书生指出，“现代社会要求人们思想敏锐，富有探索精神和创新能力，对自然、社会和人生具有更深刻的思考和认识”，而活力课堂教学就是要重点关注学生思考问题的深度、力度和广度。因此，活力课堂教学的一个重要任务就是培养学生的思维能力。实际上，活力课堂为培养学生的思维能力提供了广阔的天地。如语文活力教学中的个性化阅读以及自由、有个性、有创意的表达，离不开形象思维、抽象思维、创造性思维；数学活力课堂教学中学生研究问题、形成成果时离不开聚合思维和发散思维；政治活力课堂教学中学生的交流汇报、讨论辩驳离不开分析、综合、比较、分类、抽象、概括和具体化等思维的心智操作。

9. 锻炼学生的言语能力

心理学一般把言语分为外部言语和内部言语两大类。内部言语又可分成口头言语和书面言语两类。活力课堂强调小组合作，强调学生交流分享信息、创意和成果，这就需要口头言语——口语交际来完成。当然，活力课堂教学成果表达的方式是多样化的，例如，在进行语文研究性学习时，尤其不能离开内部言语。当阅读活动中作品内涵具有多义性和模糊性时，常常“只可意会，不可言传”，这时学生必须借助内部言语——思考问题时对自己发出的言语才能完成学习任务。

10. 陶冶学生的情操

活力课堂要充分发挥课堂活力的优势，弘扬民族精神，使学生受到优秀文化的熏陶，塑造热爱祖国和中华文明、献身人类进步事业的精神品格，形成健康美好的情感和奋发向上的人生态度。

（1）培养学生的道德感。道德感是人根据道德规范来评价社会现象时所体验到的情感。例如，在语文探究性活力课堂学习过程中，学生选读经典名著和其他优秀读物，与文本展开对话，通过阅读和思考领悟其丰富内涵，探讨人生价值和时代精神，逐步形成自己的思想、行为准则，树立积极向上的人生理想，增强为民族振兴而努力的使命感和社会责任感，形成评价社会现象的道德感。

（2）增强学生的理智感。理智感是人在获取知识的活动时所产生的情感。它与人的求知欲、认知兴趣、解决问题的需要的满足与否相联系。例如，学生通过参与活力课堂物理探究性活动，满足其求知欲望、认知兴趣和解决问题的需要，从而产生一些积极的情感。

（3）培养学生的美感。活力课堂中的美感是学生在欣赏文本时所体验到的崇高、优美的感情。培养学生的审美能力是活力课堂教学的一大重点。活力课堂有助于促进人的知、情、意全面发展，其中，文学鉴赏和创作活动是学生进行审美的重要渠道。在中文及外国语活力课堂教学中，学生通过阅读优秀的中外名著，品味其语言，感受其思想及艺术的魅力，能较好地发展想象力和审美能力。另外，在阅读中学生认真体味大自然和人生的多姿多彩，能产生珍爱自然、热爱生活的感情；能感受到艺术和科学中的美，提高审美的境界。

11. 培养学生良好的意志品质

在活力课堂教学中，学生发现、研究并解决问题，需要有良好的意志品质、毅力，在积极而充满知性活力的学习中提高想象力、思辨能力和批判能力，进行有个性、有创意的表达。活力课堂注重学生学习品质的培养，如自主探究能力的培养，而学生的自主探究能力是其开展具有鲜活生命意义学习的基础，所以自主探究活动能够有效地培养学生的独立性、坚定性、果断性和自制力等意志品质。

12. 培养学生良好的习惯

活力课堂教学模式有助于学生形成注重感悟、重视积累、善于质疑、自主学习、合作探究、乐于交流、共享资源、关注现实等习惯。同时，可以培养学生学习的良好归因法则。正确的学习归因倾向对人的情绪与行为影响很大，例如，将成功归之于内部的能力与努力会使人感到自豪、骄傲。不恰当的归因方式容易使学生产生无能为力的心理，降低他们在完成学习任务的过程中，特别是困难面前的坚持性和自信心。归因作为动机形成过程中一定情境与个体内部信念的中介，对学生的学习有十分重要的影响。

13. 提高学生的特殊能力

活力课堂不仅可以发展观察力、记忆力、思维能力、想象力等一般能力，而且可以发展学生某些方面的特殊能力，如语文积累能力、语感能力、个性化阅读能力、文学作品的领悟能力及鉴赏能力、个性与创新表达的能力等；能够发展学生的模仿能力和创造能力，如创作文学作品等；发展学生的认知能力和元认知能力。活力课堂不仅可以大大提高学生的学习效率，而且会使学生逐步学会正确认识自我，增强调控自我、承受挫折、适应环境的能力。另外需要指出的是，活力课堂能够极大地发展学生的优势能力。在研究性学习过程中，学生一般根据自己的特长、潜能、兴趣、爱好等选取深入研究的内容和研究的方式方法。由此可见，活力课堂教学很好地体现了素质教育发扬个体优点的精神。

14. 使学生形成良好的性格

性格是个人对现实的稳定态度和习惯化行为方式。心理学研究表明，一个人的性格是他在生活实践的过程中形成的。活力课堂教学活动中的小组合作、探究、实践等活动所营造的民主的氛围，有利于培养学生独立、主动、爽直、协作、亲切的性格。

## 第三节　活力课堂学习策略的制订与实施

以人为本的教育理念突出对学生的人文关怀，把学生看成有情感、有需要的“人”，而不是知识的“容器”和考试的“机器”，要求积极营造一个轻松、愉快、和谐的学习氛围。在教学过程中，教师要通过挖掘学生潜能、提高学生潜质达到教育目标，要善于发现学生的优点并帮助其提高，要让每一个学生都有自己的发展空间。

德国哲学家雅斯贝尔斯说：“教育意味着用一棵树摇动另一棵树，一朵云推动另一朵云，一个灵魂唤醒另一个灵魂。”要让我们的课堂充满活力，让学生真正成为课堂的主人，我们还需要不断进行探索、实践，不断改进和完善教学理念、活力课堂教学模式，制订出行之有效的学习策略，使我们的课堂教学真正达到轻负担、有活力、高质量的目标。

## 一、影响活力课堂学生学习策略的因素

### （一）外部制约因素

1. 以教师为中心的教育观的压抑

在新课程中，教师应该是学生学习的促进者、课程的开发者和研究者，但是，“以教师为中心”的传统教育教学观认为教师与学生的关系是主体与客体、传授者与被传授者、表演者与观众的关系。教师在课堂教学中扮演的是主角，是知识的权威、真理的化身，学生只是被动的知识接受者。在这种观念的影响下，整个课堂教学紧紧围绕教师这个中心展开。讲多少、讲多深都由教师的意愿决定，忽视了学生如何学。这就势必压抑学生学习主动性的积极发挥。

2. 旧、繁、难教材的限制

教材内容是活力课堂教学活动的重要影响因素之一。虽然我国的课程改革在逐步深入，但是由于长期受“灌输式”传统教育教学方式方法的影响，现行许多内容依然是难度大、内容深、理论性强；再加上我国目前经济、政治体制改革正在深入进行，一些新的观点和提法都还没有在教材中很好地体现出来；同时，教材中一些材料的选取相对陈旧，对学生没有吸引力，许多学生不喜欢目前的课堂教学方式。因此，在这种情况下，要求学生积极地、主动地、创造性地学习就显得比较困难。

3. 落后教学方式的制约

教学方法具有灵活性、多样性和启发性等特征，一般都决定着课堂教学质量的优劣。在传统的课堂教学中，教师常常是“一本书、一支笔、一张嘴、一言堂”。一些教材理论性较强，往往是教师在讲台上讲得津津有

味，学生在下面昏昏欲睡。在整个教学过程中，只有教师“唱”没有学生“和”。在这种凝固、僵化、缺少生机的教学方式下，容易导致学生厌倦情绪的产生，因而也不能有效激发课堂教学中学生学习积极性、能动性的发挥。我们要认真组织开展活力课堂教学活动，根据学生认知的规律，积极采取有效的教学方法，促使学生积极思维、主动思考，展开丰富的联想。此外，教师还必须认真分析研究教材，善于把握教学重点。教师还应根据不同学生的不同实际，对学生进行科学合理的引导。

4. 被知识奴役的处境

在新的知识学习情境下，教师和学生不仅将成为学习和教育的主人，而且还将成为生活的主人，成为独立的、积极参与社会的、有创新精神和意识的、有责任感的社会人。但是，在传统的知识观念支配下，现有的课堂教学是从外部向学生灌输明确的知识，学生的学习陷入被知识奴役的处境，学生在一定意义上丧失了鉴赏知识、批判知识和发现知识的信心、勇气和资格。学生作为知识的容器无法将知识转变为自己的理智和创造力。

5. 单一评价体系的束缚

在应试教育的“指挥棒”下，学生成绩好就一切都好。为应付考试，教师忙于提重点、找答案、押题、猜题，学生只重视考前突击复习。整个教学过程和学习过程就只剩下了考试。为了让学生获得好成绩，教师回避一些焦点问题，还要嘱咐学生考试时不要写“过头”话。其结果是明显束缚了学生的积极性、主动性和自主性。

6. 高考体制和模式的掣肘

在现有的教学情境中，一直有一个不可回避的因素严重掣肘着课堂教学的生命化发展和创新，那就是我们的高考制度和模式。毕竟在现实的社会竞争中，其中一大部分人的“出头”就是通过这一考试，所以，就不可避免竞争。因此，一所学校要出成绩，一所学校要想有优秀的生源，一所学校要想有好的社会声誉，都得把“宝”压在高考上。

7. 学校学习文化的缺失

作为一种特有的社会组织，学校应该成为一个新型的“学习型组织”，树立“学校共同体”的先进理念。学校文化是教师和学生在学校和班级的特定场所内，由于拥有独特的社会结构、地理环境、人文景观而形成的学校独有的一系列传统习惯、价值规范、思维方式和行为模式的综合。但是，现在学校的文化基本上就是考试文化、“灌输”文化。活力课堂建设不仅仅意味着课堂教学内容的变革、完善与平衡，更为重要的是要基于活力课堂的理想的“学校文化”的重建和再生，藉此建设民主的学校管理文化、建立合作的师生文化、营造丰富的环境文化，真正树立“以学生为本”的课堂教育教学理念，努力营造一种宽松、宽容、富有活力的教育教学气氛和校园文化氛围，使教育教学与管理浑然一体，在思想观念、价值规范上，在制度、模式上，在物质环境、校园建设等诸多方面形成新的办学特色。

8. 浮躁的社会心理的影响

学校是社会的一个有机组成部分，一样会受到社会不良风气的影响。比如，人们急于求富、急于成才的浮躁社会心理现象开始出现在纯洁校园内；大学生毕业即失业、地产商一夜暴富等负面现象都严重影响着新时代学子的学习心理和学习方式。

### （二）学生自身方面的因素

学习是人和动物在生活中获得个体行为经验的过程。这里所说的“学习”是指人类的学习。学生的学习是人类学习的一种特殊形式，是在教师的帮助下，有目的、有计划、有组织地进行的。学生的学习问题是教育界普遍关注的问题之一，国内外教育学、心理学、神经生物学、社会学等许多领域的研究者，从不同角度对学生的课堂学习进行了研究，也取得了一定的成果。多年的教育教学经验告诉我们，从一定意义上讲，没有一个学生是学不好的，每一个学生都能学好，都可以成为一名优秀的学习者，除非他有天生的智能障碍。学习是一种本能，每一位学生都应该是天生的成功学习者，并且学生从来就不缺乏学习的能力。学习是快乐而有趣的，是后天的不良环境和不适当的教育方式压抑了学生的学习乐趣。

没有一种学习方法是万能的，只有适合的，才是最好的。学生之所以学不好，究其原因有：(1) 没有找到适合自己的学习策略；(2) 存在阻碍学习的心理、生理、环境等因素。

在活力课堂教学过程中，学生既是教学活动的主要参与者，同时又是受教育者。因此，教师必须结合学生的实际，精心设计教学活动，科学合理地安排教学内容，积极创造有利因素，充分发挥学生的主体作用，进而不断激发学生学习的兴趣和激情。在活力课堂教学活动中，教师应当使每名学生都积极参与，并尽量使他们乐于参与、善于思考和敢于创新，保证学生始终处于积极、主动学习的主体地位。结合教育教学实践经验，影响学生学习的自身因素主要有以下一些方面。

1. 学习动机不端正

现代教育理论告诉我们，成就动机是指个体在完成某种任务时力图取得成就的动机。成就动机和一个人的抱负密切相关，成就动机对于学生的发展具有重要的作用，它就像一架拥有强大推动力的发动机一样，激励着学生取得成功。个人的成功与失败的经验通常影响抱负水平的高低，成功的经验会提高个人的抱负水平，失败的经验会降低个人的抱负水平。学生学习动机的形成除了内驱力因素之外还离不开外在的学习诱因。外在学习诱因是指来源于学生个体外部，对学生的学习起刺激、强化作用的因素，主要包括期望、竞争、奖惩等。教育学大量研究表明，学习动机并没有直接地卷入学习的信息加工过程，但它却通过集中注意力、做好学习准备和调控学习努力程度等影响学习的信息加工过程，间接地影响学生学习的效果，所以发展学习动机对提高学习效果具有积极意义。

2. 学习注意力不够集中

巴普洛夫说，注意是心理活动对一定对象的指向和集中，是心理活动的重要组成部分。注意力虽然没有自身独立的心理过程，但它自始至终贯穿于感知觉、记忆、想象和思维等心理过程中，是人类通向世界的“唯一门户”，只有高度集中而稳定的注意力，才能保证学习的顺利进行，并取得良好效果。在学习过程中，注意力的强弱、缺陷类型和强度都将反映在学生的学习成绩上。有经验的教育者都知道，许多学习成绩差的学生并不是智力低下，而是在注意力这一环节上出了问题。他们往往不能把自己的注意长时间地指向学习对象上，因而导致了该学的东西没有学到，结果成绩不理想。

3. 学习适应性不足

众所周知，学习是一项艰巨、漫长而又复杂的脑力活动，学习成绩的高低取决于学生学的水平，同时也受身体状况和周围环境的影响。因此，学生学习的适应性直接决定着学生的学习质量。而教师对学习适应性的评价，应该能够清楚地反映出学生潜力的发挥状况，能够比较客观地诊断出学生学习的实际状态，并根据每个人的具体情况，对其不适应学习的方面予以正确指导，使其扬长避短，以达到充分发挥学习潜力的目的。这些方面具体包括时间管理、计划、笔记、作业、听课、理解、记忆、自学、预习、复习、审题、偏科、基础、参考书、体质、睡眠、生活规律、食欲、师生关系、同学关系、家庭学习环境、家庭关系、学校社会声誉、学校学习风气等。

4. 不适合的学习模式

有研究者指出，由于个人身心特点的差异，不同的人对不同的学习刺激会表现出不同的偏向和习惯化的方式。学习模式就是学习者持续一贯的、带有个性特征的学习方式和学习倾向。这些学习方式和学习倾向是相对稳定的，一般不会随着学习内容、学习情景的变化而变化。学习模式具有独特性、稳定性，兼有活动性和个性。同一个教师面对众多学生讲课，有的学生学习效果好；有的学生可能对这个老师的讲述内容根本不感兴趣，上课时注意力没有指向老师而是自己在做“思想实验”；有的学生可能一直在打瞌睡。不同的学生生理条件不同，知识结构、生活经历、兴趣爱好也各不相同，因而具有不同的学习模式。学习模式一旦形成，便具有相对的稳定性，不会轻易改变，也不会经常改变。

教育心理学家研究发现，学习模式由生理性要素、环境要素、认知要素、情感要素、意志要素和社会性要素等组成。因此，我们在实施活力课堂学习策略时可以从这六大方面入手。

5. 非常规的考试焦虑的影响

我们都知道，在学校里学习效果的检验形式就是考试，一个学生从小学到高中的12年中，历经的大大小小的考试不下百场，考试焦虑程度和应试技巧就成为直接影响学生学习成绩的一个非常规的但又非常重要的影响因素。考试焦虑是一种情绪体验，当学生意识到考试情境对自己具有某种潜在威胁时，就会产生这种紧张的内心体验。就多数人而言，面临重要的考试时都会产生一定程度的考试焦虑，这是不可避免的，也是无害的，考试前适当的紧张和焦虑对于复习和考试不仅没有坏处，反而有好处。因为适度的考试焦虑，对唤起学生大脑皮层的兴奋、使学生集中注意有积极的作用，但严重的考试焦虑则对学习有极大的危害。

此外，决定考试成功的不仅是知识的牢固掌握和良好的心理状态，还有应试答题的技巧。应试技巧也是学习能力的一个组成部分。学生掌握了良好的应试技巧，将有助于在考试的过程中发挥自己的真实水平和潜在能力。

6. 自我意象中的家庭关系的影响

父母是学生人生旅途和学习生涯中的第一任教师，他们的人生观和价值观在一定程度上影响着学生的人生观和价值观。因此，这里的学生自我意象就是指学生在与家人的交往中对自己能力和价值的感受和信念。此外，学生学习中的自我意象还可以通过一系列事件塑造出来：在操场上，在与同学相处时，在自己设计的活动中，当然还有在课堂学习的过程中。

在上述内外因的相互作用下，学生养成了被动接受知识的习惯，形成思维的依赖性。他们依赖教师、依赖参考书、依赖答案，不愿意去思考问题、发现问题、探究问题，而只等现成答案。如果放开手让他们自主地、创造性地学习，他们则感到茫然，无从下手，考虑问题、分析问题常跳不出已形成的思维定式。每一个学生都是与众不同的，都有自己独特的天赋、特性和偏好，也有不同于别人的弱点。解决学生的学习问题，应该用个性化的手段去寻找适合学生自身的个性化的学习模式和学习策略，使其明确所存在的问题，帮助学生用个性化的方法去适应学习上的要求。

综上所述，我们可以看出，课堂教学影响学生学习主观能动性的发挥，其他诸多因素也在向学生施加着一定的影响，尤其是前者，如果处理不当必然会使学生的学习走入一个死胡同。因此，以活力课堂学习策略的实施来改变这种现状，是每位教师都应认真思考和努力实践的。

## 二、怎样制订活力课堂学习策略

### （一）制订活力课堂学习策略要遵循的原则

制订正确的活力课堂学生学习策略必须注意四大特性：一是问题性，就是所提问题必须经过思考、论证才能回答；二是障碍性，就是所提问题能够形成思维阻碍，引起学生焦虑情绪，使其产生求知欲望；三是探索性，就是问题能够激发学生兴趣，使其产生探索的冲动；四是可接受性，就是问题或情境符合学生认知水平，接近学生最近发展区的上限，满足他们的需求。

1. 针对性原则

针对性原则是指问题的设计应遵循教与学的实际需要，问题要针对教学目标、教材内容和学生年龄特征。从活力课堂教学角度看，每节课都有一个中心内容，即教学的重点和难点，问题的设计应围绕这个中心展开。抓住教学的重点内容层层设问，由浅入深，由易到难，前后衔接，相互呼应。抓住课堂教学的难点设问，平中出奇，浅中见深，理清头绪，化难为易。只有这样提问，才能帮助学生掌握重点、突破难点，完成学习任务。针对性原则要求教师在提问时应避免提缺乏明确中心和目的的问题，特别是一些无关痛痒的问题，影响教学目标的达成。从学生角度来看，针对性原则要求教学中的问题设计要针对学生的学习心理特征。问题设计是否合理的关键在于是否启动了学生新的心理需求，是否指向了学生的潜在水平到现实水平的最近发展区。不同群体、不同层次的教育对象，在学习心理、知识水平、学习能力等诸方面都存在着一定的差异，这就要求教师应根据教学对象的不同层次、不同群体的个性特征来设计问题，对问题深度和难度的要求应有所不同。

2. 启发性原则

在课堂上，教师应善于提出促使学生积极思考并且能使其深入探究现象本质的各种问题，即提问应具有一定的启发性。这是关系课堂教学成败的关键。启发性原则要求教师在设计问题时注意思路的诱导，必须使问题具有思考的余地和价值。只有当教师的设问是基于学生的年龄特征、知识水平、学习能力而又略高于他们的现有水平时，学生解决问题的思路才有可能真正被打开，思维的积极性才能真正被调动起来，学生也才能在教师的引导下积极探究、多方思索，得出问题的答案，学到解决问题的方法。教师应尽量少问非此即彼的问题，多设置开放性的问题，以此训练学生的开放性思维。例如，在教学“角的度量”时，在学生掌握了用量角器量角的度数及画角的一般方法后，教师再创设出“不要用量角器，准确地画出

120°角”的问题情境，学生带着问题进入动手操作环节。很快，学生就发现了两种画法：用三角尺的直角和一个30°的角拼起来画出120°的角；用两个三角尺60°的角拼在一起来得到120°的角。学生通过自己的创新实验找到了方法，得到大家的认同和老师的表扬，享受到了成功的喜悦。此时，老师再提出问题："还有新的画法，看谁能最先发现?"这时学生的积极性更高，争先恐后地又展开了操作探索，结果又发现了新的方法。

3. 效益性原则

在活力课堂教学过程中，教师首先要提出高质量的问题，这就需要教师在备课时花更多的时间设计问题，根据学生的身心特点和自身的发展情况设计难易适度、有层次、针对性强、切入点准确的问题。其次要考虑回答问题的对象。在课堂上，教师经常会指定学生回答问题，这样做虽然省时，但是会使部分学生分散对教师问题的注意力。因此，教师应面向全体学生确定答问对象，要让所有的学生都带着问题去思考，等学生思考之后再指名回答；同时也要重视发挥学习小组的作用。小组讨论交流时间要充分，不能流于形式，既不能过于频繁地进行小组讨论，也不能让讨论过于仓促。在课堂上要舍得花时间去讨论有价值的问题，对于一些无讨论价值的问题，教师应适时点拨，以免浪费时间。这样，学生学习的目的明确了，就会积极主动地参与教学活动，与同学一起探究、讨论并建构自己的知识体系。另外，教师确定答问对象还要考虑学生的层次，对不同层次的学生设计不同难度的问题，促使他们通过回答问题产生成功的愉悦，使其树立学习科学文化知识的信心。一堂课时间很短，教师在设计教学问题时，一定要遵循效益性原则，从教学的实际需要入手，针对教学中的关键问题，设计出能起到事半功倍效果的问题，努力克服课堂教学中只看重形式而忽视效果的“乱问”和“滥问”。

问题教学法要求教师放下“居高临下”的架子，吃透教材和学生，设计出优质的问题。即使学生的想法非常离奇，教师也不能简单粗暴地予以否定，应该尊重学生的见解，应该看到其中蕴含的创新思维的火花，鼓励学生大胆发表观点和看法，从而营造民主、平等、活跃的气氛，在问题的发现和解决中提高学生的能力。教师一定要注意培养学生的问题意识，培养学生独立思考和合作学习的习惯和能力。只有这样，才能使学生的科学精神与人文素养和谐发展，把教学改革真正落到实处。

### （二）实施活力课堂学习策略应注意的问题

1. 在课堂教学中确立学生主体地位

确立学生的主体地位是活力课堂教学向素质教育迈出的坚实一步。

首先，确立学生的主体地位，在于创设和谐、民主的课堂氛围。学生和教师都是课堂中具有独立人格的主体，二者在课堂教学中通过平等对话、交流，建立起和谐、民主、平等的关系。通过信息的交流，实现师生互动、相互沟通、相互影响、相互补充，从而达到知识的共享。在活力课堂教学中，教师必须根据变化了的情形不断调整自己，对课堂各种信息综合把握，及时作出判断，采取有效措施充分发挥自己的智慧，把学生置于教学的出发点和核心地位，应学生而动。鼓励学生畅所欲言，这样才能使课堂充满生机和活力，从而有效发挥学生的主观能动性。

其次，确立学生的主体地位，要体现在教学方法的灵活多变上。正如课程标准对教学方法的规定中所指出的，在教学过程中，任何教学方法都不是万能、孤立和一成不变的。教师应综合采用多种教学方法设法引起学生的学习兴趣。讨论法、辨论法、谈话法、演讲法、发现法、质疑法、自学法、情境教学法等具体教学方法的合理选择和运用，能有效激发学生的主观能动性。

再次，确立学生主体地位，要求教师不仅备“教案”还要备“学案”。“学案”，简而言之就是由教师为学生提供的学习方案。它要求教师在编写和设计时，从学生的实际出发，充分尊重学生、信任学生并给学生以足够的时间和空间，让学生自主学习与发展。在问题的设计上要贴近学生心理、贴近学生认知水平、贴近学生实际、贴近学生生活，鼓励学生敢于探索、勇于发现问题。

2. 用活教材，激发学生主观能动性

用活教材要以课程标准为依据，基于教材又高于教材。目前教材中一个很大的弊病就是一些理论和材料落后于现实，对学生毫无吸引力。当代中学生有旺盛的求知欲、强烈的好奇心和活跃的思维，想把现实生活中的许多问题探究个清清楚楚、明明白白。因此，他们渴望教材能与现实生活再贴近些；渴望教师在剖析教材时，不仅仅是让他们懂得一些干瘪的理论。为此，教师一方面要在“深”上下工夫，即对教材中所涉及的理论提出的前因后果、背景知识及其发展过程、现状，甚至最新的理论成果等都要有所了解。只有这样教师才能心中有数，深入浅出，指导学生如何探究。另一方面，教师还要在“广”上下工夫。教材中提到的理论、原理可以与现实生活中的哪些方面相联系，可以解决哪些现实问题以及教材中的知识可以与哪些学科相联系等，教师都应有所研究。只有从深度和广度上把握教材，教师才能更好地引导学生去搜集、整理、归纳、分析各种信息，发现问题、探究问题、解决问题。

学校可以组织骨干教师编写校本教材。这样做可以结合本地区、本校的实际，针对学生的特点，弥补统编教材的不足。

3. 建构课堂评价体系，鼓励学生充分发挥主观能动性

“多一把衡量的尺子，就会多出一批好学生”，“评价不是为了排队，而是为了促发展”。目前，一些科目的统考、会考实行了开卷考试，对学生的评价方式都在努力向素质教育迈进。开卷考试给课堂教学带来了机遇，也带来了挑战。因此，尽快建构活力课堂评价体系，从学习环节、知识、能力上给学生积极、客观的评价，从而鼓励学生充分发挥主观能动性，是实施活力课堂学习策略的关键。

苏霍姆林斯基说：“如果教师不去设法在学生身上形成这种情绪高涨、智力振奋的内部状态，那么知识只能引起一种冷漠的态度。”因此，要开创课堂教学的新局面，必须充分发挥学生的主观能动性。把学生置于课堂教学的主体地位，才能使活力课堂学习策略得到有效实施，才能使活力课堂大放异彩。

# 第二章 活力课堂的教学策略

在新一轮课程改革中，教师面临的首要问题是如何认识新课程并最终实践新课程。在这个过程中，教师必须从自己现有的实际情况和客观条件出发，根据课程改革的目标，通过不断调整个人的教学习惯、行为方式、角色地位、教学策略等，最终使自己的教育教学行为落实到每位学生的发展上。在这个过程中，我们要把新课程教学研究的立足点放在学校，建立以解决学校在课改中所面对的各种具体问题为对象，以教师为研究主体，以促进学生健康、主动发展和教师专业化成长为宗旨的研究制度。

实施新课程，关键在教师，落实在课堂。我们在开展活力课堂的研究，应把教师的培训与科研、教研融为一体，赋予校本研究新的内容：立足点放在解决课改实战中所遇到的实际问题上；着眼点放在新课程理念与教育教学实践的结合上。活力课堂的开展与研究旨在促进学校的发展，会使学校具备教学研究能力，形成自我发展、自我提升、自我创新、自我超越的内在机制，成为真正意义上的学习化组织。活力课堂教学的开展，会使教师产生一种危机意识。这种危机使我们反思，反思使我们行动，行动使我们改变，改变使我们可能从此获得教育教学的新生与超越。

## 第一节 新课程背景下的教学策略思考

在课堂教学中，师生是互动活动的双主体，同时各自具有学习的主观能动性。教师的主观能动性表现为主动指导、自觉提高；学生的主观能动性表现为主动探索、自觉发展。在每一个时期的课程改革中，教师都要讲究教的策略。

陶行知说教育“尤须进行六大解放，把学习的基本自由还给学生：(1)解放他的头脑，使他能想；(2)解放他的双手，使他能干；(3)解放他的眼睛，使他能看；(4)解放他的嘴，使他能谈；(5)解放他的空间，使他能到大自然大社会中去取得丰富的学问；(6)解放他的时间，不把他的功课表填满，不逼迫他赶考，不和家长联合起来在功课上夹攻他，要给他一些空闲时间消化所学，并且学一点他自己渴望要学的学问，干一点他自己高兴干的事情”。

苏霍姆林斯基说过，“如果你所追求的是那种表面的、显而易见的刺激，引起学生对学习和上课的兴趣，那你就永远不能培养起学生对脑力劳动的真正热爱”。“接近和深挖事物的本质及其因果联系的实质。这一过程本身就是兴趣的主要源泉”。

要达到教育家所说的这种“境界”，我们必须坚持不懈地对教学策略进行思考和研究。

## 一、由“萨盖现象”与教学信息过剩说起

课堂教学中强调教师要了解学生、适应学生，这是十分有道理的。这使我们想起了“萨盖现象”。什么是“萨盖现象”呢？先打一个比方，仅戴一只手表的人能知道某一时刻的时间，但戴两只手表的人呢？反而不能确定某一时刻的时间了，这便是“萨盖现象”。教学中也有这种现象，那便是信息过剩。教学中教学信息过剩表现在以下方面。

(1)表现在信息的收发上。传统的教学视学生为空瓶，教师将知识信息填塞进去，只要学生记住即可。而现代教学则要努力开发学生智力，发展学生创新思维能力，让学生学会学习。因此，启发式教学可谓是课堂教学的“点金术”。但我们又常听到有些教师抱怨说学生启而不发。这能全怪学生吗？“启发”一词源于孔子的“不愤不启，不悱不发”，如果要使学生受到启发，首先要让学生处于“愤、悱”的情境之下。按学生的“认知结构”进行教学，才易使学生的学习细胞产生“共振”。

(2)表现在信息的量上。不少学生购买了大量的学习参考资料；有的教师想增加课堂教学的容量，从上课讲到下课，把来不及讲的知识点用幻灯片一放完事。尽管这样，过后检测效果却不好，事与愿违，何故？有人

曾做过一个有趣的实验，让一个人每天看几百张不同的照片，结果没几天此人就患上偏头痛病，稍后，还出现了胃疼、心律不齐等症状，心理医生称之为“信息过剩征”。因此，凡事都要有一个度，教学信息也要有个“度”。

(3) 表现在信息的正误上。教师为使学生见多识广，凡是好的资料统统翻印出来让学生练习，学生疲于奔命，难以应付，抄袭作业的现象时有发生。其实，心理学家做过这方面的实验，蒙上被试者的眼睛，让其在纸上画 10cm 长的线段 3000 次，在练习过程中没有任何人将其结果（画得长还是短）反馈给他，结果被试者没有任何进步；相反，另一个被试者则不断地被告知画长或画短了，偏上或偏下了，结果他很快就画得符合要求了。这个实验表明，要想取得学习的成功，学习者必须获得矫正自己行为的反馈信息，并采取相应措施。不及时评价，学生的错误观点会在以后的解题中“一错再错”，多次练习反而强化了这种错误。

(4) 表现在信息的转化上。有一些教师习惯让学生大量重复地抄写词语（单词）、背定义定律，甚至错一题罚抄几十遍，认为这样做能起到警戒作用，帮助学生掌握知识，减少错误，使其熟能生巧。有些教师为了提高学生的解题能力，采取“题海战术”，布置大量习题，其中不乏题型雷同的，学生根本无暇思考总结。其实，早在 1897 年，美国人赖斯就进行过研究，发现学生拼写单词成绩同所花时间并无必然联系。1981 年上海徐汇区一所小学对抄写生字遍数与生字记忆水平之间的关系进行了实验研究，发现抄写四遍和八遍的效果并无显著差异。因此，我们对古语“书读百遍，其义自见”应辩证看待。

人们从事任何一项工作都有一个方法和效率的问题，方法得当，事半功倍。教与学也有规律可循，有方法，无定法，贵在得法。活力课堂教学策略尤应如此。

## 二、教学策略研究要从转变教师的教学观念做起

要让课堂焕发出生命的活力，首先需要教师转变教学观念。

### 1. 变专制为民主，给学生安全的心理支持

罗杰斯说：“只有在真实、接受和理解的师生关系中，学生对课堂教

学才有一种安全感，才敢于和勇于发表见解、自由想象和创造，从而愉快热情地汲取知识、发展能力和形成人格。”传统意义上的教学只是强调知识或技能的传递，课堂教学模式基本上是灌输与接受，教师是传授知识的权威，学生成了接受知识的容器，师生之间缺少平等的对话和交流。

心理学研究表明，一个人只有在他感觉到“心理安全”时，他参与的主动性才能得到最大限度的表现和发展。所谓“心理安全”是指消除任何戒备心，不担心别人会随时指责和批评自己，能够自由地思考和表达。如电影《一个都不能少》中的小演员都很普通，都是第一次演戏，但他们的表演都很成功（说明了学生有各种潜能）。这是谁给了他们机会？是谁为他们的表演营造出这个氛围？无疑是导演张艺谋。他的成功之处就在于能认清演员的个性特征，挖掘演员的内在潜能。有这样素质的导演，才有这样素质的演员。作为课堂教学改革的先行者——教师，不就是一位“导演”吗？教师应该相信每个学生都有潜能，努力去当优秀的“导演”，充分挖掘每一个学生的潜能。

改变传统教育弊端，淡化教师的自我权威的中心意识，确立新课程下的教师“平等中的首席”角色，融洽师生关系，创设一个民主、和谐的学习氛围十分重要。教师应该在课堂中全力创设一个宽松的环境，给学生以心理安全和精神鼓舞，把学生参与学习的积极性调动起来，使学生的自信心确立起来，使学生个性、想象、创造的潜能开发出来，从而使其获得健康、全面的发展。首先，教师要尊重每一个学生，保护每一个学生的独创精神，哪怕是微不足道的见解，教师也要给予充分的肯定，鼓励学生的热情，小心保护其创造性。其次，教师要热情鼓励学生多思善问，发表自己的见解，点燃学生主动探索之火，引导他们与他人交流思想。再次，教师要把微笑带进课堂，让每一个学生都感到自己是被重视的、被关注的，从而缩短师生之间的心理距离，真正实现由“师道尊严”向师生平等的转变。只有有了积极、安全的心态，学生的学习热情才能高涨，个人思维才能活跃，人格发展才能和谐。

2. 变枯燥为情趣，给学生快乐的课堂生活

苏霍姆林斯基指出，“如果教师不设法使学生在情绪高昂和智力振奋的内心状态下学习，会给他们的脑力劳动带来疲倦。学习没有欢欣鼓舞的

心情，没有了兴趣，就会成为一种负担”。学生的学习过程往往伴随着个人情绪。觉得有趣，学生就学得积极、主动；反之，就学得消极、被动。我们的课堂应该努力创设良好的教学情境，变抽象为形象，变无味为有趣，使课堂产生一种魅力，让学生兴趣盎然地学，在自主学习中感受到课堂生活的快乐。有位教师在教学中要善于捕捉时机，恰当地创设情境，以激发学生探索新知识的热情，提高课堂教学的效率。

例如，在讲解“三角形中位线定理”时，如果平铺直叙地将定理教给学生，一般不太会引起学生的兴趣。有位教师在讲解定理之前，让学生动手在纸片上画出几个任意的凸四边形，然后要求他们把各边中点顺次连接起来，观察构成了什么图形。当学生看到，不管是怎样的凸四边形，结果都构成平行四边形时，既兴奋又惊奇，为什么会有这样的规律？他们非常想知道其中的奥秘，心理处于一种“欲求尚未得”的状态。利用这个时机，教师引入课题，道出这是“三角形中位线”的“威力”所致。教师利用学生强烈的求知欲，把学生引入一个新的境界，营造出快乐的课堂气氛，激发了学生探索新知识的愿望。

3. 变灌输为互动，给学生自主的学习权利

教学是学习主体（学生）和教育主体（教师，包括环境）交互作用的过程。新课程改革大力倡导自主、合作、探究的学习方式，进而实现师生、生生之间的交往和对话。在教学中，一方面，教师要以学生的发展为本，承认学生的主体地位，因为没有学生的积极参与，任何知识的学习都是无效的，学生的知识不是我们灌输进去的，而是学生在学习过程中通过主动参与、探索、自我构建获得的；另一方面，教师要更新观念，要作为教学活动中的普通一员融入学生学习，要为学生创设一个自主、合作、讨论、探究的课堂教学环境，并积极引导学生开展多种多样的活动。在活力课堂上，教师应成为深刻理解学生的观点、想法和情感特征的知音，与学生共同探索，形成“师生互动、情知互动”的新的教学模式。

例如，在教学“三角形的内角和定理”时可以鼓励学生通过观察、测量、折叠、剪拼等多种形式探求规律，让学生在宽松的教学情境中观察猜测、实验操作、相互讨论、合作交流、开阔思路、放飞思维，运用不同的方法，通过不同的途径，自主发现、总结出“三角形的内角和是 180°”的

正确结论。由于教师因势利导，指导学生参照不同的剪拼方法来探索定理证明的途径，因此学生表现出极大的探索热情，不仅获取了新知，同时学到了分析问题、解决问题、探索规律的方法，积累了数学活动的经验，提高了自主学习的能力。

4. 变预设为生成，给学生创新性学习的机会

赞科夫说："教学法一旦触及学生的情绪和意志，触及学生的心理需要，这种教学就会变得高度有效。"教学是一项有目标、有计划的活动，教学运行需要一定的程序，从某种意义上说，预设是教学的基本要求。正因为如此，许多教师都十分重视对教学模式的研究和教学方案的设计。但是，由于学生的思维各不相同，课堂上情况瞬息万变，无论教师怎样了解学生，他所设计的教案都不可能符合所有学生的实际情况，学生提出教案以外的问题是情理之中的事。这就要求教师必须提高课堂应变能力，时刻关注并捕捉课堂上师生互动中产生的有探究价值的新信息，重新调整教学结构，重组信息传递方法，把师生的互动和探索引向纵深，从而使学生有所发现、有所拓展、有所创新，促进教学的不断生成和发展。

【案例】

在一次数学课堂上，一位学生在解一元二次方程 $X(X+2)=3$ 时，给出如下的解法：$X(X+2)=1\times3$，$X_1=1$；又 $X(X+2)=(-3)\times(-1)$，$X_2=-3$。小组讨论时，同学都说他错了，但他肯定地说没错，同时列方程 $(X+1)(X-3)=5$，$(X+1)-(X-3)=4$，而 $5=5\times1$ 或 $(-5)\times(-1)$，于是得 $X+1=5$ 或 $X+1=-1$，最后得 $X_1=4$，$X_2=-2$。同学用常规解法来检验，的确都没错。数学老师感到很意外，这位学生的解法竟然是对的！他的解法很独特，于是老师拍了拍他的肩膀说："了不起，继续努力。"这句话鼓舞了在场的所有学生。这种情景是教师在备课时没有想到的；这就是学生创新思维的火花，需要教师的小心保护。因此接下来数学教师马上抓住教学的最佳切入口，改变原先的教学思路，让全班同学充分讨论这个问题，引导学生去探索、理解这类方程的特征，师生的双边活动达到了"创新性学习"的境界。

5. 变封闭为开放，给学生广阔的学习时空

美国教育心理学家布鲁纳说："对学生学习内因的最好激发是对所学

材料的兴趣，即主要是来自学习活动本身的内在动机，这是直接推动学生主动学习的心理动机。”现代课堂教学的发展趋势是由封闭走向开放，学生只有在轻松的开放式课堂教学中，才能充分地思考、研究和领会知识及技能。而开放，应是全方位的，总结起来有五点：（1）教学过程开放，教师不刻意追求课堂结构的完整，而把一堂课的学习作为学生整个学习生活（或者至少是某一思维阶段）的一部分，重视学生的学习过程及情感体验。（2）教学内容开放，教师既要冲破教材的束缚，能创造性地使用教材，又要在教材之外找“教材”，引进必需的信息和知识，走向社会。（3）学习形式开放，允许学生根据学习需要，或独立学习，或小组合作，或自找学习伙伴。（4）教学评价开放，教师不以先知先觉者自居，不对学生的学习指手画脚，而是与学生共同探讨评价的整体性、激励性、发展性等功能，促进学生的可持续发展。（5）学生思维开放，答案不要求统一，允许学生依据自身的知识、经验和思维，鼓励创见；积极引导学生大胆想象，展开求异思维，重视思维过程的展示，使学习成为一种富有个性的人的知识、能力、情感、人格的意义建构的过程。

总而言之，教师观念的转变必须与教学实践相结合。教师只有结合具体的教学方法，用心地反思、总结、探索教学过程，不断更新、改善自己的教学行为，才能提升教学水平，形成自己对教学现象、教学问题的独立思考和创造性见解；才能形成新型的教学观念，实施活动课堂教学策略，保障新课程的顺利实施；才能促进每一个学生的可持续发展，让课堂焕发生命的活力！

## 第二节　活力课堂基本教学策略的选择

活力课堂教学是由教师、学生、教学环境等要素构成的、综合的复杂生命教学系统。在活力课堂教学系统运行时，各要素相互制约，常常处于无序、混沌的状态。活力课堂教学策略的作用就在于平衡各要素执行计划的进度，揭示偏差以及指明纠正措施。活力课堂教学策略的实施机制要确立新的目标，提出新的计划，改变原先不良的教学系统结构，实现教学创新。

## 一、活力课堂教学的讲授策略

课堂讲授是教师运用言语和非言语手段向学生传播知识、技能、技巧的一种方式，也是中小学教师的一种教学行为。有效教学首先要探讨教师的讲授策略。

1. 课堂讲授的优缺点

讲授法的优点在于使教师有较充分的主动性，易于控制所讲授的知识内容，可使学生在较短的时间内获得较多的系统性知识。其优点概括为三个方面：经济有效，信息量大，接受效率高；教育作用全面；可控（制）性强，适用于那些事实性知识和规范性技能。

讲授适用于这些情况：短期内传递知识信息；解释说明较难掌握的教学内容；激发学生的学习兴趣；用某种方式向特定小组提供知识信息，使知识信息适应特定小组；介绍或解释用其他教学方法所完成的学习任务。

另一方面，教师要了解讲授的局限性。讲授主要是教师通过口头言语向学生传授知识、技能的教学方法，为单向交流，学生的主要任务是听教师讲、记笔记，其最大的缺点是可能压抑学生的主动性、积极性，因而常常被描述为不必要的、单调的、浪费时间的。有的学者认为，讲授时学生长时间坐着被动地听，很容易分心，从而影响讲授的效果。

为了使讲授的优势得到最大限度的发挥，教师要注意有效使用讲授的条件，恰当运用讲授，采用有效的讲授策略。

2. 讲授组织条理性的策略

（1）讲授思路的连贯性。教师要以一种快速推进的方式进行讲授，以使讲授顺畅、自然、连贯，没有思路的突然中断和缺乏关联的过渡。

（2）讲清教学内容的相关性。教师要揭示新授教学内容与学生已学知识、内容的异同之处，使它们关联起来，并将新授内容置于学生的知识结构中，让学生在此基础上改变原有知识结构，或者形成新的知识结构。一般而言，能学到的内容取决于学习者已掌握的内容。

（3）讲授内容的条理化。在黑板上采用标题、小标题、关联图、关联表、概要、斜体、着重号等方式使讲授内容条理化，使学生看起来一目了然。

（4）周期性小结或归纳。小结或归纳可以在一节课的讲授中进行，也可以在一节课结束时进行，还可在单元或整个一门课程结束时进行。小结或归纳可以使学生把知识组织成一个整体，从而形成系统化的知识。

（5）运用“先行组织者”进行支架式教学。“先行组织者”是奥苏伯尔1968年提出来的一个概念，实际上是指教师在讲授教学内容之前，如果认为学生的认知结构中缺乏可以利用的知识来理解这些新内容，便提供“先行组织者”（帮助学生理解的引导性材料），从而在新内容和原有知识之间架设一座桥梁，使学生理解这些难以理解的内容。在教学中，教师要在仔细研究学生和教学内容的基础上，提供适当的先行组织者，以帮助学生更好地理解、掌握教学内容。支架式教学是指在讲授时提供一个适当的概念框架，帮助学生理解教学内容，建构知识的意义。

3. 怎样使讲授清晰明了

清晰明了的讲授是指教师的课堂讲授十分清楚而不含糊其辞，能使学生清楚感知教学目的、清楚掌握教学内容。教育实践和大量研究表明，讲授得清晰明了被认为是有效教学的一个重要特征。教师要想清晰明了地讲授要掌握以下几点策略：

（1）减少讲授中的模糊和混乱。模糊是指教师讲授时表述不清，过多使用不确定的语言。模糊的表现：使用模糊的、炫耀的、不确定的语言；使用过度复杂或纠缠不清的句子；给学生的指示或指导常常导致学生要求教师再讲一遍。而混乱是指教师讲授时说错、停顿或过多使用口头语和混乱词语。这种混乱往往是由教师思维缺乏逻辑性和口头表达能力较低造成的。

（2）清晰地提出教学目的和要求。教师要清晰地提出教学目的、教学要求、教学任务。这样，学生才会知道在教学中要达到的目标，要完成的任务。教师对学生的教学指导清晰明了，学生才能清楚明确地了解教师对其学习活动的要求，按指令做好学习准备，开展学习活动。

（3）保证语言的准确、清晰。准确、清晰的语言可以使学生准确无误地理解教学内容，对教学内容有清晰、准确的印象，从而加深记忆。教师讲授教学内容要准确、科学、无误，避免使用过多的口语、停顿和模糊的语言，多用肯定性语言，少用或然性判断和模棱两可的语言。

（4）运用多种方法使讲解更清晰明了。通过使用范例、说明、提示等使教学内容形象化、具体化，使教学内容清晰明了；通过声调变化、停顿以及板书设计等强调重点；通过提问、答疑了解学生对教学内容的掌握情况。

4. 科学讲授

科学讲授是指讲授方法的科学性，表现为遵守教学规律和教学原则，讲授方法正确，教学目的清晰，重点突出。讲授的科学性能保证学生科学、合理、牢固地掌握教学内容。

教师要做到科学讲授应掌握以下几个策略：

（1）授课开始时要吸引学生的注意力。教师在授课开始时要引起学生的兴趣和注意，通过有趣、新奇的问题使学生关注并参与课堂教学。如果教师不重视吸引学生注意，在吵闹、混乱的情况下开始授课，必将导致教学的失败。

（2）明确教学目的、任务。授课开始时要对学生提出明确的要求和期望，告诉他们在课堂上应该怎样做；同时，要通过简述教学内容的价值让学生意识到本课所学内容的重要性，使学生全身心地投入学习。

（3）讲授中要突出重点、明确难点。对难点要尽可能解决，消除学生的误解和困惑；对关键和重要内容要讲清，让学生理解和掌握。

（4）恰到好处地结束一堂课。教师结束一堂课不要只受铃声或时间的驱使，而应该小结主要内容，归纳主要观点，建立与下次课的联系或过渡；要尽量避免对教学时间没有计划、匆忙小结或根本不总结归纳的错误做法。

5. 生动、热情地讲授

生动讲授是指教师在讲授时能运用生动形象的语言、丰富多样的非言语手段以及饱满的热情使讲授生动有趣、充满吸引力。热情讲授是指教师在讲授时能通过语言、情感、动作等展现出自己对学科、对教学、对学生的热情，使讲授充满感染力。

要做到生动热情讲授，教师要学习和掌握以下几点策略：

（1）运用心向诱导技术。心向是学生听讲的心理准备状态。心向诱导是指教师引导学生从心理上准备接收教学内容，主要表现为引发学习兴趣、唤起学生的注意以及使学生将注意和心神指向教学内容与教学活动。例如，教师用游戏法导入新课或者说明教学内容与学生学习、生活的关系，揭示教学内容的重要性，就可以达到心向诱导的目的。

（2）活化和具体化教学内容。教学内容是静态的、抽象的，学生学习这样的内容会感到枯燥、乏味，如果教师机械地呈现这些内容，课堂教学就会沉闷，没有吸引力。要想使课堂教学生动起来，教师应活化、具体化教学内容，将教学内容与学生的生活经验联系起来，将教学内容蕴含的思想、情感等揭示出来，形象地表达教学内容。

（3）展示教学内容的美。不管是自然科学还是社会科学都充满了美，作为科学浓缩和精华的学科内容自然也是美的。教师在教学中应善于发现、展示这种美，让学生体会这种美。

（4）运用生动的语言、多样化的表达方式。如果教师讲授时能充分运用手势、动作、眼神、表情以及语言等多样化手段，就能使讲授生动有趣，充满吸引力。

（5）运用幽默。在教学中，教师应该巧妙地运用幽默，使课堂充满笑声，营造和谐、愉悦的气氛，使课堂生动形象，富有吸引力。如某教师发现学生有抄袭作业的现象，便在课堂上对学生说："天工造物真是无比奇妙，即使是同一种类的东西也会千差万别，如一位哲学家说的，'世界上没有完全相同的两片叶子'。可这一次，我们班却出现了一个奇怪的现象，批作业时，我发现不少作业的'面孔'一模一样，这个眼睛睁不开，那个眼睛也睁不开，孪生姐妹也没有像到这个程度呀，请你们说为什么会这样呀？"学生先是有兴趣地听，接着有些紧张，最后大声笑着说："抄！"

（6）挑战性教学。挑战性教学是指以巧设悬念、精心设计问题、留下思维空间激发学生认知冲突的教学，是有一定难度的教学。要增加教学的吸引力，使学生感到教学任务既有一定难度又能够通过自己的努力完成，教师应选取与学生学习能力和学习基础相应的教学内容以及合适的教学进度，在教学中不断引发学生的认知冲突。

## 二、活力课堂教学中组织课堂讨论的策略

1. 什么是课堂讨论

课堂讨论是教师和学生之间、学生和学生之间有教育意义的、反思性的、结构化的团体交流。

(1) 讨论是交流。课堂讨论是熟悉的成员间（生生之间、师生之间）社会性相互作用的一种形式，是思想、观点、感情的沟通与了解。

(2) 讨论有教育意义。课堂讨论有明确的目的和指向性，为实现教学目的服务。

(3) 讨论是反思性的。课堂讨论鼓励学生批判性地、创造性地思考并讨论专题，提高认知水平。

(4) 讨论是结构化的。课堂讨论是在一个或多个组织者（教师或小组中的领导者）的组织、指挥下进行的，并按照一定的程序或步骤推进的。

(5) 讨论是团体的。多数课堂讨论是在几十个人组成的班级或者在几个人组成的小组进行的。

2. 课堂讨论的优缺点

课堂讨论有助于达成五个教学目标：促进学生对学科内容的掌握；培养学生解决问题的能力；促进学生的道德提高；促进学生态度的改变和发展；培养学生的交流技能。

课堂讨论不仅使学生获得了学科知识，促进了他们对教学内容的更深入理解；同时，使学生学会了怎样参与讨论，培养了学生的民主意识，促进了其认知、情感、交际能力的发展。

课堂讨论也有一些缺点。如采用讨论，教师就势必会放弃一部分教学职权，当教师难以控制教学进程时，有可能导致教学无序。另外，学校的课程一般着重于对事实和技能的掌握，讨论不如讲授法能更快达到这一目标。如果班级规模太大，也会给组织讨论增加难度。

3. 活力课堂讨论应提出适合的主题

适合活力课堂讨论的主题应该具备以下条件：

(1) 主题是需要学生学习和掌握的重要内容。与学生学习不相关的内容不能作为讨论主题。

（2）主题是学生有兴趣讨论的。讨论成功与否取决于学生的参与程度，也受到学生参与欲望的制约。主题即使十分重要，但如果学生不感兴趣、不主动参与讨论，课堂讨论就无法进行，自然也不能达到讨论的目的。例如，一位教师讲述了古罗马竞技场上斗士竞技相关知识后，问学生："为什么这些风俗在罗马盛行?"这样的讨论主题离学生的生活十分遥远，若教师没有适当引导，学生就没有兴趣讨论。

（3）主题是适合讨论的。适合讨论的主题既指讨论主题的难易适宜，又指讨论主题能引起争议，还指讨论主题明确。太难或过易的内容不能列为讨论的主题，结论明确、一目了然的内容也不能列为讨论的主题。为了确定适合的讨论主题，教师既要研究教学内容，从教学内容中精心选择讨论主题，也要研究学生的学习需要、兴趣、潜力，选择和确定他们感兴趣、有能力参与的讨论主题。

4. 活力课堂教学讨论应创建适宜的环境

适宜的课堂讨论环境对促进课堂讨论有至关重要的作用。怎样创设适宜的课堂讨论环境呢?

（1）培养学生参与讨论的愿望和动机。因为学生的动机和意愿是讨论成败的关键，所以教师要培养学生对讨论的兴趣，激发他们参与讨论的动机，使他们形成参与课堂讨论的意愿。

（2）对学生进行分组。讨论教学，除可进行全班讨论外，也可实施分组讨论。分组时，每组人数不宜太多，最理想的小组规模是5～8人。小组过大会因为学生参与讨论的机会减少而增加组织讨论的难度，导致讨论效果下降。分组可以根据学生的不同特征，适合每一个学生的需要。一般认为，运用异质（在学习能力、交流技能、学习成绩等方面不同）分组法比同质分组法更能使每个成员都有参与讨论的机会。

（3）采取适于讨论的座位模式。秧田式的座位模式是不适于讨论的。研究表明，如果小组成员彼此能够看见对方并能听到对方说话，那么他们就愿意与对方进行交流。进行课堂讨论，座位模式最好是圆圈式的，至少也应该是面对面的。这样，会便于所有成员参与讨论。

（4）创设支持性环境。为了鼓励学生在讨论时思考和参与，教师要创设支持性环境。为此，教师要以民主的方式组织或指导讨论，并要学会倾听，努力去理解学生所说，适时作出反应，不要不理睬或者轻易打断学生的话语。

（5）学会对学生在讨论中的贡献作出反应。教师要适时对学生的表现表示欣赏和支持，即采取非提问性的方法，如肯定、停顿、给予信号等，让学生感受到成功的喜悦，使学生发言更积极、更投入。

5. 活力课堂教学讨论应适时引导

在活力课堂教学活动中，教师要适时引导课堂讨论，这样可以确保讨论的方向性，使讨论紧紧围绕教学内容进行。教师怎样对讨论进行适时引导呢？

（1）不要让学生的讨论偏离讨论主题，当学生的讨论有偏离讨论主题的迹象或开始偏离讨论主题时，要及时引导，使讨论回归到讨论主题上。

（2）要及时处理讨论过程中的一些突发事件，如在讨论中出现意想不到的新问题、学生的情绪化语言或表现时，就需要教师及时处理，以减少这些突发事件对讨论的消极影响，确保讨论达到预期目标。

（3）明确学生参与率下降的原因。如果是讨论主题不适合，要马上换一个主题，因为简短快捷的讨论比起一个拖拉冗长的讨论更能吸引学生的注意力。

（4）提供新的、必要的知识信息。在讨论陷于僵局或学生长时间保持沉默时，教师要提供新的、必要的知识信息，或给予点拨和引导，再次激活讨论，保证讨论的顺畅进行。

（5）适时作简短的阶段小结或归纳。阶段小结或归纳可以明确讨论已解决的问题、形成的共识，也可以明确当前的任务，使讨论在当前的基础上向前推进；阶段小结或归纳还可以让学生明确在讨论中要注意的问题，并给予学生特殊指导。

6. 活力课堂讨论应鼓励参与

在组织活力课堂教学讨论活动时，教师应怎样鼓励学生参与？

（1）让学生都有发言的机会。在课堂讨论时，健谈者或成绩优秀者的发言机会较多，不善言谈的学生或学习落后的学生，可能不喜欢或不参与课堂讨论，对他们来说，发言是相当艰巨的任务。因此，教师应多为不擅言谈的学生创造发言机会，开始时让他们就一些不太难的主题发言，善于发现他们发言中的闪光点，并给予表扬或肯定，增强他们的信心。

(2) 鼓励学生作贡献。以认可、肯定、欣赏的心态对待学生在讨论过程中的反应，鼓励他们为课堂讨论作出贡献，保护他们参与课堂讨论的积极性，不要对学生的反应进行评估性判断，更不要轻易批评、指责学生。

(3) 教给学生参与讨论的技能。学生不参与课堂讨论，很可能是因为缺乏交流技能。所以教师要教给他们交流的技能，如何时发言、发言时间的长短、怎样倾听他人发言、怎样评价他人的看法、如何发表自己的看法等。

(4) 指导学生专注于讨论。在课堂讨论尤其是在小组讨论时，学生易脱离讨论任务，出现分心现象，所以教师要对讨论进行有效组织。

7. 科学地结束活力课堂教学讨论

科学地结束活力课堂教学讨论，有以下几种方式开展工作：

(1) 归纳或小结讨论。归纳或小结课堂讨论主要包括说明讨论解决的问题、得出主要结论、形成基本认识等。通过归纳或小结，学生对讨论内容进行梳理，复习主要内容，产生整体印象，使知识系统化。教师在归纳或小结的同时，要逐步培养学生进行自我归纳或小结的能力。

(2) 总结课堂讨论的得失或经验教训。主要指总结本次课堂讨论的成功之处、经验、教训。在进行这种总结时，教师应该尽可能采取肯定的方式，即以提醒、告诫而非指责的方式，让学生在后续课堂讨论中改进行为。

(3) 建立此次讨论与随后课堂学习、讨论的联系或过渡。以此次讨论引出以后的学习内容，给学生打下认识的基础。

(4) 将讨论内容或主要结论与学习目标和实际应用结合起来。将讨论与应用结合起来，体现讨论对达成目标、学生学习已经发生的作用，使学生产生成就感，强化学生继续参与课堂讨论的动机。

(5) 让学生总结。如果要让学生觉得讨论有意义，并学会独立学习，教师可以叫学生总结。例如，某教师在学生讨论后对学生说："请大家回忆一下我们的讨论，想想在讨论中你获得了什么。请看一下这张表格，它包含了一些你在挖掘内心体会时需要使用的词组，如'我学到了……''让我惊讶的是……''我开始在想……'等。请回顾一下我们的讨论，写下你的想法。”当学生用几分钟写出他们的想法后，教师再让自愿朗读其想法的学生朗读他们的想法，然后要求其他学生一起分享他的总结语。这种总结，使学生感到有趣，激发了学生参与的积极性。

## 三、活力课堂教学提问的策略

课堂提问是一种重要的教学行为，在教学中被广泛使用。

在丹阳市一次活力课堂竞赛中，在25节课上，教师共提问497次，平均每节课提问约20次，每2分钟提问一次；但与教师频频提问相反，由学生主动向教师提问的只有16次，平均每节课不足1次。另外，教师所提问题基本上是记忆性、重复性的，很少有理解性问题和创造性问题。从中可以看出，我们的课堂提问还存在一些问题。

我们给好课定的标准之一往往是教师不断提问，学生能对答如流，课堂上一问一答，热热闹闹，顺顺当当。因此，台湾地区的教师这样评价大陆的教师上课的优点和不足：优点是讲得清楚，讲得生动；不足是讲得太多，问得太多。美国教师听了我们所谓的好课后也感到疑惑不解：既然教师提出的问题学生都能完美地回答，而学生又提不出新的问题，那么为什么还要上这堂课呢？美国教师的疑惑值得我们思考，这个问题体现了中美教育在教学观念上的本质区别。那么，教师应该怎样向学生提问，提什么问题呢？

1. 明确提问的目的

活力课堂提问的主要目的为：

（1）鼓励学生思考、理解教学内容的价值。

（2）诊断和检查学生理解和掌握知识技能的情况。

（3）使学生复习强化已经学过的知识，回忆特定的知识信息或事实。

（4）管理性目的，即利用提问使教室安静，终止学生吵闹，吸引学生注意教学内容，对分心学生进行预防性警告。

（5）作为教师进行教学调整和改进的依据，教师可根据学生对问题的回答情况进行有针对性的教学。

（6）给学生回答问题的机会，让他们表达感情、观点等，使他们参与教学，避免教学成为教师一方的活动。

（7）鼓励胆怯、害羞的学生参与教学，培养学生的胆量。

提问要达到培养学生倾听能力、语言表达能力和分析能力的目的，教师在提问时首先应明确提问的目的。在课堂教学中，时间不同、教学内容不同、对象不同，提问的目的就可能不同。

2. 选择适当的问题

（1）选择问题的类型。内容性的问题需要学生直接运用教学内容作出回答，正确答案是教师事先知道的。提问内容性问题也称聚合性提问，目的是检查学生对教学内容的理解和掌握情况。过程性的问题要求学生运用教学内容创造性地形成自己的解释和说明，答案是多样的，是在教师和学生的问答中逐渐形成的问题。过程性问题也称发散性问题，提这类问题的目的是鼓励学生思考和解决问题，提高他们的思维能力和解决问题的能力。

（2）选择问题的难度。教师必须研究学生的基础、能力和水平，使问题的认知复杂性与其匹配，即提适应性问题。适应性问题是学生感到有能力回答的、有兴趣回答的、准备问答的，因而学生也会去主动回答。

（3）选择清晰明了的问题。教师所提的问题要简洁明了，问题不要包含复杂术语，问题的表述方式要与学生的理解水平适合，不使他们在理解上感到模糊。另外，教师一次不要提一连串问题，一旦发现问题不清晰，就要再复述问题或变更表述方式，使学生把握问题的主旨和内容。

（4）选择学生感兴趣的问题。教师所提问题要与学生已有的知识体系相矛盾，造成他们认知失调，以唤起他们强烈的求知欲望，激发他们的学习兴趣；要发人深思，以引起学生强烈的反应和积极的思索；要能激发学生的好奇心，以使他们为解开疑团努力搜索信息；要能抓住学生情感上的矛盾，调动其探究的热情。

（5）选择促进教学的问题。提问是为了促进学生对教学内容的学习，所提问题必须与当前的教学活动、教学内容相关。如果教师不精心从教学内容中选择问题，为追求课堂教学气氛的表面活跃或过多针对课堂组织提问，就不能达到提问的目的。进行这种提问，要求教师深入研究教学内容，从教学内容中精选问题。

（6）根据教学进程选择问题。课堂教学一般分为开始、中间和结束三个阶段。教学开始阶段重点应提能引起学生注意、了解学生心理准备的问题；中间阶段应重点提检查学生知识技能理解掌握情况、刺激学生认知能力发展的问题；结束阶段重点提复习、小结、归纳教学内容和巩固、加强、深化学生对教学内容理解的问题。

（7）选择教师能够回答或知道怎样回答的问题。教师所提问题应该是自己能够正确回答的，即使有些问题教师不能正确回答，但至少应该知道怎么去正确回答，并能预见正确答案。如果所提问题教师既不能回答，也不知道怎么去正确回答，那不仅会误导学生，甚至会使学生形成错误的认识。

（8）避免提四类问题。格拉伊塞尔指出，提四类问题无任何效果，教师应该尽量避免。一是“与否”问题，这类问题鼓励学生猜测，分析含量低，学生对这类问题的回答并不能说明他们是否真正理解了学习内容。二是追问，教师常常在学生回答问题停顿或回答不完全时提这类问题，使学生很难回答出来。三是假设问题，这类问题要求学生对问题进行猜测或推论，有可能导致学生不经思考妄加猜测。四是反问，反问的答案是显而易见的，没有提问价值。

3. 学会叫答艺术

活力课堂教学中的叫答是一门艺术，教师应在教学实践中熟悉并掌握这一门艺术。

（1）留下等候时间。适当等候可以增加学生对问题作出反应的思考时间，提高反应的复杂性和认知水平。心理学家建议，教师提问至叫答的等候时间，低水平问题为3～4秒，高水平问题约为15秒。教师在提问时一定要注意留出适宜的等候时间。

（2）提问后再叫学生回答。这是有效提问的最起码要求，也是教师应该熟知的常识。先提出问题，一定的时间后，再叫学生回答。如果采取错误的做法，即先叫学生，再提问题，不仅会使学生因没有时间思考而回答不了问题，而且会使学生紧张、焦虑，并因回答不了问题而感到难堪。

（3）给学生同等机会回答问题。研究表明，在提问时，教师不经常叫学习落后者回答问题，倾向于频繁地叫自己认为能干的学生来回答问题。一项研究发现，一个有55名学生的班级，在三节课中，共有56次回答问题的机会，回答56个问题的学生基本重合为16名相对固定的学生，占班级人数的34.5%，其他39名学生几乎不回答问题。

在活力课堂教学过程中，授课教师叫答后应对学生采取怎样的支持性措施？

（1）给以提示。当学生的回答偏离问题或教学方向时，教师应该在不伤害学生自尊、不抑制其积极主动性的前提下，通过暗示、提醒、引导、点拨等方式，使其回答围绕问题，指向问题的正确答案。

（2）教师要认真倾听。教师认真倾听既是尊重学生的表现，又可了解学生对知识的掌握情况、回答问题的思维过程，以便开展有针对性的教学。同时，教师应要求其他学生认真倾听，并使他们意识到自己在任何时候都有可能被要求补充完善答案，从而增强他们参与回答问题的责任感。

（3）在学生回答时要通过非评判性的反馈方式，运用语言（如“继续说”“这一点是对的”“不错”“很好”等）和非语言手段（眼神、表情、姿势等）鼓励犹豫不决、吞吞吐吐的学生。对学生的回答，只要不是原则性的错误，都应予以肯定；对于学生出现的原则性错误，应在肯定其合理性的基础上帮助其分析错因。

（4）在教学中应用或反复提到学生回答问题时的观点，以使学生看到自己对教学的贡献，产生成就感和自豪感，强化学生回答问题的动机。

## 四、创建活力课堂环境的策略

课堂环境包括课堂心理环境和课堂物理环境，前者主要表现为课堂气氛，后者包括课堂的座位安排、室内布置等。

不良的课堂环境妨碍学生的学习。不良的课堂环境以混乱、无组织、无纪律、冷漠、不友善、恐怖为特征，充满讽刺和敌意，不利于学生学习。比如，恐怖的环境会使学生在强迫下学习，冷酷和严厉的控制会使学生因害怕失误而不愿进行探索性学习。

优良的课堂环境促进学生学习。优良的课堂环境以温暖、支持、愉悦为特征，这样的环境鼓励学生学习。比如，在学生认为的凝聚力更强、目的方向更明确和组织性更强的班级，学生的成绩都一致更好。

教师要努力创建良好的课堂环境，比如，没有威胁的、有秩序的、师生关系温暖友好融洽的、合作的、学生对学习负责的课堂环境。教师要重视形成融洽和谐的师生关系，关注、尊重学生，分析和满足学生的心理需要，使学生亲其师、信其道、乐其教。

1. 创建安全的活力课堂环境

安全的课堂教学环境是教学充满生命活力的一个必要条件。只有在没有威胁和恐惧的课堂里学习，学生才能学得有信心，才能学得有朝气，才能学得更好。当代教育学倡导生态教学，就是要求教师在教学中为学生建构起安全的心理环境，保持学生的心理平衡，使学生在自然状态下学习和发展。教师要进行生态教学，其对策之一是创建安全的课堂环境。

根据美国心理学家马斯洛的需要层次理论，在人的需要中，安全需要是较低层次的需要，只有满足了人的安全需要，才能促使人产生尊重、求知、发展和自我实现的需要。在课堂教学中，教师只有创建安全的课堂，使学生有充分的安全感，才能满足学生的安全需要。

安全需要的满足是学生产生轻松、愉悦心理环境的必要条件，是建立师生融洽关系、相互信任和支持的基础。学生只有在安全需要满足后，才会产生求知问学和自我实现的需要，才会产生对学习的热爱和追求，进而形成积极的学习态度和不断探索的精神。因此，教师应该做到以下几点：

（1）杜绝学习上的恐吓和威胁。在课堂教学中，如果学生过分担心因不能根据教师的要求思考、不能正确回答问题、不能适当地参与课堂讨论、不能正确完成课堂作业等，被教师批评、讽刺、训斥、指责和被同学嘲笑，那么他们就会提心吊胆，处于恐惧、焦虑之中，毫无安全感，不能专注于学习。

（2）降低班级同学间横向比较和分数报告造成的压力。在现行的课堂教学中，教师习惯于根据学生的学习情况进行同学间的横向比较，公布考试分数和名次，并对落后学生进行批评，使他们感到压力大、紧张、难堪，认为课堂是痛苦之源，并进而讨厌课堂学习。

（3）预防来自非教学场合的恐吓和威胁。在班级里如果没有同学间的友爱、关心，学生得不到温暖，感到被班级排挤、孤立，甚至遭遇校园伤害或暴力，都可能导致学生认为课堂没有安全感，并为寻找安全而远离课堂，出现逃学行为。

（4）倡导适度竞争。在活力课堂教学中，同学间的竞争虽然可以激发他们的学习积极性，但一般而言，竞争是压力之源，也是同学间互相嫉妒的导火线，过多的竞争，特别是考试成绩的竞争，会导致学生紧张，产生压力，并会使学习落后者或竞争失败者产生挫折感。

2. 创建有秩序的活力课堂环境

活力课堂环境应该是井然有序的。在活力课堂教学中，教师要引导几十名学生在课堂上进行探究性学习，怎样把这几十个人组织好，对教学效果有重要影响。因此，教师应努力做到：

（1）有条不紊地教学。教师的教学计划不周全，教学活动组织安排不合理甚至混乱，必然导致课堂的混乱和无序。在课堂教学中，教师要对教学活动合理规划，要根据教学计划有条不紊地组织学生的活动和师生的交流，安排好各教学环节的过渡和衔接，避免因过渡不当而引起混乱。

（2）加强课堂管理。课堂教学中的纪律问题、学生的破坏性行为、教学中的突发事件等都是导致课堂秩序混乱的干扰因素，吵闹和噪音也会对课堂秩序的维持产生消极影响。为此，教师要采取有效的课堂管理策略，将课堂管理得井然有序，避免出现混乱。

3. 创建愉悦的活力课堂环境

愉悦的活力课堂环境是指课堂环境能带给学生欢愉、快乐、幸福等感受。活力课堂应该是令学生愉悦的地方，是能给学生带来兴奋、舒畅、满足的场所。愉悦会产生积极的心理体验，会使学生向往参与课堂活动，热爱课堂，把课堂看成他们的快乐之源。

情绪活动能影响理智活动的效率，愉悦的课堂使学生处于放松状态并产生积极情绪，使他们思维活跃，敢想、敢说、敢问、敢做，能最大限度地调动他们的心智，挖掘和发挥他们的心理潜能，大大提高他们的学习效率。

教师创建愉悦的活力课堂环境，要在课堂上强调几个细节。

（1）帮助学生在课堂上显示自己的能力。这表现为：接受或容忍学生的失误；使学生确立成功的自信；让学生看到进步；为学生服务课堂教学创造条件（回答问题、帮助他人、检查作业）。

（2）让学生因得到正面评价而愉悦。这表现为：要告知学生教师鼓励和欣赏学生的什么行为、对这些行为有什么看法、这些行为有哪些积极效应。教师在课堂教学中要善于发现和体察学生的进步、成就、能力、创新、灵感等，并及时给予认可、欣赏、赞美、表扬等正面评价。这样，会使他们形成胜任感、有能力感、满足感，从而产生满足、愉悦的心理。

（3）让学生因取得成功而愉悦。在活力课堂教学中，教师要设立有挑战性但不使学生丧失勇气的教学目标，使他们能取得学习的成功。教师设定的教学目标要让70％～80％的学生都能够达到，布置的教学任务也要有70％～80％的学生能够完成。同时，教师应以适当的方式奖励或肯定学生的成功。

4. 创建师生关系融洽的活力课堂环境

师生关系融洽的课堂环境是师生相互尊重、关爱并形成有效互动的课堂环境。

建构主义教学理论认为，知识是人的心灵在与外界客体相互作用的过程中生成的。教师和学生分别以自己的方式建构对世界的理解，教学过程就是教师和学生合作建构对世界的理解的过程，而不是客观知识的传递过程。这就要求在教学过程中建立平等的师生关系，创建师生关系融洽的课堂环境。教师创建师生关系融洽课堂环境的策略主要有：

（1）理解学生。师生误解是导致师生关系对立或冲突的直接原因。教师要消除或缩小双方在教学内容把握和理解上的差异，通过加强沟通、减少分歧增进共识；消除或缩小双方对课堂问题、学生学习失败原因认识上的差异，在协商、交流、沟通的基础上达成共识。另外，教师要多进行换位思考，从学生的角度思考问题，通过移情和关爱真正理解学生。

（2）尊重学生。在活力课堂教学中，教师要尊重学生的尊严和个性，尊重学生的主动性和创造精神；要了解学生的兴趣、爱好、学习风格、认知偏好、个人愿望和选择，给他们适当的空间，不要过多限制和束缚他们的自由。

（3）信任学生。教师的信任和期望是一种力量，能对学生的学习表现和成绩产生重大影响。在日常教学中，教师要坚信学生能进行自我管理，遵守课堂纪律，承担学习责任；要把学习的主动权交给学生，给他们留出独立、自由、创造性学习的空间。

（4）关爱学生。爱使教育更有力量。在活力课堂教学中，教师要把学生视为朋友，与其建立真诚的友谊；要平等地对待学生，不居高临下；要为了促进学生的学习和发展全身心投入教学；要体谅学生，及时帮助学生解决学习中的难题。

（5）与学生交流。交流是传递信息、沟通情感、消除误会、增进理解的有效方式。在课堂教学中，教师要以交流为基础，与学生建立融洽友好的关系，要主动与学生交流，邀请学生参与教学，对教学作出贡献。

5. 创建合作的活力课堂环境

合作的活力课堂是师生相互配合、共同努力去完成教学任务和实现教学目标的课堂。课堂不是教师表演的舞台，而是师生交往互动的场所。教学是一种智力活动，教学目标的实现需要教师的启发、点拨、激励，需要师生的合作。教师和学生只有在课堂上相互协调、高度合作，才能使课堂教学既有活力又有效率。

教师要创建合作的活力课堂环境应采取以下策略：

（1）提高学生对合作重要性的认识。只有当学生意识到参与活力课堂教学、与教师合作的重要性后，他们才会产生合作的意愿和动机，也才会主动积极地融入活力课堂教学中，在课堂上充分发挥自己的作用，为活力课堂教学的成功作出贡献。

（2）给学生合作的机会。教师要多请学生解决问题，多给他们发表意见、表达观点、展现才华、贡献思想的机会。这样，不仅会增加学生参与活力课堂教学、与教师合作的可能性，还会激发学生参与和合作的动机，调动他们的学习积极性。因此，教师不要在活力课堂上唱独角戏。

（3）认可、强化学生合作的贡献。对学生与教师合作所取得的成就和学生在活力课堂教学中对教学的贡献，教师要能及时发现，并给予认可、鼓励，以强化学生的合作行为。

（4）教给学生合作的技能。合作学习技能主要包括思考问题、寻求解决办法、观点分享、协调分歧等。合作学习技能对保证教学任务的完成有重要作用。社会性合作技能主要包括倾听、交流、合作、解决问题和冲突、建立团队等。社会性合作技能对建立和维持课堂秩序、营造合作的课堂气氛有重要作用。

6. 创建学生对学习负责的活力课堂环境

(1) 增强学生的学习责任意识。教师应通过信息交流，传递学生是学习的主人、学习是学生主动建构的过程、学生是否对学习负责对学习成败至关重要的信息，强调学生自己的学习意愿、学习动机、学习努力程度和学习方法决定学习的效果，增强学生的学习责任感。

(2) 对学生的学习寄予较高且现实的期望。合适的期望能激发学生的学习动力，增强其责任意识。

(3) 赋予学生管理自己学习的责任，教学生作出决策。应该让学生意识到，在课堂教学中是他们自己在不断作出其课堂学习和课堂行为的决策，他们在作决策时有多种选择，应让他们了解每一选择的结果，以便帮助他们作出更好的选择。

(4) 及时否定或制止不负责任的行为。在课堂上，学生不专心于学习任务并干扰教学的问题行为，是不负责任的表现。当出现这些行为时，教师应及时、坚决地予以否定或制止。

## 五、活力课堂教学的激励策略

活力课堂教学是教师和学生共同参与的活动，教学效果不仅取决于教的质量，也依赖于教师在多大程度上激发了学生的学习动机并促使他们参与了教学。

西方谚语说："你可以把一匹马牵到河边去，但你不一定能使其喝水。"同理，科学的课程和好的教学非常必要，但并不能充分保证学生学好，实现教学目标。如果学生注意力不集中而且努力不够，他们就学不到任何东西；如果学生注意力集中，其学习努力程度取决于他们是否有学习动机。

活力课堂教学激励策略可帮助教师在教学中激发学生的学习兴趣，调动他们的学习积极性，使他们主动参与教学活动。

1. 提出挑战性要求

当人面临问题并需解决问题时，会体验到心理不适，产生解决问题、消除认知失衡的欲求，其思考问题、解决问题的兴趣就被激发起来。在活力课堂上，学生认知失衡出现在他们面临有一定难度或挑战性的教学要求时，出现在他们有好奇心、求知欲以及对疑问想弄清楚时。

这时，教师首先要向学生提出难易适度的教学要求，通过提出问题、设置悬念等引发学生的认知失衡，从而激发学生的学习兴趣，调动他们的学习积极性；其次，教师的教学要集中在学生的最近发展区，通过有效的授课、指导和反馈帮助学生达到富有挑战性的教学要求。

2. 让学生体验成功

在活力课堂中，教师要让学生认识到，他们能通过自己的行动得到想要的结果，能够成功地完成学习任务，让他们看到自己的能力，相信自己的能力，同时以成功的信念和成功的经历去培养和提升其自我效能感。(1) 培养学生的成就动机。成就动机强烈的个体，会更加努力地去追求成功，也更有可能取得成就。因此，教师要向学生说明取得成就的价值，告诉学生为什么要追求成功，使学生欣赏成功、渴望成功。(2) 满足学生自我实现的需要。由于追求成就属于自我实现需要，所以教师应通过让学生取得成就来满足他们自我实现的需要。(3) 创设使学生取得成功的机会。教师要多给学生体验成功的机会，比如，让学生回答问题、提出观点、完成课堂作业、创造性地对课堂教学作出贡献、扮演小先生、获取优异成绩等，这样的机会能强化学生的学习动机。(4) 教学生取得成功的方法。教师要教给学生独立完成学习任务的学习策略，为学生有效学习提供帮助，支持学生高度投入学习过程，要求学生遵守课堂纪律和专心于课堂学习。(5) 期望、鼓励和欣赏学生的成功。教师要让学生知道，教师期望他能取得成功，鼓励他取得成功，欣赏、表扬、肯定他的成功。

3. 正确分析学生成败的原因

学生对其课堂学习成败原因的看法会直接影响他们的学习动机。在课堂教学中，当学生把其成功归因于努力而将其失败归因于缺乏努力或努力不够时，他们的学习动机就更容易被激发出来。

在活力课堂教学过程中，教师要教学生正确分析成败的原因，把成功归于充分的能力和合理的努力，把失败归因于努力不够和策略不当等个人可以控制的因素，从而激励学生通过努力和采取适当策略来取得成功。如果学生把失败看成不可改变的，那将会打击他们的积极性，使他们丧失信心。教师要引导学生把失败看成通向成功的必经之路，增强学生的抗挫折能力。

4. 提供合适的教学内容

(1) 提供有价值的活力课堂教学内容。教师要充分发掘并向学生说明教学内容的价值，使学生真正懂得所学内容是有意义的、有价值的，从而产生强烈的学习动机。

(2) 提供有趣的活力课堂教学内容。求新好奇是人们的共同特点，学生也有这种心理。因此，在教学中，教师应提供有趣、变化、新颖的教学内容，也可以通过设置挑战性问题、建立知识链、进行知识类比等手段将教学内容趣味化，吸引学生的注意力。

(3) 提供与学生生活体验相关的教学内容。当学生意识到他们所学内容与其日常生活相关时，其学习动机就会更强烈。

【案例】

师：《次北固山下》诗中“海日生残夜，江春入旧年”两句，一直是为人称颂的名言佳句……

(教师还没说完，教室里已嘘声四起。当时，我注意到了这位年轻老师的紧张、尴尬。说实话，我真为她捏了一把汗。我有理由相信，她在课前应该没有想到学生会“背叛经典”。此时，众学生似乎并不顾及老师的感受，仍然小声议论)

生1 (不等点名，便倏地站起)：老师，我觉得诗中“客路青山外，行舟绿水前”写得更好。

生2 (争抢状)：我更喜欢“乡书何处达，归雁洛阳边”两句。

师 (震惊，控制不住了)：你们何出此言呢?

(教室里突然像炸开了锅，学生你一言我一语……教师发现“收”不住，便示意学生自由发言)

生3 (与生2同小组)：我们认为“乡书何处达，归雁洛阳边”更好。因为这句话要表达一种思乡之情，可作者并没有直接诉说他如何如何思乡，却用“归雁”这一具有特定含义的事物来表达对家乡亲人的思念。

师 (干脆面带笑容地追问)：你能说说“归雁”的特定含义吗?

生3：古代文学中大雁是传递书信的一种鸟，文中还特别指出这“雁”是“归”之“雁”。作者现在正在远离故乡的镇江，看到大雁都回乡了，心里自然而然就会流露出一种思乡之情，言简意丰。

师：你讲得非常精彩，大家还有不同的看法吗?

生1（唯恐落后）：他讲得有道理。我来说说“客路青山外，行舟绿水前”的好。首先，在这一联中作者运用了对仗，而且色彩鲜明，“青山”“绿水”给人以美的享受。更为重要的是，这一联中的“行”字给人很悠闲的感觉，稍加想象，我们眼前就会浮现出一幅图画——诗人站在徐徐前进的小船上，观赏着两岸的风光。

师：你说得如此细致，想象力真丰富！其他同学呢?

……

（那节课的预设内容没有完成，让学生给“岔”了。课堂像一节脱离预定轨道的列车，不受任何人的控制。不过，我们也发现，就是这样一节没按预设推进的课，带给了这位年轻老师诸多意想不到的精彩）

①教师从学生的问题出发，及时调整教学进程，而不是生硬地牵着学生的鼻子走，把更多的主动权还给了学生。

在新课程背景下，教师需要树立这样一个理念，即课堂是动的、活的、富有个性的，不存在一模一样的课堂。正如同“一个人不可能两次踏进同一条河流”一样，教师也不可能两次“踏进”同一个课堂。课前的“预设课堂”和45分钟的“即时课堂”不可能是“同一个课堂”，教师要根据当时变化的情境，随时调整课堂节奏和内容。真正有活力的课堂应该出现种种“想不到”的情况，如果课堂的一切都在教师的意料之中、掌控之内，那么课堂就没有了生命的活力，课堂也会陷入压抑、沉闷的气氛。

②教师让学生自主选择学习内容，尊重其主体阅读的权利。

真正以学生为主体的阅读活动，其宗旨就在于充分调动学生的阅读兴趣，在教师主导的和谐配合中，使学生创造性地开展阅读活动，培养学生主体阅读的能力。案例中这位教师在引导学生赏析诗歌名言佳句的过程中，以几位学生的“不同意”为契机，因势利导，充分尊重了学生主体阅读的权利。她不是机械地教授，而是顺着学生的思路，引导他们感悟、欣赏自己最感兴趣的部分，“教”充分服务了“学”。

《教育学》一书曾指出，“素质教育的重要内容之一是让学生主动发展”，“教学过程就其本质而言，是在学生获得知识技能的同时，实现个性心理品质全面发展的认知过程”。如此灵动的课堂，凸显了学生的主体地位，能够让他们在快乐和兴趣之中提高语文素养。

5. 进行形象生动的活力教学

形象生动、充满吸引力的活力教学表现为多种形式。研究表明，形象生动、充满吸引力的教学能激发学生的学习兴趣并带来理想的教学效果。例如，教师充满激情的教学能强化学生的学习动机，促使学生取得更好的学习成绩。

为使教学更形象生动，教师应做到：(1) 运用灵活多样的活力教学方法；(2) 组织形式多样的活力教学活动，如讲授、提问、角色扮演、演示、说明、课堂作业、当堂测试、评论教学内容等；(3) 充满激情地讲授；(4) 充分运用非言语手段和言语手段；(5) 巧用幽默。

6. 及时对学生的学习进行反馈、给予奖惩

行为主义的动机理论认为，个体的行为可以由于外来的强化而得到增强。在教学中，强化有助于学生欣赏自己的成功、发展积极的自信心、增强学习动机并形成成就感。将这个理论运用到教学中，就表现为学生学习的外在动机对学习的促进作用。按照这一理论，为强化学生的学习动机，教师在教学中要及时对学生的课堂学习行为进行反馈，对所期望的行为给予奖励，而对非期望行为予以惩罚。对学生的学习给予奖励要范围广、公平、多样化；同时，奖励要有选择性，教师要将外在奖励和内部奖励结合起来。

7. 满足学生的情感需要

一个人在一个集体中能感受到别人的重视、关心和支持是一种积极的动机力量，会促使这个人产生对集体的归属感，产生对完成学习任务的强烈动机和对学习的重视。

对于学生来说，学习动机来自其内心。学生在班级中期望与老师、同学交往，期望有归属感，期望得到班级成员的认可和尊重，与班级成员建立融洽的关系，这些情感需要是学习动机最基本的源泉。如果在课堂上学生的情感需要，特别是交往需要、归属需要、尊重需要能得到满足，他们的学习动机就会更强烈。

## 六、活力课堂中运用教学非言语手段的策略

运用非言语手段指在教学中教师用手势、姿势、眼神、表情、空间距离以及辅助语言和类语言等手段，配合、辅助教学，达到提高课堂效率、获得理想教学效果的目的。在课堂教学中，教师主要是运用言语手段进行教学的，为了更好地实施教学，教师还应用非言语手段配合、辅助教学。

研究活力课堂教学，应该探讨教师运用非言语手段辅助教学、提高课堂教学感染力的策略。

1. 遵循运用非言语手段的基本要求

（1）目的明确。教师必须明确运用非言语手段的目的是为教学服务和辅助教学。

（2）形式匹配，频率适当。非言语手段的形式与教学需要应具有一致性，如讲授时更需要教师用面部表情和辅助语言来增强讲授的生动性，讨论时更需要教师通过空间距离的变化和姿势等鼓励学生参与讨论。过频运用非言语手段，如声调不断变化、注视太频繁、动作幅度过大、手势太夸张等非但不能达到增强教学感染力的效果，反而会分散学生的注意力，并给学生留下轻浮、做作、过度表现等不良印象。

（3）减少差异，增加共识。由于师生的经验、经历、背景等方面的不同，师生在非言语行为理解上可能会出现差别，进而影响教师非言语手段的教育效应。如教师鼓励性的眼神被学生理解为警示，不悦的表情被学生理解为求助，肯定的手势被学生理解为强调，等等。因此，教师要尽量确保非言语行为和言语行为的一致性。心理学家艾克孟发现，通常情况下，如果口头语言行为和非言语行为相矛盾，那么能反映真实心理的是后者，而此时的口头语言行为仅仅构成装饰性的面具。在教学中，教师要使非言语行为和言语行为尽可能一致，使非言语行为服从、服务于言语行为。

2. 科学运用非言语手段

非言语行为受到以下因素影响：环境因素（环境的结构属性对交流的影响）、接近度（对社会空间与个人空间的利用和理解）、人体动态学（手势、姿势、眼神和面部表情对交流的影响）、感觉的传递（包括触觉、味觉、嗅觉和听觉）、辅助语言（讲话时伴随出现的非言语特征，诸如音调、

音量、节奏、强度、插入音和停顿等)、体格特征(不同体态、引人注目的程度、身上气味及头发和皮肤颜色等)、修饰打扮(诸如服饰、珠宝及各种漂亮的饰品)。

(1)运用空间距离和身体接触。人类学家爱德华·霍尔在《无声的语言》中指出,日常生活中人与人之间的空间距离既可反映交往双方的关系,又可影响交往效果。他将空间距离分为四类,分别为亲密距离、个人距离、社交距离和公共距离。心理学家的最新研究发现,交往过程中交往双方所保持的距离不同,交往也会有不同的背景,交往的效果不同。

①与学生保持近距离。在课堂教学中,教师与学生的空间距离越接近,越容易营造融洽、和谐的气氛。学生更会感到自己处于课堂活动中,愿意更多地参与课堂活动,更多地做笔记、发言和注视教师。

②根据不同的学生选择不同的距离。不同对象对空间距离的要求是有差异的,教师要善于根据不同对象选择适当的空间距离。由于学习能力较差的学生喜欢教师讲课时站在他们中间,而能力强的学生则喜欢有一个较自由的学习空间,所以教师教学时可以离优秀学生远些,而离落后学生近些。社会心理学研究表明,在人际交流中,男性的交往圈较大,而女性更需求友爱和情感关怀,因而更喜欢较小的空间距离。

③借助得体的身体接触。心理学家发现,每一个人都有被触摸的需要,从出生开始,就有与温暖、松软物体接触并体验到愉快舒适的本能。科学家帕斯曼(1975)通过严格的实验研究发现,人不仅对舒适的触摸感到愉快,而且会对触摸对象产生情感依恋。由此可见,触摸可提高人与人之间感情融洽的程度,是感情交流的重要形式。

(2)运用手势和身体姿势。手势指手的各种动作。身体姿势也叫体态,包括身体运动时的姿势(动姿)和身体静止时的姿势(静姿)。

①恰当运用手势。对课堂教学的研究发现,在教学中运用手势有助于合作接纳性课堂风格的形成。适当的手势与热情相关,如初中生喜欢常有微笑并频繁运用手势的教师。同时,教师运用手势可以反映其投入教学的程度。

②身体探向学生。接近学生的教师喜欢表现出无拘无束的姿势,并往往将身体探向学生。喜欢把身体探向学生的教师往往被学生视为是欢迎学

生、关心学生和喜爱学生的教师。

(3) 运用眼神接触。社会心理学家认为，在人际交往中，眼神可实现各种情感的交流，直接调整和控制交往双方的意愿，传递肯定或否定、提示、告诫、监督等信息。有经验的教师往往用眼神接触来控制课堂气氛，提醒学生课堂的进程，也用眼神接触监督学生。

(4) 运用面部表情。在活力课堂教学中，教师可以通过丰富的表情传递喜欢与厌恶、赞美与蔑视、关注与忽视、热情与冷淡、高兴与悲伤等各种情感信息，教师的面部表情还能体现教师对学科和教学的热情，并影响学生对学科的热爱、关注和学习的投入程度。

(5) 运用辅助语言和类语言。辅助语言包括声音的音调、音量、节奏、变音转调、停顿、沉默等。与辅助语言相关的是类语言，类语言是指那些有声而无固定意义的声音，如呻吟、叹息、叫喊等。辅助语言和类语言具有强调、引导等功能，可以表达言语本身不能表达的意思。

教师的辅助语言应多样化、丰富化，并能根据教学情境灵活使用。有生动语调的教师更受学生爱戴。另外，教师也不要用太高的声音讲课。因为低声的教师常被学生认为能更好地控制班级。

在活力课堂教学中，教师还应适当地运用沉默或停顿，因为不管在什么时候，也不管在什么情境，沉默或停顿都有特定含义，可作为引起注意、控制课堂的手段。

总之，要使课堂充满活力，策略有很多，但总的思想是要“让学生成为学习的主人”。在教学过程中，遇到意想不到的情境，教师要因时而变、因情而作，发挥自己的教育智慧，处理好生成发展的课堂，积极实施活力课堂教学策略。

## 第三节 活力课堂教学策略实施的条件

当前的基础教育改革是在观念、内容、目标、方法、管理与评价等方面的变革，是一场在基础教育领域内最为深刻的变革。教学改革的关键是提高教师的整体素质，主渠道是创新课堂教学。新课程将改变学生的学习生活，新课程也将改变教师的教学生活。新课程中的学生会在主动参与、乐于研究、勤于动手的过程中，逐步形成分析和解决问题的能力以及交流与合作的能力。随着这些能力的形成，他们人生的轨迹也将发生变化。

丁肇中说："不要教死知识，而授之以方法，打开学生的思路，培养他们的自学能力。"苏霍姆林斯基说："如果学生愿意学习而不会学习，就应当帮助他，哪怕前进很小的一点。"斐斯泰洛齐说："教学的主要任务不是积累知识，而是发展思维。"赞科夫说："只懂得传授知识，不懂得发展学生思维能力的教师，是不完全的教师。"

在构建活力课堂运行机制时，教师会认识到课堂教学不是教师教学行为模式化的场所，而是教师教育智慧充分展现的场所。教师要积极实施活力课堂教学策略，发挥自己的教育智慧，使课堂充满活力。

## 一、教师的心理成长是实施活力课堂教学策略的基本条件

在活力课堂教学中，作为学生学习的组织者和促进者、参与者、合作者、课程资源的开发者，教师在组织学生开展学习活动的过程中，自身的求知需要、交往动机、求知兴趣、注意品质、感知觉敏锐性、记忆力、想象力、思维能力、意志品质、元学习策略、合作能力、工作生活热情等都会发生积极的变化。与此同时，活力课堂教学策略的实施要求教师具备较高的心理素养，主要包括以下几个方面。

### 1. 求知需要

需要是人心理在某种缺乏或不平衡状态下产生的感受，它表现出人的生存和发展对于客观条件的依赖性。

要适应活力课堂教学的需要，教师必须要学习活力课堂的有关理论和实践经验，要明确活力课堂的概念、本质、特点、意义、目标、内容、实施原则、实施形式、评价方案、管理办法等，这无疑会刺激教师对活力课堂的求知需要。"学会求知"是联合国教科文组织确认的 21 世纪"教育的四大支柱"之一。教师的求知需要增强了，有利于适应当今社会，有利于平衡心理，从而有利于自己的心理健康。

### 2. 交往动机

动机是激发和维持个体进行活动，并导致该活动朝某一目标发展的心

理倾向或动力。交往动机指人们愿意与其他人进行交往并建立友谊关系所需要的心理倾向。

“学会分享与合作”既是活力课堂教学的一个目标，又是现代人应具备的一项基本素质。要引导学生学会与人合作、共享信息和创意，教师自己得敢于与人沟通，善于与人合作，乐于同他人共享信息、创意和成果，这无疑会激发并维持教师交往动机的心理倾向。交往动机的增强和交往能力的提高，对教师心理健康发展并适应当代社会是十分有利的。

3. 求知兴趣

兴趣是个人力求认识、探究某种活动的心理倾向。兴趣以特定的事物、人或活动为对象，并常常伴随着积极的情绪。需要是兴趣产生和发展的基础。

为了满足活力课堂教学的需要，教师要不断地钻研教育心理学、教育学、伦理学等有关理论，开展活力课堂教学实践。在这一过程中，教师对活力课堂等理论的求知兴趣将会被极大地激发起来并逐渐得到培养。

4. 注意品质

注意是人心理活动（或意识）对一定对象的选择性和集中性。有意注意是服从于预定的目的、需要而做意志努力的注意；自我注意是对自己的身体、行为和观念的注意。

活力课堂教学具有很强的目的性，教师要完成活力课堂教学任务需要坚强的意志；在开展活力课堂教学的过程中，教师还需要时时注意监控自己的行为和意识。不言而喻，开展活力课堂教学能够较好地培养教师的有意注意和自我注意能力。

5. 感知觉敏锐性

感觉是刺激物作用于感觉器官，经过神经系统的信息加工所产生的对该刺激物个别属性的反映。“知觉”是直接作用于感觉器官的事物的整体属性在头脑中的反映，是人们对感觉信息的组织和解释。

活力课堂教学重在培养学生发现问题和解决问题的能力，重在培养学生收集、分析和利用信息的能力，这些都需要有敏锐的感觉和知觉。因此，活力课堂教学能提高教师对事物的感受性，增强其知觉的对象性、整体性、理解性、恒常性。具有高水平的感知觉是一个人取得卓著成绩的前提条件之一，具备敏锐的感知觉能力有利于教师的心理健康。

6. 记忆力

记忆是个体对其经验的识记、保持和再现（回忆和再认）。从信息加工的观点来看，记忆就是信息的输入、编码、储存和提取。记忆是丰富知识储备、扩大表象储备的有效途径。

实施和组织活力课堂及其教学离不开记忆这种心理因素的参与。教师在组织和参与活力课堂教学的过程中，要逐渐提高自身信息输入、编码、储存和提取的水平，丰富自己的知识储备、表象储备、体验储备，从而提高自己的记忆力。

7. 想象力

想象是人脑对已有表象进行加工改造并创造新形象的过程。想象力是创造性思维的核心。爱因斯说：“想象力比知识更重要，因为知识是有限的，而想象力概括着世界上的一切，推动着进步，并且是知识进化的源泉。严格地说，想象力是科学研究中的实在因素。”

活力课堂教学少不了想象，尤其是创造性想象的参与，这是由活力课堂理论的特点所决定的。活力课堂教学活动的实践能够极大地提高教师的想象力；使教师扩大知识的范围，增加表象的储备，使其思维处于激活的状态；使教师在艰苦的研究过程中产生灵感，创造出新的形象。教师长期进行创造性想象活动，能增强创新意识、提高创新能力。

8. 思维能力

思维是人脑对客观现实的概括、间接的反映。它是一种高级的认识活动。

活力课堂教学强调培养研究者解决问题的能力。要解决问题必定要进行思维的心智操作，研究者必须要有较强的分析能力、综合能力、比较能力、抽象思维能力、具象思维能力、创造性思维能力等。因此，教师自己从事和指导学生共同进行活力课堂教学活动，将会大大增强思维能力，提高思维品质。

9. 意志品质

意志是意识的能动作用，是人为了达到一定的目的，自觉地组织自己的行为并与克服困难相联系的心理现象。

在进行活力课堂教学的过程中，教师会遇到一些困难。要达到预定目标，教师就需要调控意志，培养独立性、坚定性、果断性和自制力等品质。长期开展活力课堂教学及其研究、实践，会使教师的意志越来越坚强。

10. 元学习策略

元学习策略是指学习者主动意识和有效控制自己学习活动的实时监控策略。元学习理论相信人是积极主动的机体，人能够计划未来，审视现在，有效控制自己的学习过程。

相对于传统的教学方式，活力课堂教学具有非常明显的主观能动性和探究性。在活力课堂教学的过程中，有较强研究能力的人会注意监控自己的学习方法、学习过程、学习策略。长期坚持运用元学习策略，会使教师学习能力和效率得到提高，也有助于增强学习者的自我调控能力——元认知能力。具备较强自我调控能力的人，能够较好地应对现代社会中的种种挑战，从而平衡自己的心理，永远保持健康的心理状态。

11. 合作能力

“学会合作”是国际21世纪教育委员会提出的“教育的四大支柱”之一；也是活力课堂的目标之一。

在组织学生开展活力课堂教学实践活动并亲身参与合作的过程中，教师能进一步培养正确的人际交往态度，学到一些人际沟通技能，注意关心他人，越来越乐意并善于与人合作。这也是建立新型师生关系对教师的基本要求。实践证明，成功的教师往往是乐于和学生及他人交往的，尤其是善于与学生打交道。与人合作能力对教师适应基础教育课程改革、适应当今社会非常必要，对确保教师自己的心理健康也必不可少。

12. 工作生活热情

情感是人们对客观事物的主观态度和相应的内心体验。

参加活力课堂教学实践活动，能够使教师获得成功的体验，产生理智感——人在获取知识的活动中所产生的情感；会使教师乐于学习、乐于工作、热爱生活，从而激发学习、工作、生活的热情。教师亲自参与、指导学生开展与活力课堂有关的活动对自己的健康心理产生的积极影响可能远远不只这些。

综上所述，活力课堂对教师的心理健康具有较高的要求。教师要培养以师爱为特征的积极情感，提高职业道德感、责任感、理智感和美感，培养良好的意志品质和职业兴趣，提高智力和教育能力，完善人格，坚定教育信念等，从而更好地实施活力课堂教学策略。

## 二、宽松的氛围是实施活力课堂教学策略的关键

教师不要过分追求直观，课堂上挂满直观教具，会阻碍学生抽象思维的形成。因为思维是从动作开始的，切断了动作和思维之间的联系，思维就不能得到发展。因此，在活力课堂教学中，营造民主宽松的教学环境，首先要求教师把学生当作“人”，当作活生生的生命看待，从心底去尊重学生，和他们建立一种民主、平等的师生关系；其次要鼓励学生解放思想，大胆质疑，实现与学生平等交流与对话；最后要敢于承认自己的不足，敢于面对学生的挑战。

(1) 在教学内容和教学目标确定的基础上，教师要充分了解学生的能力水平、知识结构、生活方式、情感体验，为学生的发展而设计教学过程、环节。

布鲁纳说：“发现不仅限于寻求人类尚未知晓的事物，正确地说，它包括用自己的头脑获得知识的一切方法。”

波利亚说：“学习任何知识的最佳途径是自己去发现。因为这种发现理解最深，也最容易掌握其中的内在规律、性质和联系。我想谈一个小小的建议，可否在学生做题之前，让他们猜想该题的结果，或者部分结果。”

皮亚杰说：“一切真理要由学生自己获得，或者由他重新发明，至少重建，而不是简单地传递给他。”

课堂教学实际上是教师对学生的思维训练和人格熏陶交织在一起的一种活动。在“教”与“学”的活动中，教师的角色用《教育——财富蕴藏其中》一书的话说，就是要“从‘独奏者’的角色过渡到‘伴奏者’的角色，从此不再主要是传授知识，而是帮助学生去发现和管理知识，引导他们而非塑造他们”。我们认为，要想让课堂充满活力，在教学设计时必须重视帮助学生去发现和管理知识，不搞千篇一律的教学，而为学生的发展来设计教学过程。

（2）根据学习内容，巧妙设计师生、生生交谈和辩论的内容，激活学生的思维。丹阳市第五中学实验班语文教师在教学《愚公移山》时，安排正反两方辩论：愚公是移山好还是搬家好？并根据课文和现实说明理由。教师不失时机地引导，学生的现实观点与古人的思想精神、当代人的意识产生碰撞，使得学生对课文的理解深了一层，整堂课学生的思维是充满活力的。

（3）设法将课程内容与学生的生活实际结合起来，增加教学中的实践活动。当学生看到所学知识能学以致用，能与现实联系起来，学习就会更加主动。如政治老师讲解“权利和义务的平等性”时，先引述某些贪污受贿案、巨额财产来源不明案，再引导学生去读书学习，理解“法律面前，人人平等”这一观点，并通过创设“模拟法庭”“新闻发布会”等形式，让学生实践教学内容，提高了学生参加实践活动的能力。又如数学、物理、化学等学科，与生活实际结合点很多，只要我们留心，到处都有实践内容，何愁不能增加学生的活力？

（4）借助动画、电视剧片段、幻灯片、音乐以及教师的肢体语言等提高学生的兴奋度和思维度，使学生保持强烈的学习兴趣。如教学《守财奴》一课时，教师先用视频播放《儒林外史》中严监生临死前对着两根灯芯死不瞑目的镜头，使学生对旧“鬼”产生了较深的印象，引发了学生结识新“鬼”的兴趣。教学鲁迅的《故乡》一课时，可播放一曲《故乡的云》，荡气回肠的旋律把学生带入一个新鲜而亲切的情境中。总之，能借助媒体的，就别放过机会，利用好则活力满课堂。

（5）学习方法灵活多变，以适应学生的个性差异和学习进度。学生个性有差异，学习方法就不同。有的喜欢独学，有的喜欢群体学；有的喜欢口头表达，有的喜欢书面表达。只要学生乐于学习，就要照顾学生的学习方式、方法。但要注意的一点是，如果课堂教学设计不好，就有可能放得开却收不拢。

## 三、心灵沟通是实施活力课堂教学策略的重要途径

要想师生、生生合作与互动，使课堂充满活力，就必须重视生命情感的教育，给予学生更多的人文关怀。教师应“德智双馨”，在教育的过程

中重视生活态度和生命情感的作用，利用一切机会，深入学生当中，了解学生的家庭背景、心理状态和情感，以便在不同的场景，自然应对、尊重、影响、引导学生，为充满活力的课堂教学做好情感铺垫。

吉尔·哈德斐尔德在《课堂活力》中说："班级里可能充满了欢乐、友谊、合作和渴望；也可能是沉默、不快、矛盾和敌意。"前一种是课堂教学成功的基础。

有些教师能给学生带来情绪上的安全感，使学生有勇气迎接学习的挑战，还善于建立一个学生彼此熟悉、相互接纳的学习场所。这是实施活力课堂教学策略的前提。

# 第三章 活力课堂教学模式的建构

## 第一节 活力课堂教学行为的改进

新课改提倡能培养师生的创新精神和实践能力的学习方式与教学方式，既看教，更看学，“以学论教”。在活力课堂教学实践中，如何确立效益优先的课堂教学观，既充分发挥教师的主导作用，又充分体现学生的主体地位，从而达到教与学的优化匹配，是课堂教学结构改革研究的重要课题。因此，在课堂教学中改变教师教的方式和学生学的方式，成为建构活力课堂教学模式的重点。

### 一、活力课堂教学中常见的低效行为及其改进策略

一次，陶行知先生在武汉大学讲学。走上讲台，他先从皮包中拿出一只大公鸡，台下的听众全都愣住了，不知陶先生要做什么。陶先生掏出一把米放到桌子上，然后按住公鸡的头，强逼着它吃米，大公鸡只叫不吃。怎么才能让鸡吃米呢？他又掰开鸡的嘴，把米硬往鸡嘴里塞，大公鸡拼命挣扎，还是不肯吃。于是陶先生轻轻地松开手，把鸡放到桌子上，自己后退了几步，这时，大公鸡自己就吃起米来。

从这件事我们可以看出陶行知先生的良苦用心。我们的课堂的确存在强迫学生接受知识的现象，而这最终被证明为无效的教学。

课堂教学由诸个环节组成，只有各个环节优化了，各个环节的效率提高了，整个课堂的教学效率才会提高。以下列举一些课堂教学中常见的低效行为以及相应的解决策略。

1. 课前准备太仓促

【案例】

上课铃响后，教师缓缓走进教室。随后，学生气喘吁吁地跑到自己的座位，从书包里取出课本、练习册及其他学具。一些学生难以抑制兴奋之情，与同学谈论着课间的游戏活动。教师大声喊道："安静！安静！开始上课了。"但课堂上仍然是一片嘈杂。老师无奈，只好等学生的情绪平静下来后才开始上课。

策略：教师可以提前1分钟进教室，这样学生也会相应地提前一点时间进教室，做好课前准备工作。教师可以利用课前这段时间与学生沟通，了解学情，拉近师生之间的心理距离。这样，上课铃响后，学生就能很快进入学习状态，不至于浪费宝贵的课堂时间。

2. 课堂结构不合理

【案例】

教师一进教室，就检查前一天家庭作业的完成情况。自然，有未完成的，有没带来的，教师批评了这些学生。然后，教师开始了上节课作业的评讲反馈，讲评的是答得不理想的题目，而教师无法确切地一一指出是谁做错了，总是说："大部分同学这道题答得很不理想。"学生肯定会想：大部分学生里有没有我呢？在学生注意力最集中的时候，教师没有进行新课的学习，错过了最佳时间段。挨批的学生在羞愧、沮丧的情绪中如何愉快地开始新课的学习？这样造成了恶性循环——这节课没上好，作业又完成不了。

策略：一般来说，在一节课的前15分钟，学生的注意力比较集中，教师应该利用这段时间讲授新课，而不是检查或讲评作业。另外，讲评作业会影响学生的情绪，特别是那些因做错而挨批的学生，很难静下心来学习新课。

3. 巡视职责不明确

【案例】

在一堂高一新授课上，教师讲解完例题，学生进入练习阶段。学生根据教师的要求紧张地练习，教师在学生中巡视。在10分钟的学生训练时间里，该教师在教室过道里共走了两个来回，偶尔观察一下学生练习情况，主要的时间是站在黑板旁的窗户前看风景……

由此案例可以看出，有些教师不明确课堂巡视的职责，总认为学生训练时教师可以随便一些。因此，巡视便显得漫无目的、自由随便，或不巡不视，或巡而不视，或视而不思。

教师巡视的职责是：（1）督促学生高质量地完成指定的教学任务；（2）及时发现学生训练中存在的问题；（3）适当解答学生训练中的疑问；（4）根据学生训练中的问题及时调整教学思路。

4. 课堂收放欠自如

【案例】

高一一节数学课上，教师出示了一道典型试题，分析了已知条件和要求解答的问题，请学生寻找答题思路。让学生思考一段时间后，教师点名请一学生回答，该生讲了一半被教师叫停；接着回答的一名学生的思路刚刚展开，也被教师简单地否定了。

该教师有启发学生思维的意识，开始做得很好，但终因底气不足或思想顾虑，没有让学生的思路充分展开；简单“叫停”“否定”，是因为学生没有按照教师的“思路”思考，教师一方面担心拓展开来完成不了教学任务，另一方面担心无法驾驭，难以收场。

教师的对策：让学生充分暴露其障碍、困惑、误区，因势而导，顺势而教，讲在关键处，练在实质处。

5. 教育“差生”无良方

【案例】

教师正在讲课，学生李四忽然举手报告：“老师，张三在看课外书！”教师停下来走向张三，说：“张三，你怎么上课看课外书？”张三辩解道：“我没有看课外书。”“你的课外书还摆在桌上，难道李四同学还会冤枉你吗？”“我只是翻了一下！”“那也不行，这是在上课！”……于是，全班学生都看起了这场师生对台戏。

案例中诸如此类的现象确实让教师头疼，学生不听讲、不做作业，上课讲闲话、看小说、玩手机、睡觉、打架……严重影响课堂教学的正常进行，教师需要采取有效策略维持课堂纪律。

教师的策略：（1）非语言策略。对于轻微的违纪行为，教师可以采取各种暗示手段，如利用眼神、声调暗示学生，走到学生身边稍作停留等。（2）消退策略。有时学生的问题行为是为了引起他人的注意，所以他人的注意，即使是批评，也会强化这种行为。如果学生想通过课堂问题行为引起教师的注意，那么教师采取的最好的方法就是视而不见。（3）转移策略。教师可以让有问题行为的学生回答问题，以此转移学生的注意力。

6. 以问代教违教法

【案例】

一节语文课，教师讲得神采飞扬，不断向学生发问，据听课者不完全统计，一节45分钟的课，教者共向学生提问60余次。

课堂提问往往因教师操作不当暴露出一系列问题，如没有目的随意提问、问题肤浅没有思考性、学生按照顺序回答、先指名再提问等。不少教师认为，多提问，师生互动，课堂活跃，这才是新课改所倡导的教学理念。其实，“提问”是很有讲究的，量多未必质高，未必效果好。

策略：①充分预设，提问有计划；②注重方式，提问有启发；③重视生成，提问有机智。

7. 情绪波动失常态

在课堂上，有些教师会有一些失态行为，如上课时某教师正在大发雷霆，辱骂学生“为猪”“智商低”，让违纪学生在教室后面站一排等。心理学研究表明，辱骂学生、体罚学生、让其他孩子攻击犯错误的学生这类教育行为之所以发生，与一些教师把不良情绪带进课堂有关系。有少数教师在进课堂之前就有这么一种心理暗示：我今天心情不好，你们谁也不要惹我！一旦有人“铤而走险”，教师马上会把自己的不快转化成对学生的攻击行为。

对策：教师应带着愉悦的心情走进课堂。（1）愉悦能拉近师生之间的距离。每一个学生都是一个独立的个体，他们每天既可能遇到高兴的事，也可能碰上无法解决的问题。如果教师满脸微笑，平易近人，学生就可能把心里话告诉你，让你共享他（她）的快乐，分担他（她）的忧伤，我们的教育也就有了针对性。（2）愉悦可以让教师的教育行为变得更理性、科学。

8. 教辅手段不实用

我们经常能在课堂上看到教师的下列行为：将可以让学生动手操作完

成的实验，用课件模拟演示来代替；上课时播放并讲解一张张幻灯片，使课堂俨然成了人机对话的阵地；从网上下载课件后，不加任何修改直接用来上课，甚至放完一张幻灯片后不知下一张的内容。

这些教师使用多媒体时以“辅”代“主”；以模拟实验操作代替实际实验操作；以自己的活动代替学生的思考；以人机对话代替师生对话；以形象思维代替抽象思维。课堂教学只见投影不见过程，围着机器转，势必出现各种各样的问题，如代替板书，弱化教师示范；代替课本，影响读书习惯；肢解语言，阅读失去意义；直观画面，无须形象思维；人机对话，削弱师生交流等。

策略：多媒体在教学中的合理应用，对于增强学生注意力，提高学生的探究学习兴趣，培养学生创新能力，提高课堂教学效率以及突出教材的重、难点都有积极作用。但是，多媒体教学辅助手段并不是万能的，在应用多媒体教学手段时，不能搞形式主义，要将信息技术与学科教学有机整合，注重实效。

9. 示范教学无实效

如果一堂经典观摩课，教师讲得非常完整、完美，却没有学生探索的过程，就无异于取消了学生学习能力的获得过程。许多观摩课，教师不敢拿出原汁原味的课，就是怕评委说自己设计的课“漏洞百出”，说自己水平低。教师期望学生按教案设想的作出回答，努力引导学生得出预定答案。整个教学过程就像上紧了发条的钟表一样，什么时间讲授、什么时间提问、给学生多少时间回答问题等都设计得“丝丝入扣”。结果把一节课上成了表演课，演员就是教师，或者说主角是教师，学生则是配角、观众。

对策：课堂教学的出发点和最终目标都是使学生掌握知识、发展能力。也就是说，评价教师的教学，并不是看教师讲得好不好、多不多或教得认真不认真，而是看学生有没有学到什么或学得好不好，如果学生不想学或学了没有收获，即使教师再辛苦，也是无效教学。

10. 职责弱化迷方向

一节体育课，学生集合 5 分钟后解散，有的打球，有的看书，有的……一节数学课，校长查课时发现有 18 位学生在睡觉，还有的在玩手机、看小说、聊天。这不禁让我们深思：我们的课堂怎么了？

设想一个受欢迎的歌星在演唱，学生会开溜吗？设想易中天、于丹等大家在讲课，学生会不听吗？事实上学生逃课、不听课的原因可能是某些教师无责任心，是因为学生对教师的课不感兴趣。

新课程强调教师要转变角色，要由单纯的传授者和管理者转化为组织者、引导者和合作者。在新课堂上，我们欣喜地看到教师已不再是权威，他们精心组织教学，真诚与学生合作，师生形成了和谐、民主、互动的关系。但也有一些教师认识偏颇，由过去的“一切都管”变为今天的“一切不管”，淡化了教师的自身作用，迷失了自我。

除了上面谈到的十个方面的低效教学行为，实际教学中还存在其他的一些低效行为，如教师代替学生的思维、作业的设计与教学不对应、教学环节之间的衔接不自然、教师对学生的指导缺乏针对性等。一些教师已经意识到这些问题的存在，也积累了一些经验，但由于没有认真总结，经验很快被淡忘，课堂教学又被原有的习惯性行为所操纵。要优化课堂教学、提高课堂教学效率，教师应注重总结、提升日常教学中的有效经验，并将这些经验转化为教学习惯。

## 二、学习教育教学新理念，优化活力课堂教学模式

### （一）转变教育教学理念，积极探求新的教学方式

活力课堂是学生的课堂，所以教师的教学方式应当服务于学生的学习方式。教师应创设能引导学生主动参与的教学环境，从而激发学生学习的积极性，培养学生掌握知识、运用知识的态度和能力，使每个学生得到充分发展。

1. 加强学习，更新观念

除加强对新课改文件、新课程标准的学习外，教师还应自学报纸、刊物上的有关课改的文章、信息，以转变教学理念，使自己的教学适应新课改的要求。

2. 积极参加新课改培训

为转变观念、提高自己的业务理论水平，教师要按时参加新课改

培训。

3. 加强教研，探讨新的教学方式

第一步：参照课例，取人之长，补己之短。例如，某学校投资购买了相当数量的课堂教学录像带及光盘，组织教师观看并进行讨论，引导教师运用课改理念对课例进行分析、借鉴、模仿，启迪教师反思自己的课堂教学，从而形成自己的教学风格。

第二步：加强集体备课，优势互补，取得共识。中小学教师除按时参加教研室和学校教研组集体备课外，平时应不受固定集体备课时间的限制，只要有了问题，就提出来和同事共同研讨。

第三步：对课堂教学大胆尝试，勇于创新。教学改革的过程，是教师共同参与、共同提高的过程。教师应根据自己对新课改理念的理解，在自己的课堂上尝试采用自己认为合理的教学方式。

4. 总结经验，形成模式

近几年来，通过教育工作者的教学研究和教学实践，活力课堂教学逐步形成具有教师个性化特色的要求，可总结为“四变四结合”的课堂教学要求。

(1) 从教材结构看，备课的角度要变，要将“备教材”“备学生”“用学生的眼光看教材”三者结合起来，以充分体现学生的主体作用。新课程标准指出，教材只不过是师生进行“对话”的“教学文本”。按照这个观点，教师要与学生“对话”，就要了解学生的想法，然后进行有针对性的讲解，才能起到“解惑”的作用。从这个意义上讲，“以学生为主体”应该首先体现在备课上。

①要正确确定教材的重点和难点。“重点”是由教材的逻辑结构决定的，是客观存在的，因而对每个学生的要求都一样。“难点”是学生接受起来比较困难的知识点，是由学生原有知识结构与新知识之间的不协调造成的。

②教学内容的选择要根据学生的基本情况，关注不同学生的学习需求。教师在备课时要考虑到学生发展的差异和不平衡，在内容的选择上要体现一定的弹性，以满足不同学生的需求，使全体学生都得到相应发展。

③师生共同备课。事先请几名不同层次的学生一起预习，在共同讨论

中，教师了解学生学习的难点、差异所在。这样，在课堂上，教师就能注意到学生的不同需要，灵活组织教学。

(2) 从课堂教学结构看，教师的教法要变，要将“讲清重点”“启发思维”“教给学法”三者结合起来，以充分体现教师的主导作用。

新课程标准告诉我们，教育的核心是学生能力的发展，知识只不过是载体而已，因为“知识是死的，思维是活的”。对课堂教学而言，核心就应该是学生思维的发展。

为此，在教学中教师应认识到以下几点：①“讲清重点、分化难点”仅为评价教师教学水平的必要条件，而非充分条件。新课程标准背景下的课堂教学，并不是对传统的讲授式教学的全盘否定，而是对“一节好课”的评价标准发生了变化。②在课堂教学中，学生的“主体地位”应体现在顺应学生思维上。③要培养学生的问题意识，这是使学生思维发展的必然要求与途径。④学生反思意识的强弱是思维是否发展的重要标志。⑤强化“方法比知识更重要”的观点。

(3) 从学生的知识结构看，听课的方式要变，要将“以听为主”“以练为主”“师生互动”三者结合起来，以充分实现有效学习的目标。

学生学习的过程，是学生将新知识纳入自己原有知识结构，并使之扩充、完善的过程。原有的认知结构具有一种定势，这种定势在学生的学习过程中既具有积极作用，又具有消极作用。消极作用阻碍了学生认知的飞跃，造成学习新知识的困难。学生要克服这种定势的消极作用，形成新的定势，仅靠教师的讲解是远远不够的。因此，在课堂教学中，教师要将教学的有效知识量与学生思维智慧的发展有机地结合起来。通过长时间的实践与探索，一些教师逐步建构了“精讲多练、当堂反馈、及时纠偏”的模式，这就是要使学生“耳灵起来、口读起来、手动起来、脑活起来”。

(4) 从教学反馈要求看，作业布置形式要变，要将“顺次布置”“精选布置”“分层要求”三者结合起来，以体现因材施教、分层要求，从而减轻学生的课业负担。

学生做作业的过程，实际上是巩固与再学习的过程，但由于学生学习基础不同，难免会有些学生在完成作业时显得力不从心。如果我们不加区别地统一要求，就必然导致一些学生要么不交作业，要么就抄袭交差，“巩固与再学习”的目的就不能达到。因此，教师在布置作业时，要承认这些差异，尊重这些差异。如在布置作业时要有弹性，分为A、B、C三级要求：A级为基本达标要求，针对基础薄弱的学生而设计；B级为中档较高要求，面向大多数学生设计；C级为思考性、灵活性较强的题目，让学有余力的学生作深入研究。这样就可让不同层次的学生都能在完成作业的过程中体会到成功的喜悦，同时也培养学生实事求是的态度。随着作业要求的不断提高，学生的学习积极性、自觉性、学习能力也会随之提高，从而使教师真正做到实事求是、因材施教。

### （二）勇于实践探索，实现活力课堂学习方式多样化

课堂教学应着眼于学生潜能的发挥，促进学生有特色的、可持续的发展，培养学生探究进取的精神。这迫切需要教师勇于实践，改变学生原有的学习方式。要实现活力课堂学习方式多样化，教师可以从以下几个方面入手：

#### 1. 从内容入手，引导学生进行自主学习

自主学习具有几方面的特征，对于学生来说，最重要的是学习过程有内在的动力支持，学生能从学习中获得积极的情感体验。我们要从教学内容入手，在教学中坚持两个原则，即学生能自己说出来的，教师不引；学生能自己学会的，教师不教。在课堂教学中，教师可以将方法教给学生，然后放手让学生自学，如语文课上生字的分析、课文的朗读等。教师应从知识传授者的角色转变为课堂教学的引导者和组织者，让学生成为学习的主人。这样的学习过程能使学生产生成就感和自信心，能激发他们投入新的学习活动。

#### 2. 在课堂教学中培养学生合作的意识和习惯

课程改革要求学生自主探索，进行合作学习。合作学习是指学生在小组或团队中为了完成共同任务进行明确责任分工的互助性学习。合作学习如何在课堂上落实呢？在课堂教学中，教师可以加大小组合作学习内容的比重，使讨论交流较普遍地在教学活动中应用；教师参与其中，对各小组的学习情况给予必要的提示与点拨。这样，教学过程同时又是学习的过程，是学生间交往的过程，让学生的合作意识、探究意识得到较好培养。

孩子有与生俱来的探究的需要和获得新体验的需要，满足这些需要，必须具备一定的条件，如适当的环境和方法。在教学过程中，教师不应把现成的结论交给学生，而应让学生去感悟、去体验、去讨论，让学生经历获取知识的思维过程，悟出解决问题的方法，以充分发挥学生学习的自主性，培养学生的探究意识和习惯。

经过一段时间的实践，我们可以欣喜地发现学生的学习方式开始从依赖性向独立性、从孤立性向合作性、从他主性向自主性、从接受性向探究性、从封闭式向开放式转变。在这个转变过程中，学生在课堂上的地位不断地上升，教师的作用在逐渐地下降。在新课改的理念指导下，学生慢慢从“要我学”变为“我要学”。

改革教学方式与学习方式，构建起较完善的活力课堂模式，必定会提高课堂教学效益，提高教育教学质量。

## 第二节　活力课堂教学的几种模式

在如火如荼的活力课堂教学实验活动中，实验学校和教师大胆尝试，积极推陈出新，建构了种种符合本地区、本学校的活力课堂教学模式，下面摘其要者简介如下：

### 一、导学式模式

这个模式是以学校课堂教学为主渠道，以创设良好和谐的教学氛围为保证，以师生间平等、民主、融洽、合作的关系为前提，在师生教学双边活动中学生充分发挥学习主体作用，教师适时有效地进行点拨和引导，使全体学生全面和谐发展，提高课堂学习效率和教学质量的一种教学模式。这种模式有利于激发学生的学习动力，挖掘学生的学习潜能，培养学生的学习意志和良好习惯；依靠学生的主体学习意识与自我学习能力去探究知识，培养创新思维和创新能力，使学生身心协调发展。这种模式有几个阶段：

第一阶段：创设疑点，启发思维，由疑引释，思维激发。

第二阶段：精讲释疑，促进思维，精读深解，思维深化。

第三阶段：导练导思，提高思维，小结运用，思维创造。

运用这一模式的基本观念是：

(1) 教为学服务的观念。此观念强调学生的主体地位和主动学习精神。教应以学为依据，依据学生的学习规律为学生创设良好的学习环境，为学生提供必要的外部条件，使学生自主、自动地学习，使其形成学习的主体意识。这样做，教师起了导的作用，改变了课堂教学面貌，激活了课堂。

(2) 优化教学过程的思想。教师既要注意教学过程中环境的和谐、氛围的和谐，也要注意教学过程中诸要素的和谐，还要注意教学结果的和谐。教师要促使学生的知识和技能和谐发展，并使每一位学生都能和谐发展。在这里，和谐不是浅表状态，而是要贯穿教学过程的始终。

(3) 动态平衡思想。要认识到和谐不是一种静止的理想状态。在教学过程中，各要素总是处于不稳定、不平衡的矛盾状态，和谐总是暂时的、相对的。教师要善于设疑，导思导练，使教学状态从不和谐到和谐，然后产生新的不和谐，最后达到更高层次上的和谐。

下面以《邹忌讽齐王纳谏》一课为例，说明导学原则的运用。在第一阶段，教师选用《古文观止》后的评语设疑，通过评语“邹忌将己之美、徐公之美，细细详勘，正欲于此参出微理，千古臣谄君弊，兴亡关头，以闺阁小语破之，快哉!”激发学生思考两个问题：参出什么微理？为什么说“千古臣谄君弊，兴亡关头”，此文是“以闺阁小语破之”？使学生明白了本文写“比美”之事，是为了引出“受蔽”这一要点。在生活小事和国家大事之间，就“受蔽”这一点来看，有相似之处，可进行类比。这样将两件事巧妙地联系起来，会产生很好的说服效果。在第二阶段，教师促使学生思考：作者是怎样将“比美”和“受蔽”写具体的呢？是怎样说服齐王纳谏的呢？通过精讲、精读，学生认识到这篇课文一是在结构上采用“三叠法”，即三问三答、三思三悟、三比三喻、三赏三变，使叙事过程生动具体；二是采用比喻说理的方法，以小见大，说明纳谏除弊才能国富民安的道理。在第三阶段，通过练习让学生总结实虚词规律，通过写作练习学习设喻说理的方法，学生通过自己的归纳小结和练习，培养了自己的创新思维和创新能力，使教学过程达到优化。

## 二、生本教学模式

### （一）生本活力课堂特色介绍

1. 操作程序

师生共同编制教学案→学生自主学习→小组讨论→教师课前翻阅教学案（但不批改）→教师课堂创设情境→学生上台展示解说→置疑讨论→教师点评→师生共同归纳总结。

2. 课堂结构示意图

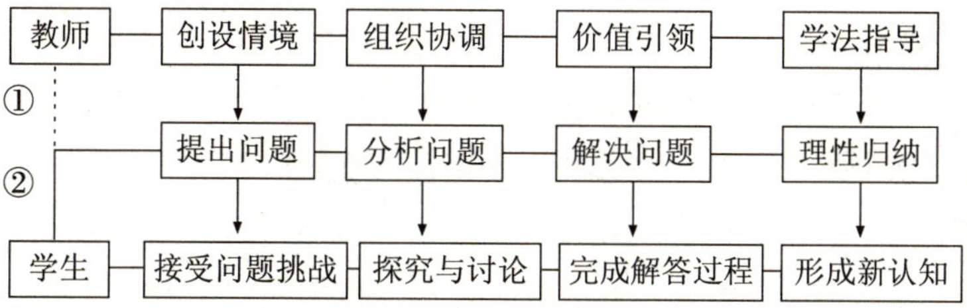


图中①处为虚线，②处为实线，表明在课堂上以学生作用为主，教师的作用只是引导、启发。

3. 学习组织

生本教学的班级课代表一般有两名，全班横向分成若干个中队和小队，纵向分成策划小队、纪检小队、纠错小队。在这样的班级里，人人有责任，个个有事做，每个学生的积极性都得到充分发挥。

### （二）生本活力课堂所具备的基本元素

1. 以学生为主体

教师课前将学生自主学习、讨论后的学案收上来，但并不急于对学生的学习结果做评判，只是了解学生自主学习的情况，包括学案中出现的学生的各种猜测与想法、典型案例等。教师把学生学案情况记录在自己的讲义上，做到心中有数。

课堂是教学的主阵地，但课堂不是教师讲授的主阵地，而是学生自主学习、享受成长的主阵地。教师要真正做到把课堂时间还给学生，把主动权交给学生，充分发挥学生的主体作用，把课堂看作学生展示风采的舞台和提高能力、激发灵感的场所。在这个过程中，教师更像主持人，充当学生的协调员、服务员，是一位交换意见的参与者、学习上的顾问。教师这位主持人要常常和学生一起反思、升华，总结出学习思想和方法，让学生在不知不觉中上升到一定高度看待问题，提高他们的能力，增强他们的素质。

2. 以讨论为基础的自主学习形式

生本课堂有多根教鞭，只要拥有一根教鞭，任何一个学生随时可以直奔讲台，手执教鞭讲述自己的观点。比如，为了节省时间，增加课堂容量，方便快捷的实物投影仪在课堂上得到了充分利用。上课时一般先由教师创设情境，然后让一两个学生上台解说自己学习某一知识点的想法和做法，其他学生拿着红笔边讨论、边反思，并在学案上写点评。等到了一定的火候，教师再让其他学生自由上台拿起教鞭讲给大家听。一个学生讲完后，其他有不同做法的学生可接着上去讲。此时要求其他学生先认真听，然后补充或提出不同意见。每到这时，学生抢着上台，课堂上讨论声此起彼伏，智慧的火花不时闪现，精彩的场面层出不穷。

这种课堂的一个高明之处在于对学生错误所采用的处理方法。在这样的课堂上，教师从不责怪做错的学生，而是给予他说明自己思路和辩解的机会，然后教师把这个错误当作教学资源，与其他学生一道讨论出错的原因。对重点题型或错得较多的题目，教师不是先让做对的学生上去解说，而会有意让做错的学生在多媒体上先展示自己的做法，暴露典型性的错误，然后让其他学生展开讨论，探究错误的原因，进而共同寻找解题思路。因为只有发现错误，才能改正错误，防止再犯。经过这样的处理，其他学生对错误引以为戒，大家对解题的印象极为深刻。

对于学生提出的各种不可预见的问题，教师可先让学生试着回答，看能否解决，如果不能，教师则采用苏格拉底“助产婆”式的教学方式，启发点拨，循循善诱。等学生把自己的各种做法讲完后，教师一般应先肯定他们思考的价值，再引导学生比较几种做法的优劣。学生相互质疑，一问一答，教师也作为其中一员参与质疑、讨论，直到把题目彻底弄懂、弄通。在这个过程中，教师会和学生边讨论、边反思、边补充、边总结，弄懂哪一种是通法通解，哪一种做法比较巧妙，此类题目如何寻找突破口，为什么要这样做，可以从哪几种思路去考虑。这样层层提高，不断升华。这时作为主持人的教师再作恰到好处的、激励性的点评，让学生的成就感得到极大满足，学生的学习兴趣会更浓，积极性会更高。如此良性循环，教学效果自然会更好。



3. 在效率基础上为师生减负

因为要直面高考，高中教学的压力可想而知。也正因为此，高中教师和学生一直是既辛苦又“心苦”。教师上课汗流浃背，唇焦舌干；下课还有批改不完的作业，发现了错误还要愁着抽时间给学生订正。教师有上不完的课，改不完的题，累坏了身体；学生的辛苦更不必多说。最难受的还是师生非常辛苦，但未必就能考好。江苏省丹阳六中采用生本教学模式，课前教师省略了批改作业的步骤，课上在一定程度上变机械讲授为智慧点评，有效降低了教师的负担。而学生成了学习的主人，学习不再是外界强迫的行为，变成了自己的内在渴求，学习的积极性不断迸发出来。自主课堂极大地提高了学生的学习兴趣，减轻了强迫式学习的心理负担。由于例题的精选和每道题的透彻处理，学生不需要大量的课外作业，有效地降低了学生的作业负担。因此，这是一种有利于减负的教学模式。

传统的讲授式教学，教师一节课确实能讲很多内容，但不少学生其实似懂非懂，有的学生甚至连题目还没理解教师就已讲完一大半，学生回答教师的问题多数都是顺着教师的意思连蒙带猜。这种“高效率”，其实只是教师自己讲的效率高，而学生掌握知识的效率未必高。因此，每次考过试后，经常能听到教师这样批评学生：“这道题不是讲过的吗？怎么还记不得？那道题不是与我们上回的某个例题类似吗？你们怎么还不会做?”殊不知，这种满堂灌的教学方式，每道题、每个知识点都是匆匆而过，学生走马观花，印象不深，又何谈能够举一反三呢？这就是学生做了几千道题，却对付不了高考题的原因。而在生本教学模式下，教师首先通过精选例题避免了不必要的机械重复；其次，学科中的每一个知识点都是学生通过在课堂上的探究、感悟掌握的，学生记得牢，可以触类旁通。

4. 以三维目标提高综合能力

素质教育就是让学生在教学活动中得到全面发展，综合能力得到提高。在大力推进新课程的今天，这种要求可以具体地在三维目标中体现出来。因此，无论评判哪种教学的优与劣，都可以以新课程的三维目标是否达到来评判。许多教学模式的不足就是过分强调了达到某一种或两种目标，而忽视了其他目标的达成，如情感态度与价值观目标。

高考是一个回避不了的话题，无论采用哪种教学模式，回避不了一个重要的问题，就是学生能否在高考中取得理想的分数。我们的活力课堂并没有降低对学生知识与技能的要求。实践表明，不管是随跟班还是后接班，采用生本教学模式上课的学生成绩，一直比同班型的班级平均分高出一些。生本教学下的活力课堂是经得起“考”验的。

这种课堂的另一大特点是注重了知识的发生过程和学生认知的心理过程，实现了过程与方法的统一。生本课堂的前提是学生前一天要独立预习。学生为了有底气上台，课前必然要认真思考，充分准备；为了能让大家看清投影，他们还会仔细、规范地写清楚学案上的解题过程，养成了规范解题的好习惯。由于提出问题的角度不同，解决的方法也不一样，就培养了学生的发散思维和创新能力以及善于质疑的好习惯，同时培养了他们分析、比较、归纳、概括的能力。课堂上趁热打铁，师生一起及时地评价学习结果，比传统的“学生先做，教师后改，最后找时间为学生订正”（一般都在两天之后）的反馈，更有利于学生掌握所学知识。

生本课堂的难能可贵之处是学生的情感态度与价值观目标在活跃的课堂中得以实现，这也是这种教学模式的一大亮点。这种教学模式充分发挥了学生在学习中的主体地位，满足了他们自我展示的欲望，培养了学生的学习兴趣。在教学过程中，教师适时加入一些艺术性语言，能激发学生兴趣，活跃课堂气氛，让课堂教学丰富多彩，让学生真正感受到探索的乐趣和成功的喜悦。这样的教学过程变成了学生展示自己综合实力、挖掘最大潜能的过程，真正做到让学生乐学、善学。学生之间不断相互质疑、提出异议，甚至批评，批判意识逐渐形成。长此以往，学生收获的不仅仅是应试分数，他们的批判精神、发散思维、合作意识、创新能力、综合素质都会有不同程度的提升。比起沉闷的“填鸭式教学”，这种教学方式更有利于培养一个完整的人，这又何尝不是新课程所提倡的呢？

## 三、自然分材模式

1. 自然分材模式特色介绍

自然分材教学从我国实际出发，对传统的因材施教的思想进行了扬弃，营造了以幸福指数高、师生感情和谐为标志的教学氛围，建构了由自学、互帮、释疑、练习和反思组成的实践形态，并借助一系列新的教学策略和自学指导书、互帮显示板、信息沟通牌、问题跟踪卷和师徒合作制等辅助手段，初步实现了弱生上进、优生更优、全体学生齐发展的目标。学生在课堂上构建知识体系，掌握学习技能，学会人际交往，树立正确的人生观与价值观。

自然分材教学在全国有50多个实验基地，数百所学校运用该教学思想进行了实验探索，教学改革取得了喜人的成绩。因此，该模式被誉为“促进全国义务教育均衡发展的推进器”。

2. 自然分材模式特点介绍

自然分材教学有互批、自学、互帮、释疑、检测练习、适度作业等环节，这些环节可根据需要变换顺序，每个环节各有自己的特点和目标。

| 教学环节 | 环节特点与理念支撑 |
|---|---|
| 互批 | (1) 学生自批、互批与教师抽批相结合。减轻教师负担，使教师有更多时间研究学生、研究教材。<br>(2) 对作业中错误进行三重跟踪，直到做对——解决存在问题的学习才是最有效的学习。 |
| 自学 | (1) 自学是一种影响人终身发展的重要能力。<br>(2)“问题导向”是一种高效学习方式，能有效提高思维质量。 |
| 互帮 | (1) 组内分工明确、人人有事做是合作学习质量的保证。在此，有效的“生生互动”得以落实。<br>(2)“知者”即小老师，一节课中大量的问题在知者帮助下解决，减轻了教师的负担。<br>(3)“互帮显示板”的使用把“隐性思维视觉化”，方便交流，提高记忆效率，便于教师了解学情。 |

续表

| 教学环节 | 环节特点与理念支撑 |
|---|---|
| 释疑 | (1) 教师对学生少量不能解决的问题进行点拨，真正地把时间还给学生，给学生发展留出时间与空间，改变了“满堂灌”的方式。<br>(2) 教师的提问可深化课堂学习。 |
| 检测练习 | (1) 尊重学生差异，因材施教。<br>(2) 弱者训练达标，知者进行加速，两类学生都得到符合自己能力水平的训练。 |
| 适度作业 | (1) 适度作业与知者加速结合，有效减轻学生课业负担。<br>(2) 两册分离，便于跟踪。 |

清代学术巨子、国学大师王国维说过，学问有三层境界：第一层是“昨夜西风凋碧树，独上高楼，望尽天涯路”；第二层是“衣带渐宽终不悔，为伊消得人憔悴”；第三层是“众里寻他千百度，蓦然回首，那人却在灯火阑珊处”。第一层是说做学问要博览群书，会当凌绝顶，一览众山小，这样才能“独上高楼，望尽天涯路”；第二层指已经进入做学问的状态，苦心研究，但“衣带渐宽终不悔，为伊消得人憔悴”；第三层是苦尽甘来，经过一番辛苦，终于弄懂了，学问也就“更上一层楼”。

活力课堂的教学研究亦如此。陶行知先生说得好，“做是发明，是创造，是实验，是建设，是生产，是破坏，是奋斗，是探寻出路”。真教育要在大自然与大社会里办，不能常到大自然里去，还能算是生活教育吗？在劳力上劳心，是一切发明之母。事事在劳力上劳心，便可得事物之真理。单纯的劳力，只是蛮干，不能算是“做”；单纯的劳心，只能算是空想，也不能算是“做”；真正的“做”只能是在劳力之上再去劳心。要解放孩子，让他们做有意思的事，才能施展他们的才华，不是吗？

教学有模式，但无定式。活力课堂教学模式不是固定的，但凡适合于教师和学生共同进步和发展的教学模式都可用于活力课堂。我们在教学实践过程中不断地进行总结，就会获得不同程度的提升，使课堂教学充满生命活力。

## 第三节 活力课堂教学模式调控策略

作为新时代的教师，仅仅有科学严谨的态度和教学模式是不够的，还需要懂得活力课堂教学模式调控策略。

### 一、创设适当的情境，诱发学生参与的欲望

每天一堂接一堂的课，即使教师精心设计，认真讲解，对于生性好动、耐心有限的学生来说，仍可能是一种难耐的“煎熬”。要使学生觉得课有趣，关键在于教师能设疑激趣。课前设计好的问题，如果教师用平淡无奇的语言叙述出来，那就很难激趣了。事实证明，课堂上教师通过创设富有趣味的问题情境质疑引导，远比平铺直叙更能激起学生强烈的求知欲。好比向一直平缓流动的溪水里投入几颗石子，可以激起很多浪花一样，新课程需要这样的“石子”，学生更需要这样的“石子”。

#### （一）创设童话情境

无论孩子长到多大，他们都会对童话故事保留着一丝幻想。其实成年人也一样，一提起童话，我们的脑海里总会浮现出一幅与之相关的画面，会激起我们浓厚的求知兴趣。北师大版的数学教材恰好为我们提供了很多这样的素材，里面的问题情境和练习的插图，大部分都与学生喜闻乐见的卡通人物有关，极大地调动了学生的探究的积极性。而教师要做的，就是更好地去利用它们。

【案例】

在教学四年级下册“小数点搬家”一课时，我利用课本上提供的一个童话情境导入课题。上课伊始，我先出示课题，激起学生的好奇心：为什么叫小数点搬家呢？然后我告诉学生：“森林王国里发生了一件大事，我们一起去看看吧！”此时学生情绪高涨，我接着就叙述了山羊快餐店的故事。

“山羊快餐店开业了，快餐 4 元一份，欢迎光临啊！”山羊伯伯正带劲儿地叫卖着……可一整天过去了，山羊快餐店里一个顾客也没有，山羊伯

伯很发愁："没有顾客，怎么办呢？"这时小数点跳出来说："别着急，我有办法。"小数点弯起身子就向左跳了一位。第二天，果然有几个小动物来了。山羊伯伯高兴坏了，忙感谢说："谢谢你啊，我的老朋友！"小数点得意地说："这有什么，我有办法让快餐店的生意更加兴隆，让我再搬一次家。"快餐价格一下子变成了0.04元，许多小动物都来了。山羊伯伯高兴之余，疑惑地说："为什么小数点搬家后会有这么多客人呢？"

到此，我通过山羊伯伯的话把问题抛给了学生，学生也都想知道为什么会这样。我先让他们独立思考一下原因，然后组织他们进行小组讨论，最后得出结论——原来小数点的位置移动引起了小数大小的变化。整节课，学生的思维被童话里的小数点牵动着，他们积极地探究新知，认真地参与，从而达成了教学目标。

### （二）创设生活情境

说到底，学生的"我要学"的信念是种极大的动力，而教师就是要激发学生的这种动力，让学生主动去学习、体验。著名教育家陶行知曾经提出过"生活教育"的理论。其中"生活即教育"是他生活教育理论的核心思想，即生活决定教育，教育改造生活。他指出，生活是教育的源泉，是教育的中心，生活应发挥教育的功能，要将整个社会作为儿童生活的场地来设计儿童的教育，教育要向儿童的生活回归。教育要以生活为源，回归生活世界，用生活来教育，通过生活而教育，生活应该成为教育的素材手段。

【案例】

在教学第三单元"小数乘法"第一课"文具店"时，我并没有直接出示主题图，而是通过询问的方式，从学生的生活经验出发来导入新知。

师：同学们，你们有过购物的经历吗？自己买过什么东西？

（学生争先恐后地交流自己的经历）

师：你学习用的文具是怎么来的呢？

生：从超市、小卖部……买来的。

师：那它们的价格是多少？

（学生交流单价，教师汇总这些信息）

师：知道了这些信息，你还想去买点儿什么？

（学生提出问题，讨论交流，计算总价）

整个教学过程的设计贴近学生的生活，激发了他们探究兴趣，有助于他们掌握新知识。



## 二、组织多种形式的课堂练习

学生学习了新知识后，还需要通过练习加深理解、提高思维能力，使知识转化成技能。课堂练习是一种有效的教学手段，它对培养学生的思维品质有重要作用。讲究课堂练习策略，精心设计课堂习题，严密组织课堂练习结构，提高课堂练习效率，是实施素质教育、减轻学生课业负担、保证教学任务完成的需要。

### （一）精心设计灵活多样的练习题

为了提高课堂练习效率，教师应精心设计灵活多样的练习题，以调动学生学习的积极性，激发学生的学习兴趣，在较短的时间内最大限度地提高练习效率。教师要把学生抄题、做题的纯粹机械动手练习变为脑、口、手等多种感官参与的练习。如在乘法口诀和利用口诀求商一节课的课堂练习中，我们可设计如下的练习活动，寓知识于游戏之中。这样，能使学生产生无意识记忆，其记忆的效果往往比强记更省力。

（1）对口令。把45句乘法口诀的每句口诀只写出前一部分，做好标签；将全班学生面对面分成两行，每人抽一签，一个人说，另一个人答。

（2）转圆盘。用硬纸做两个同心圆，在内、外圆上分别写上1～9各个数；转动一个圆，使里外两个数对齐，说出每两个数乘得的积。这样每转动一个格，就能算出9个数。

（3）猜卡片。活动前先写好卡片，如72、45、24、56、36……每位学生抽一张后，说出卡片上的数是几和几相乘的积。

（4）夺红旗。先写出算式，按组接力写积，哪个组先算完就夺得红旗。

以上的游戏性练习方法，可大大提高学生口算的兴趣和熟练程度，使学生从大量的作业抄写中解脱出来。

### （二）采用当堂练习、当堂反馈的教学方法

心理学分析表明，如果学生当堂练习，教师当堂订正并反馈信息，学

生希望得到正确答案的欲望更强烈，希望获得好成绩的信心更足，学生的思维活动也处于最佳状态。这样的“堂堂清”，既可减轻学生抄写作业的负担，又可使教师把花费在批改作业上的时间用在钻研教材、研究教法上。其方法有：

（1）集体反馈订正。学生在完成课堂练习作业后，自己对答案，做对的打“√”，做错的打“×”。然后，让做错的学生举手，教师抓紧时间巡视，发现有共性的错，马上予以集体讲评，学生动手更正。这样可以缩短错误信息在学生头脑中的停留时间，有效地把错误及时消灭在萌芽状态，避免学生把错误的知识当作正确的知识并牢固记入脑中。

（2）个别面批辅导。师生对答案，教师若发现个别学生存在的错误，特别是概念性或法则性的错误，应采用个别面批辅导的形式，让学生明白错在哪里、为什么错，并在教师的帮助下纠正过来。只有个别学生做错的习题，教师千万不要集体订正，否则会造成学生认知上的混淆，使原本没有错的学生记下错误的答案。

### （三）讲究练习策略，优化练习效果

为了减轻学生因为作业过多而造成的课业负担，同时提高练习效率，我们应采用科学的练习策略。

（1）新知识及时练。在教完一个新概念或新法则之后，教师应及时针对概念的本质特征选择一些习题让学生练习。这样的练习题针对性要强。如教学方程的概念后，应针对方程概念的本质特征，设计一些题目让学生判断哪个是方程、哪个不是方程、为什么。为体现针对性，教师可设计“诱错”性练习。如教学小数四则计算后，可设计（2.5－2.5×0.5）÷0.5 让学生练习。

（2）易混知识对比练。对于易混的概念，教师要善于引导学生用对比的练习方法来认识知识的联系与区别。在对比练习中，学生可发现知识同中有异、异中有同。如“数的整除”这一单元的各种概念是相互联系的，所以练习要既有利于学生理解知识，又有利于学生分清概念。因此，教师可提出一些似是而非的说法让学生辨别，如：①15 是倍数，3 是约数；②1 是质数，2 是合数；③奇数都是质数。

（3）相关知识结合练。我们在讲解一个新知识后，应把与此相关的旧

知识结合在一起，选择练习题让学生练习，促使学习迁移往正向发展。把新旧知识连成片、串成线，形成知识网络，能提高学生综合运用知识解决问题的能力，如在带分数的加减法法则的教学中，可让学生用类比分数加减法进行练习。

（4）主要知识加强练。对教材中的一些重点、难点、关键点，教师应在题目的数量和质量的选择上下工夫，不要随心所欲，随随便便拿来题目就让学生练习。一般来说，在讲了一个新的重要概念之后，应选配一些比较简单的基础习题来增强学生对新概念的理解；然后在此基础上，由浅入深，由易到难，循序渐进地设计一些稍复杂的习题，以培养学生分析问题的能力。如在用比例解应用题时，为了使学生能正确运用数量关系式“速度＝路程÷时间”及“工作效率＝工作总量÷工作时间”，可选用形式不同但实质不变的两道应用题让学生分别设未知数，列出比例式求解。

（5）因材施练。由于学生存在着知识基础和能力上的差异，在上述的不同知识练习中，教师应以不加重学生负担为原则，允许学生因材施练，不搞“一刀切”，采用“弹性”作业练习的策略。如在教学亿以内数的读写法后，可设计 35789、4000000、4000800、400008 等一些数让学生进行读写练习。可提示学生：已经懂得读写的数可不必做，不懂得的多做几遍，直到弄懂为止。

（6）练习量少些，要求高些。练习量多，势必加重学生的课业负担，影响学生的学习情绪和身心健康。造成学生为完成作业草率从事，降低练习的有效性的后果。若练习量少些，完成作业的时间充裕，学生作业就会认真、仔细、不马虎，才能工整、准确、求规范。教师对学生的练习技能要求应提高。如计算式题不仅要达到一定的熟练程度，还要做到计算方法合理、灵活。

同时练习设计要有计划、有目的、有层次，由浅入深，由易到难，注意面向全体，及时反馈及时订正，及时奖励及时强化，加强指导，提高能力。

总之，优化教学过程，就要全面考虑教学过程的各个环节，使每节课的程序成为一个科学有序的组合，每一个环节都成为这个整体的有机组成部分，以提高课堂教学效率，实现教学目标。

## 三、调整预设，巧妙生成

活力课堂教学是教与学的交往互动，是师生双方相互交流、相互沟通、相互启发、相互补充的共同活动，是一个动态的、复杂的发展过程，具有许多的不确定性。因此，活力课堂教学既要有一定的组织性和计划性，同时又要密切关注课堂中的“生成性”。教师不可能让学生完全按照事先设计好的教学过程上课，应真实地感受学生的所作所为、所思所想，随时掌握课堂上的各种情况，遵循学生发展的需要，发挥教学机智，灵活调整教学内容。那么教师应该怎样合理处理预设与生成的关系呢？

1. 及时调整预设，给生成留出空间

课堂教学是千变万化的，再好的预设也不可能预见课堂上可能出现的情况。课堂上一旦出现有效的生成，教师就应该及时调整自己的预设，给生成留出空间。当然，能不能合理处理生成取决于教师临场应变能力的高低，名师上课与普通教师的最大区别就是他们善于抓住并利用好学生生成的资源，这也是一堂精彩有效的课的重要决定因素。

【案例】

师：怎样比较 2/5 和 4/7 的大小。

生 1：可以利用画线段图的方法进行比较大小，从图中可以看出 2/5＜4/7。

2/5

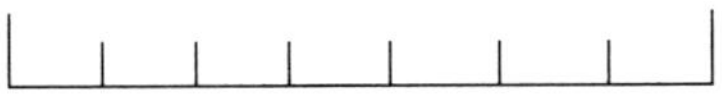

4/7

生 2：如果每题都画图就太麻烦了，而且有的分母较大的分数很难画，可以根据分数和除法的关系把分数化成小数进行比较。

2/5＝2÷5＝0.4，4/7＝4÷7≈0.57。因为 0.4＜0.57，所以2/5＜4/7。

生 3：现在 2/5 和 4/7 的分母不同，不能直接比较大小，可以把 2/5 和 4/7 先化为同分母分数再比较大小。

2/5=14/35，4/7=20/35。因为14/35<20/35，所以2/5<4/7。

师：这种方法具有普遍意义。（大家向生3投去了赞许的目光）

（根据预设，此时可以顺理成章地引入通分的概念。但受生3的影响，很多学生也积极思考，课堂气氛异常活跃。一生站起来说："老师，还有别的方法。"这真是"节外生枝"，但此时如果生拉硬扯让学生回到既定的教学设计上，效果不一定好）

师：有吗？你能说说你是怎么想的吗？

生4：也可以化成同分子的分数比较大小。

2/5=4/10，4/7=4/7，因为4/10<4/7，所以2/5<4/7。而且如果要比较的两个分数分母较大、分子较小的时候，用这种方法很简便。（这时教室里爆发出一阵热烈的掌声。接着，又有学生提出不同的方法）

生5：根据距离整数1的远近比较大小。

1-2/5=3/5，1-4/7=3/7，因为3/5>3/7，也就是说2/5距离1更远，所以2/5<4/7。

生6：利用1/2做桥梁，比较大小。

2/5<2.5/5，也就是2/5<1/2，4/7>3.5/7也就是4/7>1/2，所以2/5<3/7。

（教室里发出阵阵的掌声，学生思维活跃，课堂时间已过大半。此时如果再讲解通分内容肯定完不成任务，怎么办？教师干脆顺着学生思路就让大家学习怎样比较异分母分数的大小）

师：你们想了这么多种方法，各有各的优点。现在这里有几道题，你选择一种最佳方法比较大小。

①5/8和7/12　　②2/999和3/998　　③1998/1999和1997/1998

（学生很快选择了简便的方法，得出了正确的答案）

整堂课真是"意外收获"。这种"意外收获"，只有当课堂氛围非常好，师生互动热烈，学生思维极度活跃时，才有可能出现。在教学过程中，教师要舍得花时间，让学生暴露思维过程，适时调整教学进程，使课堂成为有生命的课堂。

2. 尊重学生的生成，给学生的生成营造氛围

当学生产生有价值的生成时，如果教师给他们的是失望和不能满足的

信息，学生的主动性、积极性就会受到打击。因此，在教学中，当学生有了生成，教师不要被这种火花电倒，应该采取积极的鼓励态度。若学生的这种火花在课堂上无法进行研究或展开时，教师可留到课下或其他条件成熟时再研究。而这个过程需要教师全程参与和关注，不要简单地布置学生下课后研究，然后就不了了之。由于学生受到年龄、心理方面的影响，不一定会再进行进一步的研究，一次机会可能就错过了。在课堂中能研究的、能放大的生成，教师要敏感地捕捉和利用起来，要让学生有这样的感觉：无论是课堂上能研究的还是不能研究的，只要是我提出来的而且是有价值的，老师都会很重视。时间一长，学生的智慧潜能会像火山般喷发出来，这时不让学生去自主研究也不行了。

例如，学会通分进行比较分数大小的一堂课结束后，教师问："用通分的方法比较分数的大小，同学们还有哪些问题?"此时一生站起来说："老师，比较分数的大小有多种方法，不一定要用通分的方法，为什么专门要学习通分的方法呢?"教师说："你的问题很有价值。通分的作用除了可以比较异分母分数的大小，还可以解决其他数学问题。"教师随手在黑板上写下两道题：1/2＋1/3，5/6－2/5。教师问："你会计算吗？如果利用我们今天学习的知识你会解决吗？请同学们课下研究。"

有了这个问题，课下有的学生尝试，有的几个学生讨论，气氛非常热烈。许多学生要求下一节课汇报计算的方法。这部分内容本来是下一单元的教学内容，要等一段时间才能学到，为此，教师改为提前学习异分母分数的加减法，获得了非常好的教学效果。

在教学中，预设是必要的，因为教学首先是一个有目标、有计划的活动。教师必须在课前对自己的教学任务有一个清晰、理性的思考与安排。同时，这种预设是有弹性的、有留白的，因为教学过程本身是一个动态的建构过程，这是由学生的原有经验、知识结构、个性等多方面的复杂性与差异性决定的。因此，教师在备课的过程中，应充分考虑到课堂上可能会出现的情况，从而使整个预设具有更大的包容度和自由度，给生成留足空间。

综上所述，活力课堂教学并不是不可捉摸、无法控制的。尽管教学是一个动态生成的过程，但教学的生成性并非意味着不需要预设，而是教师需要不断在预设与生成之间寻求一种平衡。

## 四、变“单一评价”为“多元评价”

张老师在教学中遇到一个问题。她所教班的小林每次考试都成绩平平，在她的心目中，小林地理成绩很一般，既算不上差学生，但也绝不是优秀的学生。但有一次与学生交谈，她惊奇地发现，在学生心目中，小林才是班上地理水平最高的学生，原因是小林平时很少复习地理，但他知识面广、对地图了如指掌……

这说明什么问题呢？第一，对某一个学生，同学和教师的评价不同，这是因为评价人不同，即评价主体不同；第二，对某一个学生，同学和教师评价不同，是由于评价依据的标准不同，教师是以期中、期末考试成绩来评价的；而同学则以他的知识面、对地图的了解以及学习效率来评价。那么，哪种评价更合理呢？这要求我们要对评价有一个新的认识。

以往我们的评价多为单一评价，即通过考试来评价学生的学业成绩。这种评价存在着一些弊端。从评价功能看，这种评价的功能主要是甄别和选拔，忽视了促进学生发展、提高和改进教师教学等方面的功能。有时教师为了提高区分度，往往会在考试中刻意加入一些偏题、难题、怪题造成评价与教学的分离。教师为了追求好的成绩，就会拼命让学生加班加点，而忽视学生发现问题、解决问题的能力，忽视学生情感态度和价值观的发展，使教学由培养“人”变成培养“考试的机器”。

【案例】

这是我在教学中遇到的一个真实事件，多年来我经常以此反省自己的教学行为。

在 20 世纪 80 年代，讲到全球变暖问题时，我布置了一个题目：应对全球变暖我们可以采取哪些措施？学生的答案固然五花八门，但多是从课本、报纸上找来的。其中有一个学生提出一个方法是“把二氧化碳收集起来，储存起来”，我看了这个答案毫不犹豫地打了叉。但一年后我在报纸上看到了一则报道，说的是美国科学家提出了“收集二氧化碳并储存在海底”的解决方案。看了这则报道后，我内心很不平静，为什么这个学生当时提出这个方案时，我视为无稽之谈，而当它变成科学家提出的方案时，我又非常相信呢？我在教学中到底担当的是启迪学生智慧、想象力的角色，还是扼制、打击学生想象力发展的角色呢？此后我在教学中对学生提出的各种答案不再轻易地否定，因为我知道我的视野和想象力是有限的。

从评价内容看，以往的地理学习评价主要是考察学生的知识和推理能力层面，忽视了过程与方法、情感态度与价值观等层面。在知识与推理能力方面又只重视课本知识，忽视了学生的生活体验和经历。地理学本身有很多规律是一种统计规律，这些统计规律是不能用来解释个别现象的，但在考试中我们又一定要让学生用统计规律来解释和分析个别现象。

从评价重心看，我们重视结果，轻视或根本就无视过程，对那些地理考试成绩不好的学生，无论其是否努力，都“无情地批评”。学生付出了努力却考不好，这本身就是一个很大的打击，再加上教师的批评，很可能会使他们失去学习的信心、丧失学习的兴趣。

从评价方式看，以往评价只强调笔试，而且精确量化，以 1 分甚至 0.5 分的差距来衡量学生。

从评价主体看，我们只重视“他评”，即教师对学生的评价，忽视“自评”，也忽视了同学、家长对学生的“他评”。

以上各种现象反映了以往学习评价中的一些问题，尽管新课程改革已进行了多年，但这种局面没有得到根本改善，而且有愈演愈烈的趋势。要改变这种局面，不能只依赖我们更新观念，还要依赖人才选拔、行政评价、社会评价等机制的引导和改进。

新课程改革方案中对评价有了新的观点，活力课堂推行着多元课堂教学评价，尽管要真正实施这种评价还有待时日，但我们还是看到了希望。

活力课堂的学习评价，要在知识与技能评价的基础上，关注对学生价值判断能力、批判性思考能力、社会责任感、人生规划能力形成状况的评价。在活力课堂教学活动和学习评价中，要重过程、重应用、重体验、重全员参与。活力课堂学习评价应发挥其激励与发展的功能，使学生从评价中获得成功的体验，积极参与学习活动，提高科学文化知识学习水平。教师要关注学生在学习活动中的表现与反应，并给予必要、及时、适当的鼓励性评价和指导性评价。

与以往的学习评价相比较，活力课堂的教学评价有以下特色：

1. 评价目标追求多元化

活力课堂针对以往课堂学习评价的弊端，把评价目标定位在以下几个方面：（1）诊断学生的学习质量，引导学生的学习方向；（2）促进学生的全面发展，促进学生潜能、个性、创造性的发挥，培养每一个学生的自信心和持续发展的能力；（3）检验教师的教学效果，调整教师的教学。这一目标理念的转变对教师提出了新的要求，教师要树立活力课堂学习评价的全面目的观，要在注重学习评价的管理功能的基础上，充分发挥学习评价的教育功能，关心学生的全面发展。

2. 评价内容力求全面化

活力课堂注重对学生综合素质的考察，不仅关注学业成绩，而且关注学生创新精神、实践能力、心理素质、学习兴趣和情感体验；尊重个体差异，认可个体发展的独特性，并给予积极评价；发掘学生多方面潜能，帮助学生接纳自己、拥有自信。具体地讲有两点：（1）强调活力课堂学习评价不能只局限于对学生的认知发展水平进行评价，要更关注综合评价学生在情感态度与价值观、创新意识和实践能力等方面的进步与变化；（2）倡导学习结果与学习过程的有机结合，要求既要注重对学生基础知识和技能的理解和掌握的现实状况进行评价，更要注重对学生在学习过程中的参与状态、学习方式、思维方式以及学习的主动性、创造性和积极性等进行评价。

活力课堂强调注重学生成长发展的过程，有机地将终结性评价与形成性评价结合起来；给予多次评价机会，其目的在于促进评价对象的发展；鼓励将评价贯穿于日常的教育教学行为中，使评价实施日常化、通俗化，如口头评价、作业评价、成长记录袋等。

3. 评价方法倡导多样化

活力课堂强调把评价渗透到课堂教学过程的所有环节，不同的目标领域（认知领域、技能领域、情感领域）要选用不同的方法对学生进行考查、评价；考试仅仅是学习评价的一种方式，强调要将考试与其他评价方式有机结合，力求改变目前将笔试作为唯一的考试手段、过分注重等级、过分注重量化的做法；实现形成性评价和终结性评价的并举，使绝对评价与相对评价相结合；要根据考试的目的、性质和对象，选择具体的考试方法、手段，并对考试结果进行不同的处理，尽可能减轻考试对学生的压力。

4. 评价主体注重多元化

在评价过程中，学生不是一系列考试的消极应付者，而应该是主动参与者，对学生的评价最终要通过学生的自我评价起作用。活力课堂新的评价观倡导评价主客体间的双向选择、沟通和协商，关注评价结果的认同问题，即如何使评价对象最大限度地接受评价结果；加强自评、互评，使评价成为教师、管理者、学生和家长共同积极参与的活动，实现评价主体的多元化。活力课堂强调学生参与学习评价，鼓励教师创造条件让学生开展自我评价和学生之间的互评，也鼓励家长和社区人员参与评价过程。

5. 发挥评价的激励功能

学习评价涉及复杂的心理作用，必须认真考虑评价给学生带来的心理反应。教师要摘掉“有色眼镜”，还学生“真实的自我”。针对以往学习评价中的问题，活力课堂强调：（1）要强化评价的诊断和发展功能，弱化评价的甄别和选拔功能，倡导在教学活动和学习评价中“发现学生的闪光点”，“培养学生自信心”，让学生保持健康向上的心态，为学生的学习成功创造良好的心理环境；（2）强调把评价活动和过程当作是被评价者自我展示的平台和机会，鼓励被评价者展示自己的努力和成绩；（3）要求评价能使学生准确了解自己的学习结果，使学生从中得到成功的体验，从而激发其学习动力，使他们积极参与学习活动，以达到促进发展、提高能力的目的。在活力课堂教学中，教师要随时关注学生在学习活动中的表现与反应，给予必要的、及时的、适当的鼓励性或指导性评价。

6. 评价标准注重反映学生的个性差异

活力课堂要求评价标准从注重简单划一过渡到体现个性差异，从注重绝对标准转变为注重绝对标准与相对标准的结合。绝对标准是一种达标标准，是达到度评价，而非横向对比、选拔性的评价。因此，我们应当淡化绝对标准，严禁对学生按分排队、公布分数或依据升学率奖惩教师；严格控制考试质量和次数，淡化考试的功能。绝对标准与个体标准相结合，有利于实现基础教育“保障基础要求统一，鼓励追求卓越”的目标，既能面向大多数学生，又不扼杀少数学生的才华。

## 五、从“带着教材走向学生”到“带着学生走向教材”

在活力课堂教学中，从“带着教材走向学生”到“带着学生走向教材”是一个很大的命题，它体现一种理念的变化，并没有固定的模式。这就要求教师在活力课堂的教学中能启发学生，把教材当作一种资源而不是学习的对象；同时要求教师在教学中运用归纳与演绎相结合的思维模式，使学生改变单纯吸收的学习方式。

【案例】

“全球气候变化”一节课，有两个不同的教学方式。

(1) 孙老师上课，复习前面学过的知识后，说道：“今天我们这节课来学习《全球气候变化》一节。全球的气候不是固定不变的……”（学生安静地听讲，认真地记录）“那么引起气候变化的因素是什么呢？……”（学生安静地听讲，认真地记录） “全球气候变暖对我们有什么影响呢？……”（学生安静地听讲，认真地记录）“现在大家用5分钟时间把全球变暖的影响背一下……”（学生开始认真背诵）

(2) 刘老师上课，也是先复习了前面学过的知识，给学生看了一幅树木年轮的照片，问道：“树木的年轮有疏密不同的差异，这是什么原因引起的？说明什么问题呢？”学生七嘴八舌地议论了起来……

在第一个例子中，学生明显是在教师的带领下进入学习状态，他们没有提出问题的机会，只是唯命是从地听。学习所得到的信息，至少从应付考试的角度或对照课本看都是正确的。而第二个例子中教师引导，学生从年轮差异的现象开始思考、议论、推理、猜测，可能得出正确的结论，也可能得出错误的结论。我们之所以无法评判两个课例的教学效果，是因为我们没有一个明确的标准，如果以是否能做对某道练习题或应对这一节内容的小测验来评价，可能第一种方法更好。

活力课堂倡导“带着学生走向教材”，就是要让学生把教材当作一种素材来学习，促进学生的知识与技能、过程与方法、情感态度与价值观的变化。这里教材是素材，不是结论，不是要背诵的内容。

活力课堂倡导“带着学生走向教材”，要求教师应具备归纳与演绎相结合的教学理念。所谓演绎思维是指从已经了解的、普遍性的原理去认识个别的、特殊的现象。具体表现为教师先一步步提出概念，然后用题目或事例来说明这些概念。如讲农业区位论时，先讲什么是农业区位论，然后举出一个地区的例子来看。而归纳思维是先抓住现象，然后从现象中归纳出其中的规律，再用最基本的原则去验证。学生在获取知识的初级阶段，首先是运用想象、猜测、直觉等非逻辑的方法打开思路，发现问题，找出规律。如同样是讲农业区位论，我们先给出几个地区的农业布局图，让学生找出其中的规律，分析原因，最后得出结论，这就可以被视为归纳思维。我国古代的“八股文”就体现一种典型的演绎思维；而通过科学实验来总结规律，可以看成是归纳思维。

活力课堂倡导“带着学生走向教材”，还要求学生改变学习方式，用合作、探究的方式学习，善于发现问题。我们常说，发现问题比解决问题更难，也更有价值。从这个意义来说，教师在学生的学习过程中所扮演的角色不是简单的传道、授业、解惑者，而是学生学习的促进者、指导者、合作者。

# 第3篇

# 活力课堂建设

Rang Ke Tang Huan Fa Sheng Ming Huo Li de Jiao Xue Yi Shu

本篇从活力课堂校本课程开发、课堂管理平台建设、学校文化建设三个方面出发，针对活力课堂建设中的具体问题提出了一系列的建议和解决方案。

# 第一章 活力课堂校本课程开发

校本课程是以学校教师为主体，在具体实施国家课程和地方课程的前提下，通过对本校学生的需求进行科学的评估，充分利用当地社区和学校的课程资源，根据学校的办学思想而开发的多样性的、可供学生选择的课程。

课程资源是指有利于实现课程目标的各种因素，它包括形成课程的因素来源，如知识、技能、经验、活动方式与方法、情感态度与价值观以及培养目标等；也包括实施课程必要而直接的条件，如决定课程实施范围和水平的人力、物力和财力以及时间、场地、媒介、设施等，也包括人们对课程的认识状况。

以人为本的教育理念要求教育突出对学生的人文关怀，要把学生看成有情感、有需要的“人”，而不是知识的“容器”和考试的“机器”，要积极营造一个轻松、愉快、和谐的学习氛围。在教学过程中，要求教师通过挖掘学生潜能、提高学生潜质达到教育目标，要善于发现学生的优点并帮助其提高，不要唯成绩论、唯表现论，要让每一个学生都有自己的发展空间。

如何把上述三个关键词联系起来，进行活力课堂环境下的校本课程开发，是活力课堂建设的一个崭新课题。

课程开发已经成为当今世界基础教育课程改革的潮流，也是今后基础教育课程发展的基本取向。20 世纪 90 年代以来，中学课程改革在世界范围内引起关注，包括中国在内的许多国家都根据时代发展的要求先后制定并颁布了新的课程标准，对学科教学及课程设置等进行富有成效的改革。在我国的新课程改革中，活力课堂校本课程的开发建设是一项重要内容，它的推行可以进一步增强活力课堂教学的开放性、灵活性，扩大学生知识学习的视野，培养学生的理论意识，提高学生的人文素养，推动素质教育的实施，从而促进学生全面发展。在改革过程中，人们认识的不足、理论研究的缺乏以及传统的高度集中统一的课程管理机制等问题，制约着校本课程的有效开发。

## 第一节　活力课堂课程开发基本情况

说起活力课堂课程的开发，就需要谈一谈目前流行的校本课程开发。

校本课程开发（school-based curriculum development，简写 SBCD）一词最早是在 1973 年由学者菲吕马克（Furumark）等人在爱尔兰阿尔斯特大学国际课程研讨会上提出并加以阐述的。之后，校本课程开发的概念逐渐流行起来，国内外很多学者从不同视角阐述自己的观点，并对其作出界定，从而使得校本课程开发的概念呈现出多样化的特征。

结合中外学者的各种阐述，我们可以把校本课程开发的概念定义如下：校本课程开发是指学校根据本校的教学理念或办学宗旨，通过对本校学生需求的科学评估，以本校独立完成或与他人合作的途径，以学校教师为主体进行的，采用选编、改编、新编教学材料或设计教学活动等方式，在校内实施并建立内部评价机制的一切形式的课程开发活动。这个开发活动是一个持续和动态的课程改进的过程。

根据国内外学者对校本课程开发的阐述和理解，我们把活力课堂校本课程开发的概念定义为：活力课堂校本课程开发是指以学校教师与其他机构、人员合作，在具体实施国家课程的前提下，通过对本校学生需求的科学评估，充分利用当地社区和学校的课程资源，根据学校的教育教学或者办学思想，采用选编、改编、新编教学材料或设计教学活动等方式，在校内实施、建立内部评价机制的各种课程开发活动。这些专业活动应该充分考虑地方社会、经济、文化、科学、历史、地理、风俗等思想因素。当然，由于活力课堂校本课程开发实践本身的复杂性，并且活力课堂校本课程开发本身也始终处于不断变化中，所以教育界对其有不同理解也是必然的。

## 一、我国活力课堂校本课程开发概述

实际上，校本课程开发的事实早在校本课程开发概念出现之前就已经存在了。随着新课改的逐步展开和深入，我们充分认识到现行的课程体系已经不能完全满足学生个性发展的需要，作为国家课程的必要补充，推行学科校本课程开发已是大势所趋。

我国校本课程开发相对较晚。1985 年，《中共中央关于教育体制改革的决定》颁布，地方获得部分教育管理权。1999 年教育部颁布了《面向 21 世纪教育振兴行动计划》和《中共中央国务院关于深化教育改革全面推进素质教育的决定》两个纲领性文件，提出试行国家课程、地方课程和学校课程的建议。到 2001 年，我国启动了新一轮的基础教育课程改革，颁布了《国务院关于基础教育改革与发展的决定》，其中明确规定实行国家、地方、学校三级课程管理。

从目前搜集到的资料来看，我国课程改革实验区关于初高中校本课程的开发已经涉及相当多的科目，如语文、数学、英语、化学、美术、历史、地理等学科，但是关于活力课堂课程开发方面的研究少之又少。当前，我国基础教育领域对学科活力课堂课程的开发还是相当薄弱的。因此，关于活力课堂课程资源开发的课题也就摆到了议事日程上来。

## 二、活力课堂课程开发程序

活力课堂课程开发的特点就在于不同学校、不同地区的课程应该体现各自的特色，这就决定了活力课堂课程开发不可能有统一的模式。因此，这里所说的“课程开发程序”也只是为教育工作者提供一个一般性参考。常见的校本课程开发过程分为环境分析、课程目标设置、课程内容组织、课程实施、课程评价五个阶段。根据各国各校校本课程开发的实践可以看出：这五个阶段的展开不是直线式的，而是一个周而复始、循环往复的过程；前一轮校本课程评价的结果可以作为后一轮校本课程开发的依据；必要时，活力课堂课程开发可以从任何一个阶段开始。例如，在课程组织阶段或课程实施阶段，也可以进行环境分析或对课程目标进行修改。

### （一）环境分析

具体而言，活力课堂课程开发的准备阶段包括两个主要任务：组织建立与环境分析。成立课程委员会或工作小组、确立参与成员和工作程序是活力课堂课程开发的必要前提。认真研究一些校本课程，我们不难发现，任何出色的活力课堂课程都是建立在扎实的环境分析基础上的。斯基尔贝克曾说过，“尽管选择目标的过程中涉及科目、学习理论以及对儿童的理解，但是课程目标不能仅仅从科目中推论出来，从学习理论中推理出来，或者从对儿童的理解中感受出来。相反，课程开发应该从考察学校层次的环境着手，因为每一所学校都是不同的，从一所学校获得的环境分析结果不能照搬到另一所学校。只有了解了本校的环境，才能开发出适合本校环境的课程”。

构成学校环境的要素有很多，如学校的文化、价值观念、办学目标，学生群体的能力、心理、智力发展状况和情感与社交发展状况。大致可以分为学校外部环境要素和学校内部环境要素。学校外部环境要素是指学校所处的社会环境、地域环境、基础教育改革大背景等学校所处的大环境。学校内部环境要素主要是指学校的办学目标、发展目标、文化环境、师资、学生状况等方面的要素。在进行学科校本课程开发的实践中，首先应认真细致地分析学校外部和内部环境，并将学科的特点与学校环境有机地结合起来。

### （二）课程目标设置

通过对学校环境的细致分析，确定好活力课堂课程开发的大致方向之后，接下来的重点就是细化课程目标。就具体学科而言，在编制活力课堂课程目标时应该重点考虑两个方面：学习思维能力的培养和德育功能的开发。

课程目标在表述上应该具有层次性，对不同的学习内容应该有不同的水平要求。新的课程目标不仅包括知识与技能目标，同时也要包括过程与方法、情感态度与价值观目标。

### （三）课程内容组织

活力课堂课程开发虽然是一个民主开发的过程，教师在活力课堂课程开发中享有充分的自主权，但这并不意味着教师可以对课程内容随意选择和组织，必须讲究原则与策略。需要坚持的原则大概有三个：

（1）兴趣优先。活力课堂课程开发的基本定位是非学术性的，或者说是兴趣性的，所以任何一门活力课堂课程开发的内容选择都应该满足和激发学生的内在学习兴趣。

（2）活动主导。从课程的学习过程来看，活力课堂课程必须重视学生的实践。只有在感受与体验中，我们才能培养学生个体独特的实践精神和创新能力。

（3）资源为主。活力课堂课程设计必须充分利用学校和社区现有的课程资源，这是活力课堂课程开发的可能性的保障。

### （四）课程实施

许多学者对活力课堂课程实施的类型进行了不同的分类。不同的学校可以根据不同的具体情况进行决策，确立适合本校的活力课堂课程开发类型。活力课堂课程就开发的方式而言，大概有五种形式：

（1）课程引入。比如，引入国家或校外提供的课程开发项目。

（2）课程选择。比如，在国家或地方提供的课程项目中选择所要开设的课程项目。

（3）课程改编与延伸。可以对国家规定的核心课程作出适应性的改造，也可以对引入的校外课程做重新改组和延伸。

（4）课程整合。指不同学科的整合、学科与活动的整合、同一学科内部不同教学内容的整合等。

（5）课程创新。指学校自己开发新的课程项目或单元，或自己设计某种具有自己学校文化特色的社会活动专题。

从以上课程实施的顺序我们可以看出，学校的活力课堂课程开发的自主权是在不断增大的。而对于教师来说，从课程选择到课程编写，参与课程开发的难度也在逐渐增加。

### （五）课程评价

活力课堂课程评价至今尚无统一的定义，专家学者们见仁见智。有人认为活力课堂课程评价就是测量学生在学业方面实现预期行为目标的程度，活力课堂课程评价就是对课程进行描述和判断等。虽然有关活力课堂课程评价众说纷纭，但总括起来不外乎两个方面，一是对教师的评价，二是对学生的评价。对教师的评价既包括对教师开发活力课堂课程本身的评价，又包括对教师活力课堂教学行为的评价；对学生的评价应当注意终结性评价与形成性评价的有机结合。建立科学、系统的校本课程评价体系，能够为活力课堂课程开发提供有力保障。

## 三、活力课堂课程开发存在的问题及反思

活力课堂课程开发是一个持续、动态的过程，对过程的关注应该比结果更重要。目前，我国的活力课堂课程开发总体上还处在萌芽、起步阶段，受到如理念落后、资源不足、素材缺乏、方式陈旧诸多因素的制约。虽然我们在活力课堂课程开发实践工作中取得了一些成绩，但同时也存在着质量参差不齐、发展不均衡等问题。

（1）教师对活力课堂课程开发的能力薄弱，对活力课堂课程的开发理解不到位，在活力课堂课程开发、管理中出现了一些错误认识与工作误区。其表现为：①对活力课堂课程的定位不清晰，将活力课堂课程与综合实践活动及兴趣混淆。②将活力课堂课程开发等同于校本教材编写，错误地认为校本课程开发就是编写出一套像样的活力课堂课程教材。③对活力课堂课程的开发、实施与管理不规范，显得很随意；学校活力课堂课程开发方案内容不具体、可行性差，教师活力课堂课程纲要内容过于简单、执行性不强；活力课堂课程及教学评价方式模式化、单一化，不能针对不同的活力课堂课程内容而制订出评价方式。长期以来，国家没有把课程开发与管理放手给地方，学校、教师与学生过分依赖教科书，教师缺乏活力课堂课程开发所必需的专业能力与自主意识。

（2）课时安排不合要求，活力课堂课程课时的有限性与学生的多样性需求之间存在矛盾。教师工作负担重、时间有限，学校很难为教师参与活力课堂课程开发提供时间，更难让教师比较连续地参与活力课堂课程开发。不少学校开发出来的丰富多样、学生喜爱的活力课堂课程往往因为课时不足而不能完全实施，出现了有限课时与学生多样化需求之间的矛盾。

如何在有限课时内，科学而合理地设置可供学生选择的、满足学生个性发展需要的系列活力课堂课程？这是活力课堂课程建设中一个很难解决的问题。

（3）活力课堂课程开发自身也有一定的局限性，如学校条件、教师水平、专业支持等，这些因素都影响着活力课堂课程开发的质量。

这些问题如不能及时有效地解决，长此以往，将会影响到学校开发活力课堂课程的积极性。为了化解现实的矛盾，在学校层面谋求活力课堂课程开发向更好的方向发展，我们可以从以下几个方面着手：

（1）先易后难，分层推进活力课堂课程开发。①在开发方式上先易后难，在活力课堂课程开发的初始阶段可选择选编和改编的方式；②开发程度与实施范围分层递进，即采取试点方式，在部分学科、部分单元、部分班级进行开发，取得经验后再推广。

（2）借助外力，提高活力课堂课程开发的质量与效率。有条件的学校可以借助外部力量，特别是高校和科研院所等机构的力量，共同参与本校活力课堂课程开发的启动、维持和深化发展的过程。借助外部的专业力量，可以提升活力课堂课程开发的起点，增加活力课堂课程开发的目的性、系统性、科学性和针对性，从而在实践和理论两个方面提高活力课堂课程开发的效率和质量。

（3）苦练内功，以课题研究引领活力课堂课程开发，提高学校自身的开发水平。从学校的长远发展目标看，活力课堂课程开发最终还是要依靠学校内部力量的增强，特别是教师专业素质的提高。从理论上讲，每个教师都可以通过自我完善成为活力课堂教育教学专家。

学科教育属于国民教育，是培养公民基本文化素质的基础教育。学科活力课堂课程是文化素质养成性质的学科课程。学校活力课堂教学是建立在学生原有的认知结构上而重新建构的知识体系。作为新的课程体系的重要组成部分，活力课堂课程必将在活力课堂教学实践中发挥越来越重要的作用。

我国目前的高中校本课程开发与教学存在诸多困难。（1）国家虽然颁发了《普通高中课程方案（实验）》，规定在高中阶段需要开发、开设选修Ⅱ校本课程，但对校本课程开发指南、教学实施与学分认定细则等缺乏明确配套的措施与制度，校本课程的开发与实施存在较大的随意性；(2) 在沉重的高考升学压力下，学校校本课程的开发与实施缺乏紧迫性，一直处于高中新课程的边缘地带；(3) 长期以来教师形成了教学实践者的角色，课程意识淡薄、滞后，缺乏校本课程设计、实施、评价等方面的专业知识，参与课程建设、开发的信心和能力明显不足；(4) 自主开发校本课程，各校力量单薄，校内合作、校际协作缺乏强有力的部门和机构的组织与指导。

基于上述高中校本课程开发的种种问题，一些学校在实施高中新课程实验的六年中，通过教研机构协调指导，自上而下地实施校本课程开发，取得了显著成绩。如江苏省丹阳市市域高中选修Ⅱ地理校本课程的系列化开发。

## (一) 自上而下实施高中选修地理校本课程的系列化开发

### 1. 教研机构（教研员）与学校（教师）合作的开发策略

这是教研系统与学校合作的一种开发策略，包括教研机构与学校合作开发、教研员与教师合作开发两种。

(1) 市级教研机构与学校合作开发。如丹阳市教育局教研室地理室和丹阳市“侯建成名师工作室”主持牵头，通过申请并经市教育行政部门确认，成立了市级课程资源开发与教学整合策略研究课题组，吸收了全市13所高中学校地理教研组的40多位高中地理教师，组成近十个子课题组，成立了市级高中地理校本课程开发指导中心组，组织和推进全市范围校本课程研究与开发。

(2) 市级教研员与学校地理组教师合作开发。丹阳中学、丹阳五中采用了这种开发策略。如《丹阳地理》由市教研中心的地理教研员与市第五中学、吕叔湘中学地理教研组十几位教师开发完成。类似的情况还有丹阳市教研室教研员与市第五中学地理教师合作开发出了《丹阳农村的环境与发展》。从课程开发条件上看，这些学校地处丹阳市郊区，单一学校的课程开发力量比较薄弱。通过教研员牵头，它们组成学校校本地理课程开发项目组，和丹阳市“侯建成名师工作室”共同分析和研究本地区社会资源与办学特色，确定校本地理课程开发方向。

教研机构（教研员）与学校（教师）合作开发策略的优势在于强强联合，组成合力，有利于取长补短，达成理论与实践的完美结合。从组织协调方面看，教研部门和名师工作室各自拥有专家团队，对国家课程设置和管理及有关的教育政策比较熟悉，对所负责的学校和学科教学状况比较了解，拥有较丰富的专业知识和教研教学资源，能很好地发挥组织协调和指导作用；另一方面，学校（教师）对本校的办学方向和学校文化有比较深入、全面的认识和理解，熟知学校的优势和自己的长处，了解学生兴趣所在，能真正贯彻校本课程开发中“以学生为本”的思想。

需要注意的是，采用教研机构（教研员）与学校（教师）合作的开发策略，要坚持以校为主的原则。教研员要承担具体开发任务，更好地起到带头作用，还要尊重和积极采纳学校、教师及学生的意见，避免自以为是、包办代替，避免使校本课程脱离学校的实际，偏离学生的兴趣和需要。

2. 以邻近学校协作为基础、校际教研组合作开发的策略

校级教研组合作开发策略可以有两种形式，一种是互补整合开发，由合作学校对同一主题的校本课程模块同步开发，然后对各自开发结果进行整合补充，并加以完善；另一种是合并交叉式开发，把同一主题的校本课程模块分割为几个专题和章节，由合作学校各教研组或成员分成课程开发专题小组，分担负责不同部分的开发任务，最后对各校各人开发结果进行合并补充，并加以完善。

丹阳教育系统运用较多的是合并交叉式开发，它的优势是使校际合作贯彻到开发的每一个部分，专而精，节省时间和物力。如丹阳市第五中学、吕叔湘中学、第六中学三所四星级高中，彼此相距不过数千米。它们都是省级重点中学，师资力量较强，办学水平较高，在区域内对相邻学校具有较强的辐射带动作用。在实施高中新课程实验中，三所学校对校本课程的开发有着浓厚的兴趣。三校12位教师通过合并交叉式合作，顺利地完成了《丹阳自然灾害与防治》校本课程的开发工作。

校际合作开发的优势在于能够较好地整合区域资源，实现校本课程开发成果的共享。采用这一开发策略，关键是要有一所学校能够发挥主导作用。校本课程开发各方应制订一份共同的、具体而又可行的校本课程开发

计划，明确开发时间进度、内容任务、成果形式以及人员分工、保障措施等，便于检查和指导开发过程。

3. 以学校为基本单位、师生合作开发的策略

如高中地理校本课程《丹阳市环境问题及其综合治理》就是由丹阳第五中学的地理教师与该校的七位高中学生一起开发的。丹阳市开发区是丹阳的一个新城区，是世界著名的汽车、摩托车、磨具、金刚石钻头、眼镜投资（工业）区和新兴的物流园区，在区域发展取向方面充满着矛盾，其环境问题一直为社会各界所关注。第五中学的地理教师和学生一起，通过深入的调查研究，收集了丹阳地区大量的大气、水、城市发展、工业布局、“三废”污染状况的材料，开发了高中地理校本课程《丹阳市环境问题及其综合治理》。该课程材料丰富，探究性学习形式多样，内容与国家地理课程的必修、选修模块相互渗透，充分体现了校本课程研究性学习的特点。

教师与学生合作开发校本课程，教师先要根据学生的需求进行初次课程设置，学生提出意见和建议，教师依此调整完善课程设置。这种开发策略更好地体现出教师、学生、课程的互动关系，使课程直面学生的兴趣与需求，容易受到学生的欢迎。

## （二）开发系列化基于学生兴趣的高中地理校本课程

1. 立足市情，突出校况，构建地方特色浓郁的地理校本课程

高中地理校本课程开发必须以《普通高中课程方案（实验）》确定的培养目标为基础，研究、分析学校和社会的发展需求，评估当地教育资源，调查、分析学生的需求，联系实际，突出乡土背景，选择学生感兴趣的、具有丰富生活生产背景的案例，体现课程的思想、方法，反映知识的应用价值，如下图所示：

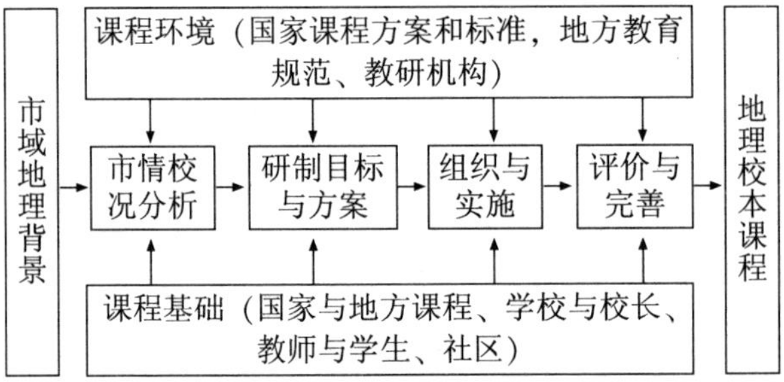

2. 异课同构，同课异构，开发色彩纷呈的系列化地理校本课程

（1）异课同构，指课程编制的框架和格式具有市域的相对一致性。在实施市域校本课程的开发中，我们提供了以下框架和格式，作为全市十多所高中学校的地理校本课程编制参考。

①高中地理校本课程教学方案（要素）

②课程说明（课程名称、授课对象、课程类型、教学材料、授课时间）

③课程目标（知识与技能、过程与方法、情感态度与价值观）

④课程内容要点与活动计划（教学要点、课时计划、教学方式与方法）

⑤学习总结、评价（目标、要求、方式、场所、学生成绩的构成和认定）

⑥高中地理校本课程教学设计（单元章节或专题的教学构思）

⑦教学目标

⑧教学内容

⑨教与学的策略

⑩教学安排

我们认为，尽管校本课程开发因校制宜，多种多样，但应符合课程的一般规范。要将高中地理校本课程的开发置于《普通高中课程方案（实验）》的框架、学校教学计划和教学实施中，在保持各校自主性的同时，对全市各校的校本课程开发提出一个大致相同的体例要求。不同的校本课程模块都要有一个相似的叙述结构，课程中的各种学习内容要具有逻辑关系，课程的每个单元要实现一个明确的目标，课程要符合和适应学生的知识基础和学习背景等。要做到课程文字系统、图像系统和活动探究系统的相对统一，形成高中地理校本课程的市域系列化。市域校本课程的异课同构，便于教育管理部门对各校校本课程的开发和教学进行整体指导，能较好地促进校际教学交流。

（2）同课异构，指课程内容呈现和教与学策略具有市域的多样性。同一个地区所处的市域经济社会文化背景、课程环境和课程基础相似，但这不影响我们对校本课程资源差异性的发掘。各校的办学传统和学校文化不同，城市与郊区学生对周围事物的兴趣有差别，各校地理教师的专业特长各异，获得课程资源的渠道和数量不一样，相同的市域一样可以开发出不一样的校本课程。

例如，丹阳市的城市定位为国际化、现代化的地方特色工业区暨古运河风景旅游城市。古运河文化特征是这个城市最基本的自然、社会、经济、人文特色，苏南乡镇地理及与此有关的经济、旅游、自然灾害，往往成为各个学校地理校本课程关注、开发的共同点。我们要注意指导各校采取同课异构的策略，使每一位课程开发教师都能用引起学生兴趣的情景来呈现问题，引导学生从不同的角度思考分析、探究区域地理环境，以不同的途径和形式进行研究性学习，从不同的角度思考区域的可持续发展。即使相同、相近主题的地理校本课程，设计出的学习活动的自主性、探索性、创新性，学习方式的活动性、实践性、综合性，教学过程的情境性、合作性、建构性，教授方式的灵活性、针对性都可以有不同的特点，形成市域校本课程同课异构的特点。

## 第二节　活力课堂校本课程资源开发

活力课堂校本课程是在学生学好必修课的基础上，为拓宽学科相关专业知识，从学生的实际情况出发，为提高学生学习兴趣而设置的课程。它是活力课堂教学的一种探索，对于全面推行素质教育有着积极的意义。

### 一、地方课程资源与校本课程设计

校本课程与其课程资源存在着十分密切的关系。没有课程资源也就没有校本课程，开发校本课程的重要条件就是充分挖掘其课程资源。

课程资源不仅为我们从事活力课堂教学提供了丰富的材料，更重要的是，如果我们能对其加以充分利用，它会对我们的教学产生积极的影响。

（1）它可以改变以往静态课题教学的面貌，使其成为充满活力的、内容丰富的动态活动，从而激发学生的学习兴趣。

（2）它可以增强课程的个性化色彩，使活力课堂更加真实生动并且有特色。

（3）它可以因其贴近学生生活而引发学生深层次和复杂的情感，使个人的感悟与国家的命运有更佳的结合点。

(4) 它打破了课堂与社会的界限，使课堂教学与课外活动、书本知识与社会实践有机地结合，有利于学生参与教学活动，形成探究式的学习方式。

## 二、校本课程设计理念和利用方式

丰富的课程资源是校本课程的要素来源，是直接实施校本教学的必要条件。课程能否顺利实施，很大程度上取决于课程资源的开发利用方式和水平。

### (一) 确立关注学生发展的设计理念

“为了每一个学生的发展”是新一轮基础教育课程改革的核心理念，在活力课堂校本课程资源的开发过程中，首先应该确立的设计理念就是促进学生的发展。学生发展是校本课程开发的具体着眼点和最终落脚点。因此，课程资源开发必须面向学生，既要考虑学生已有的发展状况和发展条件，又要科学估计学生未来发展的最大可能。或者说，校本课程的开发、设计要“目中有人”，要着眼于学生的发展和受教育情况，了解他们已经具备或尚需具备的知识、技能和素质，审视能使学生在日常活动中以及实现自己目标的过程中获益的各种地方课程素材。只有关注学生的发展，课程的设计才能有科学的课程目标。课程设计要以育人为本，离开了育人，任何一种课程开发都将毫无价值。

### (二) 合理筛选课程资源

从当前我国新课程改革的趋势看，凡是有利于学生主动学习与和谐发展的资源都应该加以开发和利用。究竟哪些资源是具有开发和利用价值的校本课程资源？我们还必须通过理性筛选鉴别具有利用价值的地方课程资源。

根据现代课程理论，在理性筛选中需注意以下几方面的问题：(1) 要有利于实现基础教育的目标和培养宗旨，反映社会、地方的发展需要和方向；(2) 要与学生学习的内外部条件相一致，符合学生身心发展的特点，满足学生的兴趣爱好和发展需求；(3) 要在可能的课程资源范围内和充分考虑课程成本的前提下突出重点，精选那些对学生终身发展具有决定意义的课程资源，使之优先得到运用。

**（三）采取科学多元的利用方式**

（1）搜集资料并撰写小论文。首先要选定一个主题作为论文的题目，教师要帮助学生确定论文写作的范围。在学生对相关材料进行收集、整理、辨析的基础上，引导学生对材料进行分析，并指导学生拟订论文写作提纲，然后由学生独立完成小论文的写作。一般来说，论文应包括问题的提出及其研究意义、分析论证及得出的结论，并附有资料来源或参考书目。

（2）开展社会调查并撰写调查报告。在组织调查活动之前，教师和学生应当根据选定的调查课题，拟订调查的主题和目的，选择调查的对象和范围，确定调查的方法和过程。通过学生实际调查，整理调查所得的材料和数据，对事实进行分析，得出结论，形成有力的调查报告。历史有些课程涉及近现代史的研究性问题，如针对日本掩盖南京大屠杀真相的丑恶行径，可以通过组织学生参加社会调查、遗迹实地考察、访问幸存者等活动进行研究，撰写调查报告。

（3）如在开发历史活力课堂校本课程资源时，可以撰写历史人物小传。如设计一些涉及地方历史人物的研究性课题，可以通过寻访遗迹、阅读书籍和搜集材料，对历史上的重要人物进行专门研究，然后以人物传略的形式，概要介绍历史人物的生平事迹，并对其在历史上的地位和作用进行分析和评价。

（4）组织讨论。将研究性的课题设定为讨论的题目，在收集相关材料的基础上，组织小组讨论或全班讨论。另外，还可以对以上一些活动方式的研究成果，如小论文、读书报告、调查报告等，让学生进行相互交流，以讨论的形式使研究进一步深入。讨论的方式可以是多样的，除了常见的课堂讨论外，还可以模拟成人的讨论形式，如圆桌会议式讨论、论坛式讨论、专家咨询式讨论、论文答辩式讨论等。

（5）组织辩论。对研究的课题或研究的成果进行辩论，但这种辩论不是两人辩论，而是一种集体式的辩论形式。教师可将全班学生分为正方、反方、评论方，模拟大学生辩论会的形式，既有正、反方的陈述性发言，又有双方的对抗性答辩，最后有各自的总结性发言。还可以模拟法庭辩论的形式，将学生分为原告及辩护律师团、被告及辩护律师团、法官及陪审团三方，展开辩论，进行评判。此外，还可以采用现场模拟、角色扮演等方式开展活动，使学生在轻松、活泼的气氛中展示自己的研习成果。

不论采用何种方式开发课程资源，都应该以学生的活动为主，由学生独立或合作进行活动，完成研究性课题。另外，教师对学生研习活动的引导、组织和帮助是不可缺少的，教师要对学生研究的过程进行必要的监控，及时给予针对性的指导。同样重要的是，教师要注意学生研习情况的反馈，帮助学生更好地完成课题的研究。在对研究成果的评价方面，教师应该和学生一起分析他们研究的成果、进步、特色等，找出不足之处，指出需要进一步改进的地方。在开展研究性课题的教学活动中，还要特别注意师生之间的互动，尤其是学生之间的互动，这既包括研习过程中的交流，又包括研习成果的交流，可以考虑用墙报、专栏、刊物等形式展示学生的研习成果。

### 三、校本课程开发设计的途径

活力课堂校本课程资源开发要求教师从过去的课程执行者转变为课程的开发者和研究者，要求教师要有一定的课程开发研究素养。因此，教师不仅要加强业务学习，提高教育教学能力，更重要的是增强参与教育改革、进行教育研究的能力。教师进行地方课程的开发与研究工作，不可能也不需要像专家那样，恪守严格的研究规范与操作程序。对于大部分教师来说，在客观现实条件下，最为恰当的活动是参与、实践、反思。可以说，校本课程开发在本质上要求教师具有教育行动和研究的能力，教师通过对课程开发实践情境的反思，不断提高本学科课程的教学质量。

课程开发是一项集体配合的活动。教师作为课程开发的主体之一，就必须加强多方面的合作，包括教师与地方行政人员的合作、教师与社区人员的合作、教师与校长的合作、教师与学生及其家长的合作、教师与教研人员和课程专家的合作等。当然，教师在日常的教学活动中，特别是校本课程的开发过程中，要解决随时可能出现的种种问题。与其他教师的相互隔离，有可能会阻碍教师校本课程开发的进程，并最终导致校本课程开发沦为教师本位课程开发。因此，早期的探索性质的校本课程开发，应当建立以地方、学校和教师为主体的多方面人员参与的课程开发小组。在这个小组中，来自不同方面的成员发挥各自特长，共同完成开发任务。这样的小组合作有助于使课程开发成为一个教师不断提高能力的过程。在整个学科课程开发过程中，教师与各方面人员的通力合作，既是课程开发的内在必然要求，也是培养教师合作精神的有效途径。

# 第二章　活力课堂管理平台建设

## 第一节　活力课堂教学管理与学生学习

活力课堂管理指为顺利开展课堂活动进行的计划、组织、控制、监督的过程。课堂教学有两个主要任务，一是维持秩序，二是促进学习。

维持课堂秩序主要是指建立和维持适宜学习发生的课堂环境。为了完成这一任务，教师应运用多种课堂管理策略进行课堂管理，包括建立课堂规则和程序、组织小组、监控课堂事件、对不当行为作出处理等。

1. 让学生肩负起责任

人本主义课堂管理的教师特定行为，是考虑和尊重学生、与学生交流、重视学生的情感和需要、让学生自我控制和管理自己的行为。这种行为会促使学生自觉遵守课堂纪律，全身心投入课堂学习。

2. 制订和执行规则

课堂规则用于规范和支配学生课堂上的行为，告诉学生在课堂上应该怎么做，如果违反，就要受到批评。课堂规则是师生特别是学生，在课堂上如何行动的规范和标准，对建立和维持课堂秩序、预防课堂问题行为有十分重要的作用。因此，教师应该这样做：

（1）告诉学生课堂规则的重要性。

（2）与学生共同制订课堂规则。规则只有在被学生认可、接受，而不被看作是教师强加的、是不合理的时候，才能发挥约束学生课堂行为的作用。让学生参与课堂规则的制订，可以提高课堂规则的认可度、影响力和约束力。

（3）确定适当的课堂规则。适当的课堂规则要与学校规则一致；要在教师认可和学生年龄水平、理智能力允许的前提下让学生自己制订；

指出适当的行为应用正面陈述的词，如上课认真听讲、按时完成作业等，不用否定的词；要集中于课堂上的重要行为；条目不要太多，一般以4～6条为宜；表述的语句要简明；要针对或指向可观察到的学生的课堂行为；要明确学生遵守课堂规则将得到什么奖励，违反课堂规则将受到什么惩罚。

（4）告诉并让学生理解课堂规则。研究表明，可以有效管理课堂的教师在开学的头四天用于课堂管理上的时间多于用在教学上的时间。管理得好的班级与管理得差的班级相比，在学期开始时花费在教课堂规则上的时间较多，但在整个学期，这方面所花的时间较少，从而增加了教师和学生用在教与学上的时间。

（5）要告诉学生违反课堂规则将受到的惩罚或可能带来的后果。

3. 建立和维持秩序

良好的课堂秩序表现为班级成员协调一致地活动，没有破坏性行为和干扰教学的事件；全体学生遵守课堂规则，以更多的精力投入学习。

教师建立和维持良好的课堂秩序，主要包括计划好管理、组织好班级活动、安排好课堂教学活动的过渡、预防课堂上的问题行为和干扰性事件、机智应对课堂偶发事件、使课堂活动合理化，等等。

在应对课堂偶发事件方面，教师应采取宽容的策略、转换的策略、停顿的策略、幽默的策略、诱导的策略、暗示的策略、冷却的策略、糊涂的策略等。

在活力课堂教学中，教师要使学生专注于学习，预防问题行为，应该这样做：

（1）引起或吸引学生的注意。调查发现，90％的教师认为，导致学生出现破坏性行为的一个普遍原因是教学乏味。这提示教师应通过教学的生动性、有趣性，课堂活动的多样性，教学内容与学生的相关性，讲授语言的清晰明了和组织条理化，长久地维持学生的注意，促使学生参与课堂教学并投入学习。

（2）活力课堂教学的挑战性适度。教学内容难度切合学生水平，教学进度考虑学生的能力，这样既不会使学生感到太难以至产生挫败感，也不会使学生感到学习太轻松以至精力过剩、无事可干。

(3) 提供自然、顺畅而有效的过渡或变换。教师要尽量减少中断或拖延，因为教学过程中过多的中断、变化等容易引起学生的问题行为。

(4) 使学生意识到学习的责任。教师应告诉学生认真听课、参与学习是他们的职责，并让他们了解自己在教学中肩负的责任，向他们提出明确要求，使他们专注于学习。

(5) 不断监控学生的学习。教师要及时对学生的学习作出反馈，让他们体验到成功的喜悦，牢记失败的教训，解决他们在学习中遇到的问题，对他们的学习提供指导和帮助。

(6) 围绕教学中心授课。教学不围绕教学目标，教学没有中心，或对学生指导和要求不明确，都会导致学生问题行为出现。教师一旦发现这种迹象，就应马上调整教学行为。

4. 发现、处理分心行为和问题行为

凯恩斯（1985）在《课堂中的问题行为》一文中曾谈到，一个学生的问题行为会影响或破坏其他学生的学习，这可能是简单地诱发另一个学生不听讲；也可能是问题行为蔓延，诱发许多学生产生类似的问题行为。这就是人们常说的“病原体传染”，它会蔓延到全班，破坏课堂秩序。

课堂教学中学生出现的偏离常规的行为被称为异常行为。异常行为包括分心行为和问题行为。分心行为是指学生在活力课堂上偏离教学活动和学习任务的行为，一般而言，它只影响有这种行为的学生，对其他学生没有影响或影响不大。问题行为是指学生在活力课堂上表现出的破坏课堂秩序、干扰和妨碍教学过程的行为，它影响教学目标的实现和教学任务的完成，妨碍了班级其他学生的学习。

在活力课堂中，制止问题行为的有效策略有以下几种：

(1) 让学生感到教师与他们共在。根据 Kounin 的理论，教师要定时巡视、监察自己的班级，这样，既可知道课堂上正在发生的事，也使学生知道教师随时随地都是与他们“共在”的。教师能及时知道课堂上正在发生的事，并将异常行为消灭在萌芽状态而不至于酿成大问题。

(2) 发现异常行为要判明其性质。教师要对分心行为和问题行为有敏锐的洞察力，及时地、准确地发现。发现异常行为后，在采取措施前，教师要对异常行为进行研究，确定是分心行为还是问题行为，判明异常行为的性质。

Leach 认为，对课堂上异常行为可从八个方面进行分析：程度——这种行为对其他学生活动的干扰达到何种程度；持续时间——这种行为持续时间有多久；频率——这种行为多长时间出现一次；背景情况——这种行为发生的原因；联系——这种行为是否与其他特定行为关联；普遍性——这种行为是否在很多情况下出现；正常性——这种行为是否偏离同学的正常行为；对其他同学的影响——这种行为是否干扰了其他同学，怎样干扰其他同学。

(3) 进行处理。如果是学生个人的分心行为，如注意力不集中、讨论时不主动发言等，没有影响班级中其他同学，也没有干扰教学，且持续时间不长，教师就没有必要去管它，也就是说可以忽视，不采取干预措施。

轻微问题行为若持续时间不长，对教学干扰不大，对其他同学影响不大，教师可通过提醒、暗示或高质量教学、强化期望行为等使学生终止问题行为。

(4) 进行干预。鉴于“波纹效应”的存在，当教师发现问题行为足以干扰教学、影响其他同学的学习，又可能诱发班级更多问题行为时，就要迅速采取措施，制止这种行为。当然，在采取干预措施时，教师要意识到中断教学、处理和制止问题行为对班级活动、对其他同学以及对课堂教学任务完成的可能影响，即意识到对异常行为的干预有可能比异常行为更具干扰性。对此，教师干预应做到科学、有效，没有副作用，具体可采取最小干预法。

5. 运用最小干预原理和四步反应计划

在活力课堂教学过程中，如果教师对每一个严重分心行为和问题行为都进行处理，就得中断教学，而经常中断教学会造成学生注意力的分散，甚至会助长学生的这类行为；如果教师对课堂上每一个严重分心行为和问题行为都采取比较严厉、强硬的干预措施，不仅会使教学中断，甚至还会造成班级气氛的紧张，对教学任务的完成产生消极影响。过分强硬、严厉的干预往往是以损失教学时间为代价的。

最小干预原理是指在课堂教学中，教师对学生课堂上出现的问题行为运用最简单、最轻微的干预方法就能起作用，就能控制、制止问题行为；

如果最轻微、最简单的干预方法不起作用，教师可以转而寻找并采取更严厉的干预措施。

教师在课堂教学时怎么应用最小干预原理呢？

Slavin（1997）提出了四步反应计划。四步反应计划是指教师在干预问题行为时采取的干预反应可以分为四步，首先是轻微的，而后是逐渐强硬严厉的。

当学生在课堂上开始失去兴趣或开始出现分心行为或问题行为时，教师首先“提供情境帮助”（第一步），以帮助学生终止分心和停止问题行为，继续学习。如果学生继续分心和出现问题行为，教师可“采取温和反应”（第二步），将学生唤回到学习任务中。如果“温和反应”仍无效，教师可“采取中等反应”（第三步）。如果“中等反应”仍不起作用，教师可转而“采取强烈反应”（第四步）。

## 第二节　活力课堂管理平台建设策略

活力课堂管理平台的建构，需要旗帜鲜明地以活力课堂为着眼点，推进课堂教学素质化进程；以名师工作室为平台，引领教师专业化成长；以办学特色为追求，促进学校个性化发展。从而形成聚合效应，打响区域教育品牌，提升区域教育品位，实现区域教育科学发展的整体构想。

活力课堂管理平台的建构，依托活力课堂名师工作室，优化队伍建设，打造名师品牌。活力课堂名师工作室的建立要本着“严格评选→规范运行→科学评价→有效激励”的思路，积极发挥名师工作室的引领、示范、带动、辐射、孵化作用，通过活力课堂名师工作室的创建，建立名师、名校长后备人才库，催生更多的教育领域的拔尖人才，促进优秀教师队伍的不断扩大，提高教师队伍的整体素质，开发优质教育资源。

以活力课堂建设为平台，全力打造活力课堂建设的崭新局面。推进听课制度、评课制度、教学设计、课堂教学评价、教学管理体系的改革，激活学科独特的育人价值，激活科学人文的教学内容，激活互动生成的教学过程，激活朴实真挚的师生情谊。活力课堂要为教师的业务技能的提升搭建平台。

活力课堂建设要全力体现以学生为主、以学习为主、以学力为主的理念，这与我们的传统课堂的以教师为中心、以课本为中心、以讲授为中心的“三中心”的核心理念是相悖的，所以在活力课堂管理建设过程中，我们要本着实事求是的原则，立足本校的实际情况，稳步而扎实地对活力课堂教学进行研究。要不断组织教师对《活力课堂 60 问》《活力课堂建设 22 条》《我给传统课堂打零分》等书籍以及活力课堂建设管理推进的相关文件进行学习、讨论，并且使这种学习和讨论形成一种长效机制，努力实现活力课堂教学和研究并驾齐驱、双向互动、同存共进。教师基于学生发展的教学实践和锲而不舍的教学研究活动应成为教师教育教学生活的常态，活力课堂的教学理念精髓应日渐外显于教师的教学实践之中。随着教学改革的不断推进，使得教师的教学思想日益成熟，教学思路日益清晰，教学方法日益科学。

活力课堂管理平台建设的策略有：

## 一、活化课堂教学活动管理策略

有的教师在课堂教学中的表现不尽如人意，要么吞吞吐吐，要么词不达意，要么缄默不语。要改变这种状况，就需要教师在活力课堂教学过程中采取一系列策略，通过树立民主思想、坚持以人为本的思想，增强服务意识、强化参与意识，制订合理的活力课堂规范，建立积极而有效的活力课堂激励机制。教师应注重引导学生的自主学习，让学生在活力课堂上扬起自信自强的风帆，勇于、善于表达自己的真情实感，以情绪体验、思维碰撞为基石，把文本读“厚”，对生活产生更深的体悟，增强向师性，不断创造民主、开放而灵动的活力课堂。

## 二、对学习方式的指导贯穿活力课堂教学始终

教师在活力课堂教学过程中应积极渗透学习策略的指导。活力课堂强调转变学生的学习方式，倡导自主探究、合作交流等重要的学习方式。这些学习方式让学生有了一个积极参与的思维活动空间，有了一个经历实践

和创新的机会。但在活力课堂教学实践中，我们发现很多学生根本不会自主、合作、探究，尤其是农村学校，这种情况更为突出。孩子们在课堂上为讨论而讨论，为探究而探究，为活动而活动，课堂改革也便成了雾里看花、水中看月，无法回归到教育的本质上去。因此，教师在活力课堂上要采取有效的课堂调控策略，循序渐进地指导学生掌握和践行新的学习方式，让学生真正成为新课程改革背景下学习的主人，在活力课堂活动中收获知识、智慧、才干，不断实现对知识的高效整合、个性化建构，不断地体验到合作共进的欢愉。与此同时，教师对活力课堂教学的管理行为将会更加理性，活力课堂管理活动将会更加有效。



## 三、活力课堂教学活动的组织策略

教室不是教师表演的专用舞台，而是师生互动交往的一个场所；教室不是教师对学生进行训练的场所，而是教师引导学生发展的场所；教室不只是传授知识的场所，更应该是探究知识的场所。教室就是活力课堂的实验室。

活力课堂教学活动的组织策略，就是引导学生通过思维获得科学素养的具体策略。其中，活力课堂活动内容的选择、情境的创设、活动中的议论和活动后的小结是四个关键的操作环节。教师应从选择活力教学内容及创设活力课堂情境入手，在活力课堂活动的构建中，注重让学生从现实生活中发现问题，同时注意增强学生分析问题、解决问题的能力。

在活力课堂教学推进中我们发现，相比较而言农村孩子的信息源单一，缺乏多元的信息输入，所以教师从心理上要包容这种现状给教学带来的障碍，把小学教材中学生陌生的课题或话题抽出来，利用网络资源或书籍，给农村的孩子提供必要的背景性知识，使新知识形成更加形象、具体、感性的知识表象。同时，教师应根据教学目标、教学任务和学生特点，有针对性地选择和整合相关的教学内容、方法、手段、组织形式和步骤，构建学生自由、自主参与的学习活动模块，不断地拉近书本与人之间的距离，使学生在活力课堂中健康而快乐地学习。

### 四、活力课堂师生心灵对话的策略

教师要想和孩子有更多的互动，必须让自己的思想与时代同步，不断自我更新。教师要致力于学生素养的整体提高，重视知识积累、情感体验和文化熏陶，创造性地开展多种形式的教学活动，为形成个性化的教学风格而不断求索。在进行教学设计时，教师要密切联系社会生活，注意开发利用现实生活中的教学资源，增加课程的开放性和灵活性，最终实现师生心灵上的零距离对话。

在活力课堂管理平台建设中，教师要有“丑媳妇不怕见公婆”的心态，应积极邀请外校老师、本校老师、活力课堂教学专家来校听课，为自己和当地的活力课堂把脉，在不断捕捉亮点的同时，多提问题，多谈不足，着力打造活力课堂精品课。我们有理由相信，经过科学合理的推进，活力课堂教学中学生的精神面貌定会焕然一新，他们对活力课堂教学的参与也一定会更加积极、更加自信。课堂上将呈现的是：学生的质疑折射语言的张力，学生的展示涌动生命的活力，学生的补充催生创新的动力。当然，无论学生的表现是多么精彩，其前提是我们的教师能够充分地相信学生、全面地分析学情、大胆地放手展示、巧妙地启发诱导、智慧地拓展提升。

## 第三节　活力课堂管理培训机制的创新

活力课堂管理机制的创新思路为：注重实效，监管到位，创新机制，实现项目精细化管理。

在活力课堂管理中，要始终坚持高规格、高标准，在项目上实现精细化管理，体现活力课堂教学新理念，狠抓团队建设，实行双线管理，抓好三段控制，落实四项机制，采取五项举措。

#### （一）抓好团队建设

活力课堂项目的培训和实施需要组建一个优秀的团队。这个团队要积极追求、推进优质高效的活力课堂教育理念，力求做成教师培训的“国优工程”，促进活力课堂教师培训工作上台阶、上水平、上质量。

（二）实行双线管理

在活力课堂组织管理上行政、业务要双线并行，多方联动，形成“省→市→县→校”四级活力课堂行政组织管理网络，建立起“领导小组→工作执行团队→三支队伍（学科专家团队、培训辅导团队、管理服务和技术支持团队）→培训班级”四级业务组织管理网络。

（三）抓好三段控制

在活力课堂管理机制中，要全程控制培训质量。训前做好“前测”，进行活力课堂教学问题和实践案例征集，据此调整活力课堂培训方案和活力课堂课程计划。训中做好“中考”，全程跟踪培训教学、学习指导和作业评改，改善培训行为，提高教学的实效性和指导的针对性。训后做好“后评”，组织教师学员进行培训效果反馈和满意度调查。

（四）落实四项机制

切实落实工作机制，引领行政、业务两条线规范运作，实行精细管理。

（1）业务导动。召开专题工作会议，印发项目《实施指南》，开辟“活力课堂”专栏，编发《活力课堂工作简报》，利用现代信息手段，落实业务导动，指导管理策略，推动管理到位。

（2）备案反馈。审核各项目院校和机构报送的方案计划、制度办法、过程材料和总结报告等，反馈意见，引导修改完善，优化改进管理。审查各市县所推荐学员和学员变动情况等，督促地方加强学员管理，引领地方到位管理。

（3）全程导控。管理者出席开班典礼，参与培训教学，组织工作视导，进行实地观察，看望参训学员，组织座谈访谈，发放调查问卷等，全程、全面、真实掌控培训情况。

（4）绩效考评。研制《活力课堂绩效考评办法》，指导各项目校和机构按照要求进行绩效自评。结合工作视导和检查调研等活动，不定期进行阶段性评估，做到阶段性与终结性相结合；突出组织管理的规范性、创新性，培训实施的针对性、实效性以及学员满意度。

### (五) 采取五项举措

从组织领导、实施落实、过程监管、沟通协调和绩效考评等方面，采取五项举措，使精细化管理落在实处。落实“第一责任人”制、责任追究制、“半月报”制、多向反馈制和评估督导制。

# 第三章 活力课堂学习共同体与学校文化建设

## 第一节 活力课堂师生学习共同体的双向建构

活力课堂是一种新的教学观。其教学过程是一个信息和情感交流、沟通，师生积极互动、共同发展的过程。

活力课堂是一种新的教师观。教师是学生发展的促进者，课程的开发者和建设者，教育教学的研究者；教师与学生是平等的。

活力课堂是一种新的学生观。学生是学习的主体，人格独立的人，有个体差异的人，个性丰富、富有潜力的人。

活力课堂是一种新的质量观。其教学要实现由“以分数为标准”到“以每个学生德、智、体等诸方面素质与个性得到充分发展为标准”的转变，使每个学生都得到生动活泼的发展。

而活力课堂中的师生学习共同体的双向建构，就是实现上述新教学观、新教师观、新学生观和新质量观的必经之路。

什么是师生学习共同体？如何建构活力课堂的师生学习共同体？

活力课堂教学是传承社会精神文化的主阵地，所以活力课堂上的师生对话式教学是教育与时俱进的表现，教师和学生两类主体“交互作用”，形成活力课堂师生学习共同体。活力课堂师生学习共同体是对单向的、线性的“Telling-Listening”式的传统教学模式的反思与超越，是一种非线性的、立体的教学模式，是活力课堂师生共同成长的教学组织。

### 一、师生分离：传统教学的流弊

德国教育家赫尔巴特在《普通教育学》中第一次以心理学为基础，构建了形式阶段教学法。形式阶段教学法是关于课堂教学阶段的一种理论，赫尔巴特把教学过程划分为明了、联想、系统、方法四个形式阶段，他的学生在此基础上提出了“五阶段教学法”，重新命名为预备、提示、联想、总括和应用。

五阶段教学法在清末民初时期对中国教育界产生了很大的影响，在应用中，也显示出了自身的特点和优势。其最大的特点是程序性、实用性和可操作性。

后来对我国教育学影响最大的是20世纪50年代出版的苏联教育家凯洛夫的《教育学》。凯洛夫的《教育学》其实是赫尔巴特教学理论的简单化和操作化的产物。其中关于教师中心、教材中心和课堂中心的“三中心论”，教学过程由准备、复习导入、教授新课、巩固练习、布置家庭作业组成的“五环节说”，教学本质的“特殊认识论”观点，“六大教学原则”，以讲授法为核心的“九大教学法”等已被我国教师熟记于心，并内化为一种教学观念，外化为教学行为习惯。

传统教学理论是一种工具主义教育理论。工具主义教育理论把教学视为为儿童未来生活做准备的工具；工具主义教学理论把教学过程理解为一种技术过程，它把课堂看成车间、作坊，试图用一种完美的技术来控制这个空间，以提高教学效率。它通过对教师教学行为方式的技术设计来控制学生的活动，学生实质上受到双重控制，一是知识的控制，一是教师的控制，而教师又受到教学法专家的控制。正像陶行知先生所说的那样，先生“只会教书，只会拿一本书要儿童来读它、记它，把那活泼的小孩做个书架子、字纸篓子。先生好像是书架子、字纸篓子的制造家，学校好像是书架子、字纸篓子的制造厂”。在传统教学模式下，教师是教学法控制的机器，学生是知识和教师控制的机器，师生之间的交往在课堂上变成了物与物的机械互动，课堂成了卢梭所说的心灵的“屠宰场”。在这种师生心灵相分离并且双方心灵备受折磨的教育场域，何谈教师的专业成长？何谈学生创新能力的提高？

“素质教育”在我国高喊了几十年，新一轮课程改革也由宣传和实验阶段进入全面推进阶段。由于传统教学思想的巨大惯性，新课程的理念只在“综合实验课程”中有所体现，而学科教学还是采取比较稳妥的传统的方法。广大教师如何走出“传统教育”的怪圈子，师生如何由“分离”走向“对话”，是我们每个教育工作者不得不思考的问题。

## 二、师生学习共同体：教学过程的本质要求

活力课堂师生学习共同体是指由具有共同信念、共同目标的学生与教师共同构成的学习团体。它在知识共享和师生相互支持的基础上，通过师生对话、协作、反思等活动，使师生之间形成相互影响、相互促进、相互学习的人际关系，最终促进师生的共同成长。活力课堂师生学习共同体的构建是对传统教学模式的超越。活力课堂师生学习共同体的构建是对传统的“给学生一碗水，教师要有一缸水”背景下“传话式”教学方式的反思。在“传话式”教学模式下，教师凭借从师范院校获得的“一缸水”进行单向的、线性的“授一受”式教学。活力课堂师生学习共同体强调师生共“做”的心理机制，教师在“做”中“教”，在“教”中“学”；学生在“做”中“学”，在“学”中“做”，体现了“教”“学”“做”合一的非线性的、立体型的活力课堂教学的本质要求。

## 三、师生学习共同体：师生共同成长的教学机制

活力课堂教学是一个有序的组织系统。这个系统主要包括教师、学生和教材文本三个要素。在教学过程中，这三个要素分别代表着三个世界，即成年人世界、学生世界和教材文本世界。活力课堂教学过程就是以教材文本世界为依托的活力课堂师生学习共同体的构建过程。

在活力课堂学习共同体中，要实现三种对话。

(1) 要实现成年人世界与文本世界的对话。要做到这一点，不仅要求成年人（教师）具有与文本相关的精深的专业知识、广博的文化知识和驾驭文本的能力，而且要求教师具有内化文本、创新文本的能力。

(2) 要实现成年人世界与学生世界的对话。在这方面，除了要求教师具有与上述文本相关的知识与能力外，还要有教育学和心理学方面的知识，有与学生进行沟通的资本和能力；另外教师还必须具有极高的职业道德修养、审美情操和敬业精神。

(3) 实现学生世界与教材文本世界的对话。教材文本世界是社会精神

文化世界的表现形式，这种社会精神文化世界是一代代人共同创造的，代表人类的一种生存能力。人类的这种能力在长期的社会生产和社会生活过程中不断积累和沉淀，外化为社会的知识经验，这种知识经验的不断丰富和系统化，逐渐形成了我们称之为哲学、艺术、科学等的多种符号体系。学生的学习就是学生的生活世界与社会的精神文化世界实现对话的过程，通过这种对话，学生两个方面的能力能够形成并得到提高，即对外处理客观世界的能力（知识、技能等）和对内自我意义世界建构的能力（道德情操、审美情趣、心理素质等）。

因此，活力课堂教学是通过活力课堂师生学习共同体中互补互需的良性运行机制，达到活力课堂师生共同成长的目的。活力课堂师生学习共同体对教师的素质提出了更高的要求，教师必须通过共同体在教中学，在学中教，不断实现自身的专业成长；学生必须通过共同体主动地学，不断实现自身“对外”“对内”两方面能力的增强。教学应着眼于学生的成长，着手于师生的共同成长，教师的成长必须服务于学生的成长，在落实学生的成长中实现师生的共同成长。

## 四、师生学习共同体的建构策略

新课程理念统摄下的课程必须是一种“活”的课程，即通过教育过程的内容、活动和安排的变革，促使课程与教学并重发展，引起教与学两方面的变化；教学必须是一种“动”的教学，即把学习对象（教师与学生）置于“活动课堂”境域之中，通过让学习对象参与广泛的学习活动来进行教学；课堂必须是一种“生命课堂”，因为学习对象是知识的客体，又是知识的主体，他们是一个通过一整套的知识、文化、智慧被严密组织起来的道德的、伦理的、生理的、心理的、精神的存在物。这些存在物对课堂教学的解读不仅仅是对客观知识的阐述，还是人生经验的表达。课堂渗入了人的情感、态度和体验，洋溢着生命的活力，课堂成了师生之间、生生之间、师生与文本之间沟通、交流和对话的场所。具有生命活力的课堂应构建师生学习共同体。

活力课堂师生学习共同体的构建有以下几种策略：

1. 构建平等的师生关系

传统的教学是忽视“人”的教学，学生被视为接受知识的容器；而活力课堂则把人看作具有独特竞争力的知识建构者。这也意味着活力课堂教学从知识的传播走向了知识的构建，对学生来说，学习不再是被动的接受，而是知识的生成。师生学习共同体意味着师生关系的人性化，只有构建民主、平等的师生关系，师生学习共同体才能得以构建。

2. 构建学习共同体的学习情境

情境认知理论的研究表明，学习是对情境的认知，知识的学习离不开知识的情境。活力课堂教学过程是师生共同学习、共同成长的过程。教师的学习是与其工作相融合的，是基于改进自己教学的学习，是针对自己教学问题的学习，是着眼于学生发展的学习；学生的学习是以其原有的知识经验为基础的，是基于问题的学习，基于创造的学习，基于合作的学习。因此，在活力课堂中，师生应共创教学情境，在具体的教学情境中，使主要以文本的形式表现的“社会精神文化世界”与学生个体的“经验世界”实现“对话”。师生在共同参与的“真实”情境中，相互影响，相互促进，做到“我”中有“你”、“你”中有“我”，真正实现师生的共同成长。

3. 构建活力课堂师生的共同愿景

在活力课堂中，共同愿景是师生共同体中所有成员都认可和追求的共同的奋斗目标。师生学习共同体意味着师生知道他们在干什么、他们的所作所为在他们的生活中意味着什么以及对共同体的意义是什么。师生学习共同体是一个活动系统，其参与者共享对知识的理解。构建师生的共同愿景，首先，要培养自我超越的学习者。在每个活力课堂教学过程中，教师和学生都要明确自己内心的真实愿望——我应该怎么做？我应有哪些收获？有了清晰的愿景，师生才有可能振奋精神，不断促进自己的成长，不断超越自我。其次，要培养主动的学习者。共同的愿景要建立在师生全员参与并相互沟通探讨的基础上，是师生真心向往并愿意为之奋斗的目标。学习共同体要有具体目标、近期目标和长远目标，使共同体成员看到美好的前景。

4. 营造使师生共同成长的学习氛围

要实现活力课堂师生学习共同体的良性运转，教师的作用十分关键。

因此，对于教师来说，首先要树立终身学习、终身研究、终身实践的观念。如果教师不求上进，满足于自己的已有知识，就难以完成历史赋予的重任。其次要为学生主动参与教学提供广泛的可能性。要做到这一点，教师要在教学中给学生更多的时间，教师要由关注教材、关注教案转向关注学生、倾听学生和发现学生，教师要成为活力课堂教学过程中生成信息的“重组者”。

活力课堂师生学习共同体是师生共同成长的学习型组织，活力课堂师生学习共同体的构建是对传统教学模式的反思与超越；活力课堂师生学习共同体是一种理念，更是一种行为，亦是“对话时代”在活力课堂教学领域的回应。传统的“教书匠”式的教师已难以承担历史的责任，教师只有在活力课堂师生学习共同体中不断学习并与学生共同成长，才能适应时代的要求。

## 第二节　活力课堂教师的专业发展

教师的专业发展，简单地说就是教师的教学能力和研究能力的发展。

课程改革促进教师的专业发展，使教师得到专业能力方面的锻炼与成长。没有教师的专业发展，就没有课程改革的发展，课程的变革实际是人的变革。专业素养是专业人员的一种特质，作为一个专业人员，教师应该具备多方面的专业素养，不仅要具备专业知识、专业技能，更要具备职业情感。在课程改革实施的过程中，在活力课堂教学新理论创建的过程中，我们迫切需要提升教师的专业素养。教师的专业素养对活力课堂教学的过程和结果都有十分重要的影响。课程改革对教师提出了新的挑战，提高自身素养是教师的必然选择。教师的专业素养是以职业情感来体现的，即热爱教学这个职业；另外，教师既要具有教书育人的正确态度，又要有教育科研的意识。这样，教师才能达到活力课堂教学的需要并体现“专业胜任力”。

## 一、教师的人格素养

课程改革给教师提出了更新、更高的要求，教师的角色发生了根本性改变。教师的个性和个人价值、伦理价值和专业发展得到了高度重视。实施课程改革的关键在于教师自身教学素养的提高，所以教师首先要树立正确的价值观，要有正确的价值取向，要充分认识到自己所从事的“是人类最复杂、最高级的认识和实践活动”。教师人格的素养还体现在热爱自己的职业、热爱自己的工作、热爱自己的学生上。

1. 对自己职业的热爱

教师这个职业，并非是人人都可以担当的。对于一名教师来讲，认识教师职业的意义以及对这个职业充满情感是非常重要的。一个教师的根本素质体现就是热爱自己的职业，因为对自己职业的热爱，所以其自尊心、职业的价值感、专业的方向感会油然而生，这样教师就不会把教育教学仅仅看作是谋生的手段，而是会全身心地投入教学工作与教学研究中。当教师认识到自身工作的意义时，就会以高度的自主性和强烈的内驱力创造性地开展工作，教与学的过程就会成为教师实现自己生命价值和自身发展的过程。

教师热爱自己的职业，同样是教师人格修养最基本的要求。一个热爱自己职业的人，会把他所从事的工作当作自己的事业，对学生、对学校、对社会承担责任，对国家、对民族负有使命。教师的人格修养有它的特殊内涵，那就是对祖国的挚爱，对崇高思想境界的追求。教师不仅要热爱自己的职业，热爱自己的学生，还要热爱自己所教的课程。

刘淼教授指出，“教师要深刻理解自己所从事职业的特点、社会意义和道德价值，从内心激发对教师这一职业的热爱，把自己的人生价值同人民的教育事业联系在一起”。教师还要在教育实践中显露出一种内在的精神品质，那就是教师的德行，如善、公正和责任感。“善”是教师对待学习、工作的良知；“公正”是教师在教学过程中表现出来的对学生公平、公道；教师的德行中最重要的是教师的责任，“真正的责任是一种完全自愿的行动，责任感意味着教师可以并准备着对学生的需要采取行动”。教师要使学习活动符合学生的特点，关注每个学生的发展，视学生的成长为自己的责任。

2. 具备优秀的意志品质

教师优秀的意志品质表现为具有明确的教育目标，注重培养学生的基础能力。这就需要教师具备深厚的文化修养及仁爱、包容、宽厚这些道德修养，具有尊重、理解学生人格和个性的人文情怀，形成人格的感染力，成为学生成才路上的指引者。教师还应有一种坚定的信念，就是能为达到教育目的而持之以恒地努力，使学生感受到自己的人格力量，使学生在不断的熏陶中把自己看作榜样。

教师的人格能在潜移默化中作用于学生的内心世界，塑造学生的人格品质，强化学生的意志。实践出思想，实践出文化精神，实践出人文情怀和人格魅力。中华民族拥有丰富的人格财富，教师要善于吸收和学习这些优良的人格特征和人格理念，进一步丰富、完善自己的人格。另外，教师的人格是在教育教学活动中逐步培养起来的。教学活动中“为人师表”不是空洞的口号，是教育事业对教师人格的要求。教师要不断强化自身知识修养、专业素养、道德素养，不断学习，促进教学水平的提高，注重人格的自我养成，积极投身于教学实践。

优秀的意志品质还表现为良好的师德。在市场经济条件下，教师要确立正确的义利观、道德观。选择了教师这个职业，就应该把教师工作看作是体现个人价值和人生追求的理想方式。教师担负着教育学生的重任，更应该具备高尚的职业道德。在日常教学中，教师应重德敬业，爱护学生，尊重学生，与学生建立“学习共同体”，真正成为教与学活动中“平等中的首席”。

## 二、教师的专业素养

教学是一项极为复杂的系统工作，只有接受过专业训练，有较高专业素养的教师，才具备学科的教学能力。教师确立自己的专业地位必须具备三个条件：不可或缺的社会功能、专业知识和专业工作的自主权。教师职业具有自己独特的职业要求和条件，不能随意替代。教师的发展首先是“专业”发展，即教育理论、技能、知识以及经验的发展。一个教师想要成为真正的师者，不但要有足够的知识储备，还要不断学习和积累教育教学的思想或理论，构建属于自己的、有特色的教育教学理论体系，不断反思，把教育教学理论与实践结合起来，促进专业发展。

1. 专业化理念

按照目前社会对教师的要求，教师必须既有高学历同时又有教师资格证。一名教师，不仅要拥有教师资格证书，还必须在专业领域具有深厚的学养。但在一些地方，教师是通过电大、函授及进修等方式获得相应学历的，实际水平与教学要求差距很大。随着终身学习理念的渗透，人们普遍认为教师教育应整体考虑教师的专业发展，打破职前职后相互独立的局面，实施一体化教育；同时使教师终身都能接受到连贯的、一致的教育。教师应树立终身学习的意识，主动吸取新知识，培养专业进取精神，不断提高自身的专业素养。

2. 专业化知识

教师的角色随着时代的发展而不断发展。教师新的角色定位体现在教师不仅是知识的传授者、能力的训练者，更是学生学习的引导者和促进者，是“平等中的首席”。教师不仅要拥有本体性知识，即所教的学科专业知识及相关的文化知识；还要具备条件性知识，即教育学、心理学等教育科学理论知识。条件性知识是促进教师把本体性知识传授给学生的条件。此外，教师还要具备实践性知识，也就是教师在教育教学实践中形成的知识。教师必须拥有专业知识并精通所教学科，还要有成为优秀教师的个人目标，把专业目标和个人目标结合起来，构建一个与时俱进、高度统一的自我概念，建立个人与专业的和谐关系。

3. 专业化技能

教师的专业化技能指教师在完成课程和教学工作以及与之相关的工作时，必须具备的一整套动作和智力操作系统。课程改革要求教师完成自己的角色定位，转变教育观念，同时掌握扎实的教学技能。教师同医生、律师一样，是一种专门职业，这已是当今人们的共识，另外，我们还应该认识到教师这个职业是一种必须经过严格的、持续不断的专业训练和实践获得专门知识和专门技能的职业。一个合格的教师，除了拥有扎实的基础知识，还必须掌握教师的专业技能。这种技能是通过备课、课堂教学、教学评价、教学研究以及现代信息技术运用获得的，应该说这是教师的专长。

教学是一种专业活动，作为专业人员，教师专业发展的核心就是专长的形成和发展。有了职业的专长未必就会成为一个专家型的教师，但教师必须不断提高包括专业化教学技能在内的专业化水平，以符合高质量教育教学的要求。

## 三、教师的教学素养

教师的教育教学行为以及表现形式，是由其思想决定的，教育教学行为所表现出的内容，是由其素质决定的。有智慧才能启迪智慧。教师的教学素养和所拥有的教育智慧，表现为对教育和课程有着较为透彻的理解和领悟。教学素养较高的教师懂得教学规律，深知学生学习心理，能在课堂教学中运用恰当的方法，展示高超的教学艺术，使教学充满生命力和活力。

1. 课程理念

教师首先要对所教学科的地位和作用有足够的认识。很难相信，一个没有学科理念和教育指导思想的人能做好教育工作。活力课堂教学素养的核心要素是教师的“精神能量”，所谓的“精神能量”主要体现在教师在教学过程中对学生的人文关怀上。教师要成为学生学习的“引导者”“组织者”和“促进者”，就要开放课堂，就要与学生平等地对话，与学生共同发现和探究问题，相互启发和分享，真正使课堂成为教师、学生、教材对话的平台；同时，教师要将新的教育教学理念与方法作用于课堂，构建师生学习共同体。

2. 课程意识

课程意识反映了人们在考虑教育教学时，对于课程意义的敏感性和自觉性程度。就教学本身而言，课程意识的重点在于教师对课程的认识程度。新课程提出教师是课程的实施者，也是课程的开发者，确立了教师与课程的关系。教师应尽可能为学生的成长承担学科课程所能承担的最大责任，并根据学科课程的特点，充分发挥学科课程的优势，努力提高学生的“三基”能力。在活力课堂教学新课程意识的推动下，学生、教师作为基础学科课程最重要的元素参与教学，面对问题或现象自由表达自己的理解和感受；教师、学生之间可以相互对话，彼此倾听和分享对方的智慧成果，从而加深对生活的认识和理解，丰富自己的内心世界。王荣生教授曾指出教师专业工作的三大准则为“参与课程的研制、用教材教、为了每一个学生的发展”。

3. 课程目标

活力课堂教学应该有明确的目标，制订课程目标是教师的基本教学素养之一。课程标准是教学的指导性文件，活力课堂教学目标的设计，应从知识与能力、过程与方法、情感态度与价值观三个维度进行。这三个维度基本上涵盖了目标分类学中认知、动作技能和情感这三个相互关联的领域，有知识、能力这样可测量的显性目标，又有情感、态度、价值观这样的隐性目标。课程的存在是为了使学生更有智慧地生存，制订教学目标最终是为学生服务的，目标中的要求以及要求的难易程度，应以学生的实际水平为依据。教学目标能否达到，起决定作用的是学生。教师要用心理学知识分析不同年龄段学生的现状，注意学生个体的差异，真正关注学生的身心发展，制订符合学生实际的教学目标。美国学者罗伯特·斯莱文指出，教学目标的确定要和教学评估结合起来，他强调“在今天的课程结束之后，你希望学生知道什么或能够做什么？在学完某个课程的某个单元之后，他们应该知道什么？在学期结束后，他们应该知道什么？正确的回答这些问题是有意识的、高质量的教学的前提条件”。活力课堂教学中课程目标的确立，对落实活力课堂教学的有效性是至关重要的。

## 四、教师的科研素养

教师是研究者，这是国际教师专业化发展运动中的一个重要观念。教师只有以教学研究者的身份深入教学实践，才能深刻领悟课程改革的精髓，才能适应复杂多变的教学情境，才能让智慧点亮课堂。教师应该具备科研素养，积极开展教学研究，以研究者的身份从自己的教学中发现问题，并将问题发展为研究课题，从而提升自己的教学品质和教学能力。

1. 对课程、教材的研究能力

教师要弄明白课程在教学中是如何实施的，就需要教师不仅精通专业，还要成为教育教学的研究者，从课程的执行者转变为课程的开发者。因此，教师应将教育教学的理论创造性地运用于实践，从而提高自己的教学水平。再者，教师要弄明白课程与教学的关系，弄明白课程与教材的关系，这样才能够提高自身的理论素养，在实践中突破自己的局限性，提高认识。“课程”是一个含义广泛的教育学术语。教材是课程的表现形式，学生通过这种形式才能学习课程；教材是学生学习的材料，是教与学内容的载体。因此，教师要研究教材的编写理念，学会分析不同版本的教材，通晓全套教材的思路，了解教材的编写意图，从而使自己掌握教材、驾驭教材，进而达到对课程的理解和掌握。

2. 对课程标准的研究能力

课程标准是国家规范的教学指导性文件，具有一定的权威性和法规性。课程标准是课程改革的纲领性文件，它充分体现了“人本思想”和“全面提高学生的素养”的理念，着眼于培养适应时代发展需要的复合型人才。教材的编写、教学的实施、教学的评价等都必须遵照课程标准的规定。对课程标准的研究是每位教师的责任。教师应加深对课程标准的理解，认真研究，针对教育中的突出问题，把推进课程改革作为自己的责任，注重理论与实践相结合，将课程改革的精神落到实处。

3. 对教学实际的研究能力

教师有了“研究者”的意识，就要积极参与研究。参与研究可以提升教师的自我反思的意识和能力，了解自己教学行为的意义和作用。教师要研究自己所在学校在发展与改革中所面临的各种问题，研究自己在课堂上的行为，明确自己教学行为的意义、教师教学理念对学生学习的影响，了解学生在成长过程中遇到的问题，弄清自己的教学活动与实际的关系以及如何改善自己的教育教学实践。对教学实际的研究能力是与教师的日常生活结合在一起的，教师从事研究的最终目的不仅是改进教育实践，还包括改变自己的生活方式。教师的科研活动只有解决了自身及学校的问题，如学校教育改革与自己所教学科之间矛盾的问题、教师课堂教学的问题、学生成长的问题，还要经常反思，发现自己教学中存在的不足，进一步改进自己的教学。只有确立对解决教学实际问题的研究，科研才有意义，教师才能够体会到工作的价值与意义，才能实现专业化、自主化发展。

教学反思是教师专业发展和自我成长的核心因素。在教前、教中、教后对自己的行为进行审视和分析，能使教师教学的有效性得到提高，能使教师的经验理论化，从而形成和提高教学自我监控能力。

总而言之，教师的专业化发展需要不断提升专业素养。教师在学识上应该是丰富的，在精神上应该是独立的，在教学上应该是不断创新的。教师要有自我提高的意识，以学习者的角色面对自己的职业。只有工作上“胜任”了，教师才能追求“卓越”，才能适应教育教学的发展与改革，才能承担起现代教师的责任。



## 五、做教育朝圣路上的乐行者

有人曾说过，选择进行活力课堂研究，就注定要做一位苦行僧，但是我们认为，进行活力课堂研究，就是做教育朝圣路上的乐行者！

孔子云：“知之者不如好之者，好之者不如乐之者。”这句话讲的是学习的道理，同样也适用于活力课堂教学。教育是神圣的事业，是充满理想与乐趣的王国，它带给我们许多的快乐。当身处一个和谐进取的团队时，你能得到心灵安详的快乐；当有教师主动与你探讨问题时，你得到被尊重的快乐；当一项新的研究成果诞生时，你体验到成功的快乐；当研究成果转化为教学效益时，你更感到价值实现的快乐；当教师同行取得进步获得荣誉时，你则有分享自豪的快乐。

那么，教师如何得到这些快乐呢？唯有不断锤炼自己的意志、提高自己的品格修养、提升自己的业务水平，才能成为一个快乐的旅行者。行走在活力课堂探索之路上，应该留下两行“文化脚印”，一行脚印是实践，一行脚印是理论。我们可以简单地认为实践是作风，理论是能力，实践应该是扎根课堂的真实践，理论应该是能够转化为教学生产力的真理论。正如实践与理论具有相互促进的关系一样，作风与能力也是密不可分、相得益彰的，良好的作风能够提升工作能力，较高的能力也能优化工作作风。

加强活力课堂作风、能力建设的具体途径有三个层次。

第一层次：服务帮助类的工作要尽心尽力。这类工作的难度相对较低，属于教师力所能及的工作，也是活力课堂最基本的工作。完成此类工作，需要教师尽自己所能，要有甘为人梯的心理品质，不能因其平凡而掉以轻心，也不能因其琐碎而心生厌烦。活力课堂教学视导就是典型的例子，视导不是走过场，不是找碴儿。视导时对教师好的 做法要给予恰如其分的赞扬，并加以宣传推广，给教师以价值实现感；对存在的问题要一针见血地指出症结所在，让教师心悦诚服；提出解决问题的措施要切实可行、具体有效。这样的视导才会受到教师的欢迎。

第二层次：指引方向类的工作要竭尽全力。有些工作具有较强的引领性，需要给予教师正确的导向，若引导错误就会使教师走弯路，甚至使其走进死胡同。这类工作需要精益求精的态度、殚精竭虑的行动。如活力课堂测试命题就是这类工作的典型，试卷质量的高低直接体现教研成果的水平，一份试卷公开后，会迅速传遍全国，万众瞩目，试题质量好坏全在于师生评价。

第三层次：科研决策类的工作要锐意创新。谋划学科教科研项目、带领大家开展课题研究是挑战智慧的工作。对这类工作，要以敏锐的洞察力挖掘存在的问题，要以多维的视角分析研究背景，要不断吸纳前沿知识，要认真开展调查研究，唯有如此才能激发创新的灵感。

只要每位教师对教育都有一颗挚爱之心、朝圣之心，在教育工作的征途中踏踏实实地行走，那么，我们面前的道路将越走越宽广、越走越平坦、越走越趣味盎然，我们就一定能够实现创建活力课堂、为广大师生谋幸福的目标！

## 第三节　活力课堂学校文化建设

在活力课堂建设中，区域整体规划与学校文化建设息息相关，注重区域内各校的学校文化建设的整体性与和谐性是活力课堂区域化发展的关键。活力课堂学校文化建设需要有一个整体策略做保障。

### 一、行政推动，科研领路

地方教育行政部门要站在推动区域教育事业整体发展的战略高度，重视和加强活力课堂学校文化建设工作，努力形成全面推进活力课堂学校文化建设工作的良好局面。同时，还要统筹协调各部门、各学校，加大对活力课堂学校文化建设的投入，把学校活力课堂文化建设与学校整体发展结合起来。

学校活力课堂文化建设的高品质和科学性，需要依靠专家团队在区域的范围内进行诊断、指导、推进和评估。为此，在学校活力课堂文化建设中，需要教育专家带领一批具有一定理论和实践水平的基层校长，以“问题研讨—实践研究—成果分享”的工作思路逐步提升研究和实践能力。专家团队帮助学校从学校愿景、办学目标、教育理念、核心价值观、管理制度、师生礼仪、文化标志、特色发展等方面进行系统分析、整体规划和设计，推进区域范围内的活力课堂学校文化建设。

## 二、整体规划，自主探索

整体规划区域内的活力课堂学校文化，要抓住地方文化的特色，形成具有地方特色的活力课堂文化教育的共性。活力课堂学校文化建设的整体规划分为三个层次，一是外显层，即每所学校的物质形态（包括校园建筑、景观、设施等）和学校成员在校的各种活动；二是中间层，主要指每所学校的各种规章制度和管理条例；三是核心层，被全体师生和社会认可的办学理念和行为方式、价值观念、校风、学风等。

教育行政部门在整体规划各校活力课堂学校文化时，应要求各校密切结合校情，自主选择和开发文化建设的重点，在校园环境营造、校本课程开发、教育实践活动设计等多方面进行有益的尝试，以形成各所学校的文化特色。如校本课程开发，就是打造活力课堂学校文化的重要载体。

## 三、多方参与，积极互动

活力课堂学校文化的形成，不能仅仅依靠教育行政部门，还需要校长、老师、学生以及家长、其他社会人士长期的创新、积淀和发展。区域推进学校文化建设，必须依靠多方人员的不懈努力和积极互动。

调动多方力量积极参与学校活力课堂文化建设工作，可以采取一些具体的措施。在不同的阶段，通过社区调研、沙龙、论坛、案例评比等形式，带动不同的人员投入活力课堂学校文化建设的思考与实践，使研究始终贴近活力课堂学校文化建设的实际。如某市向各校领导、教师征集了主题为“细节：处处都有闪光点”的文章。要求选择典型事例，用记叙文形式写出校园文化建设方面的一些具体做法，要求体现新的创意；写作内容包括学校管理、人文关怀、环境布置、教育教学活动等与学校校园文化建设相关的各个方面。这样的活动就促使不同工作层面的人去有意识发现、关注和思考学校文化建设的动态和举措，并积极创新。又如南京某区一小学，为了唤醒社区中的人们对凤凰台的文化记忆，开展了“寻踪—发现凤凰台”的活动，要求家长、教师带着学生在课余时间去寻访凤凰台的历史遗迹。学生通过照片、DV、写生、寻访手记、采访记录等形式记录下自己的发现，并征集社区居民对文化建设的意见。学校通过这样的工作，逐渐在教师、学生和家长的心目中重新树立起凤凰台的美好形象，使学生产生对凤凰台文化的认同感。

## 四、典型引路，经验辐射

在活力课堂学校文化建设研究之初，教育管理部门可以带领一批学校先行研究，摸索活力课堂学校文化建设的理论和实践方法，然后将这批学校的做法予以总结、提升，再以经验介绍、现场会等形式予以推广，逐渐把一些好的经验推广到所有学校，整体推进活力课堂学校文化建设。

在活力课堂学校文化建设研究过程中，不同学校间应实现问题共享、进度共享、经验共享和成果共享，使得研究团队的力量发挥到最大化。“身边的数学”是某小学校本教研的品牌项目，它以生活逻辑为起点，以综合性主题为呈现方式，有力地回应了新时期数学教育回归生活的命题。又如，坐落在秦淮河畔的考棚小学，经过数十年的努力，形成了独特的“翔宇”学校文化。学校组织参观周恩来总理故居，安排师生与总理身边工作人员及亲属见面，让师生更加深刻地体会总理人格的不朽魅力，更加坚定“立翔宇之志，做一代新人”的决心。这个活动还包括在梅园新村纪念馆发出十岁成长誓言，在总理铜像前举行中队主题会……这些丰富多彩的课外实践活动真正把学校文化“种”进了孩子们的心坎里，焕发了区域活力课堂文化的勃勃生机。无论是在校本课程方面的挖掘与创新，还是对特色活动文化的追溯与传承，都为区域内其他各校的活力课堂学校文化建设提供了参考。

## 五、督评推进，反思提升

在活力课堂学校文化建设中，应当采用督导评估和反思提升等形式深化研究，提高质量。实验前期的督导、评估旨在摸清实验学校的基础状况，明确研究的方向；而阶段性评估、督导旨在帮助学校明确对自身学校文化资源优势和亮点的认识，不断反思，全面提升学校文化建设的水平。

建立活力课堂学校文化建设专题督导制度，可以充分运用行政力量，发挥教育行政部门积极的监督、协调、评价、指导作用，加大学校文化建设力度，促进各所学校努力达成活力课堂学校文化建设目标。在督评中应摒弃统一标准，充分尊重学校的个体差异，并根据这种个体差异确定个性化的督导标准、督导重点及相应的督导方法，明确地、有针对性地为每个学校提出改进建议。可以通过查阅资料、调查访谈、沙龙研讨、现场观察等形式，对活力课堂学校文化建设工作进行全程性的观察和调研，了解学校文化建设全过程的客观表现，进而予以准确诊断。

另一方面，要关注学校环境和行为背后的文化细节，帮助学校分析梳理文化理念。行政领导、教育学专家应以热情诚恳的态度，实事求是地肯定成绩、总结经验、研究问题、促进工作，发现问题及时向学校反馈，提出建议，为活力课堂学校文化建设的决策提供重要的依据，有效推进活力课堂学校文化建设工作。

# 参考文献

[1] 刘炳昇．继承与创新 [M]．南京：江苏科技出版社，2006.

[2] 廖伯琴，张大昌．物理课程标准解读 [M] 武汉：湖北教育出版社，2002.

[3] 吴刚平．校本课程开发 [M]．成都：四川教育出版社，2002.

[4] 王斌华．校本课程论 [M]．上海：上海教育出版社，2000.

[5] 刘惠洪．校本课程开发的理论与案例 [M]．长春：东北师范大学出版社，2004.

[6] 徐玉珍．校本课程开发的理论与案例 [M]．北京：人民教育出版社，2003.

[7] 钱扬义．校本课程的开发研究 [M]．长春：东北师范大学出版社，2005.

[8] 叶小兵，姬秉新，李稚勇．历史教育学 [M]．北京：高等教育出版社，2004.

[9] 高文．教学模式论 [M]．上海：上海教育出版社，2002.

[10] 张宪魁．物理科学方法教育 [M]．青岛：海洋大学出版社，1997.

[11] 靳玉乐．探究教学论 [M]．重庆：西南师范大学出版社，2001.

[12] [德] 洛蕾利斯·辛格霍夫．我们为什么需要仪式 [M]．刘永强，译．北京：中国人民大学出版社，2009.

[13] [苏] 赞科夫．和教师的谈话 [M]．杜殿坤，译．北京：教育科学出版社，1999.

[14] 陈德厚．有效学习 [M]．北京：教育科学出版社，2000.

[15] 倪文锦．新编语文课程与教学论 [M]．上海：华东师范大学出版社，2006.

[16] 马笑霞．语文教育心理研究 [M]．杭州：浙江大学出版社，2001.

［17］刘淼．当代语文教育学［M］．北京：高等教育出版社，2005.

［18］陈玉秋．语文课程与教学论［M］．桂林：广西师范大学出版社，2004.

［19］薛猛．中学语文教育实习行动策略［M］．长春：东北师范大学出版社，2007.

［20］王卫东．教师专业发展探新——若干理论的阐释与辨析［M］．厦门：暨南大学出版社，2007.

［21］武玉鹏．语文教师专业技能训练与教育实习［M］．北京：高等教育出版社，2007.

［22］余文森，连蓉．教师专业发展［M］．福州：福建教育出版社，2007.

［23］潘新和．新课程语文教学论［M］．北京：人民教育出版社，2005.

［24］王荣生．语文科课程论基础［M］．上海：上海教育出版社，2003.

［25］钟启泉．课程论［M］．北京：教育科学出版社，2007.

［26］［美］罗伯特・斯莱文．教育心理学［M］．姚海林，译．北京：人民邮电出版社，2004.

［27］蔡伟．语文课堂教学技能训练［M］．上海：华东师范大学出版社，2009.

［28］中央教育科学研究所．陶行知教育文选［M］．北京：教育科学出版社，1981.

［29］郑金洲．教师如何做研究［M］．上海：华东师范大学出版社，2005.

［30］欧阳丹，房惠．对我国校本课程开发浅析［J］．当代教育论坛，2004，(7)．

［31］杨冰．中学历史校本课程的几点认识［J］．历史教学问题，2007，(5)．

［32］徐玉珍．校本课程开发概念解读［J］．课程・教材・教法，2001，(4)．

［33］叶小兵．论历史学习策略与历史学习方法［J］．历史教学问题，2004，(3)．

[34] 庞红卫．试论教学方法的组合 [J]．中国教育学刊，2000，(5)．

[35] 顾泠沅，王洁．教师在教育行动中成长 [J]．课程·教材·教法，2003 (1，2)．

[36] 申洁．探究教学设计的模式应用与思路构建 [J]．物理教师．2008，(4)．

[37] 叶澜．让课堂焕发出生命活力——论中小学教学改革的深化 [J]．思想理论教育，2009，(6)．

[38] 叶澜．重建课堂教学过程观——“新基础教育” [J]．教育研究，2002，(5)．

[39] 张芳．我们为什么需要仪式 [J]．生命时报，2010，(2)．

[40] 余清臣．学校文化的载体：仪式建设 [J]．教育科学研究，2005，(8)．

[41] 王海英．构建象征的意义世界——学校仪式活动的社会学分析 [J]．当代教育科学，2007，(14)．

[42] 侯建成．用贴近学生认知特点的教学策略焕发地理教学活力 [J]．南京师范大学学报（社会科学版)，2010，(12)．

[43] 李万龙．学校仪式文化建设的误区与建设取向 [J]．中小学校长，2010，(9)．

[44] 尹兆军．校本课程开发视野下的因材施教 [J]．教育科学论坛，2009，(8)．

[45] 脱中菲，熊梅．校本课程审议的实践过程 [J]．中国教育学刊，2009，(9)．

[46] 和学新．普通高中校本课程开发：天津市的经验分析 [J]．天津市教育科学院学报，2009，(5)．

[47] 高强．校本课程开发的几点建议 [J]．南昌教育学院学报，2010，(1)．

[48] 贺建英．历史学科校本课程探究 [J]．首都师范大学学报（社会科学版)，2010，(S)．

[49] 刘耀明．校本课程建设：内涵回归与价值实现 [J]．教育发展研究，2010，(6)．

[50] 马敏．地方史在中学历史新课标教学中的作用 [J]．桂林高等师范专科学校学报，2010，(2)．

[51] 李文生．利用包头地方史开展高中阶段研究性学习初探 [J]．内蒙古师范大学学报（教育科学版），2007，(12)．

[52] 李云淑．教育不是教“标准答案” [J]．文汇报，2003，(4)．

# 后　记

在这本小册子完成之时，我们要感谢支持我们工作的家人，感谢她们每天早上为我们送上一碗鸡蛋面，感谢她们每天中午为我们准备那丰盛的午餐，感谢她们每天晚上为我们端上一杯热牛奶。我们还要感谢参与活力课堂实验教学的所有教师和学生！感谢国内外参与、指导活力课堂实验教学的专家、学者。

本书的第一篇各章节及第二篇第一章由林伟民编写，第二篇第二、三章及第三篇各章节由侯建成编写。

本书部分内容为以下教科研课题成果重要组成部分：江苏省“十二五”规划立项课题《网络环境下高中地理研究性学习研究》、江苏省“十二五”规划重点课题《基于现代科学教育理念的多学科课程整合研究与实践探索》、江苏省教育科学“十二五”规划重点资助课题《基于问题生成的动态课堂研究》、江苏省教研室“十二五”规划（第九批）重点课题《基于问题生成的动态数学课堂研究》。

书中引用和借鉴了国内外部分教师的教学案例，这些教师有张琳霞、王洪玲、王元军、吴英娟、王永俊、叶启斌、潘国良、刘畅、夏一生、海石斌、王国俊、隋琴、王云、卢凤亮、李小宝、客家华、束耀华、马志水、卢勤、眭金祥、毛一生、陆良、侯文俊、侯春阳、牛文军、戴锁斌、朱禾勤、李朝斌、王元军、赵守拙、孙建军、张友良、谭延平、周兴波、陈春蕾、王重建、吴朝阳、景丽云、潘泽新、蔡玉明、李君道、蒋森、侯华俊、洪慧勇、丁双六、陈时伟、朱世全、朱满华、汤国华、陈小平、史培喜、孔朝华、王文华、凯丰、朱红霞、陈静、姚月飞、姚萍、宋彩萍、朱国良、王芸、葛丹生、姜强、李万龙、余洪武、汤雪海、吴春梅、黄武新、黄武雄、刘凯、马珏等，在此对他们致以深深的谢意！

同时真诚感谢参考文献的各位作者（含列出和未列出的）。